湖南师范大学政治学"十四五"省级重点建
湖南师范大学政治学与行政学国家一流本科

新时代的

世界政治经济
与国际关系

陈晓红 韩杰 ——— 主编

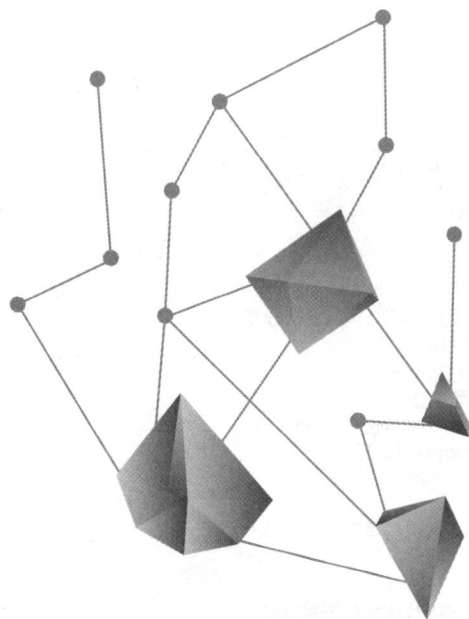

济南出版社

图书在版编目（CIP）数据

新时代的世界政治经济与国际关系 / 陈晓红，韩杰
主编 . -- 济南：济南出版社，2025.7. -- ISBN 978-7-
5488-7431-7

Ⅰ . D5；F112；D81

中国国家版本馆 CIP 数据核字第 2025WN9023 号

新时代的世界政治经济与国际关系
XINSHIDAI DE SHIJIE ZHENGZHIJINGJI YU GUOJIGUANXI
陈晓红　韩　杰　主编

出 版 人　谢金岭
责任编辑　姚晓亮　孙彦晗
装帧设计　刘梦诗

出版发行　济南出版社
地　　址　山东省济南市二环南路 1 号（250002）
总 编 室　0531-86131715
印　　刷　济南新科印务有限公司
版　　次　2025 年 7 月第 1 版
印　　次　2025 年 7 月第 1 次印刷
开　　本　170mm×240mm　16 开
印　　张　15.75
字　　数　256 千字
书　　号　ISBN 978-7-5488-7431-7
定　　价　58.00 元

如有印装质量问题　请与出版社出版部联系调换
电话：0531-86131736

目　录

绪　论

第一节　本书的主旨与特点

　　"世界政治经济与国际关系"是思想政治教育师范本科专业及相关文科专业的一门必修课程，具有学科领域综合性、理论性与现实性的特点，是一门富有特色的"世情"与"国情"课。配合这门课程撰写的教材，突出"新时代"的特点，旨在使学生通过对世界政治格局与经济格局、全球治理、世界的主题及国际关系热点问题的学习和理解，了解当代世界大局，了解中国在国际体系中的地位和作用以及对构建国际关系新秩序所做的贡献。

　　该书从相关的基本概念出发，将新时代世界政治经济与国际关系按照宏观分析与国际行为具体角色的具体阐述相结合，突出重点问题和难点问题。同时，通过这些阐述，学生可培养综合理解新时代国际政治经济体系的发展过程与现状的能力、掌握国际政治与国际关系的基本理论和运用习近平外交思想分析国际形势的能力，正确把握中国在当代世界的定位以及新时代中国的外交理论与外交政策。本书将大幅增加中共十八大后对国际形势的整体论述以及中国对国际制度构建的贡献等内容。全书共七章，其中总论部分分三章，宏观阐述世界政治经济与国际制度，分论部分具体阐述国际行为角色与中国外交理论与实践的演变及新时代外交政策的特点。本书尝试突出以下三点特色：

　　第一，宏观与微观结合。了解和探讨当今世界政治经济格局，国家行为体与非国家行为体的相关理论，国家、主权、国家利益、国际组织等重要概念和理论。

第二，将国际制度形成和演变的逻辑过程以及中国对重构国际制度的贡献作为重要内容之一。习近平总书记倡导的全球治理观和人类命运共同体理念，深刻地反映了新时代赋予中国的新使命，而他在 2024 年 11 月举行的二十国集团领导人第十九次峰会上提出的全球治理五大主张，则成为中国贡献的重要内容。

第三，大幅增加以中国为首的新兴国家在教材内容中的比重。新世纪以来，以中国为首的新兴国家以及包括中国在内的广大发展中国家在世界政治经济关系中发挥着越来越重要的作用，突出表现为金砖国家、G20（二十国集团）峰会、上海合作组织、亚投行等一系列政治经济对话机制和组织在国际关系中的地位和作用。

第二节　主要概念辨析

一、政治

　　自古以来，人们对政治的看法各异：政治常常被理解为不同阶级或集团之间的关系和利益博弈；政治是权力斗争与平衡的体现；政治关乎民众的福祉，即物质与精神生活的双重提升；政治也常常被赋予正义与道德的崇高意义。通用的权威定义是：政治涉及阶级、政党、社会团体以及个人在国内与国际舞台上的活动。在阶级社会中，政治的核心是阶级关系与阶级斗争。政治作为经济的集中体现，任何阶级的政治活动都以维护其经济利益、确立并巩固其统治地位为根本目标。[①]

　　因此，政治的基本特征是：1. 政治产生于阶级社会，是不同利益背景下行为体所展开的活动，确切地说，是一种自觉的、高级的决策并执行的活动。它表现为一种有意识的、高层次的决策制定及其执行过程。2. 政治是围绕权利、利益与权力进行并且相互作用而形成的一种关系。通俗地说，政治即参与国家事务，指导国家发展方向，确立国家活动的方式、任务和内容。其核心在于国家政权机构实施决策所需的权力和调整利益关系。3. 政治是一种上层建筑，包

---

① 王邦佐等：《政治学辞典》，上海辞书出版社，2009，第1页。

括政治意识（如理论、思想、纲领、路线、方针和政策等）、政治组织（如政党、军队、法院、警察等）、政治制度以及政治文化等要素。在有阶级的社会里，某个阶级走上政治舞台，夺取政权与巩固政权，是其政治成熟的一种标志。

二、经济

公元4世纪早期的东晋时代已正式使用"经济"一词。该词源于"经邦""经国""济世""济民"及"经世济民"等概念的融合与简化，蕴含了"治国平天下"的深远意义。在中国古代文化中，"经济"是一个极为宏大的概念，富含深厚的人文思想和社会内涵。古代名联中的"文章西汉两司马，经济南阳一卧龙"，便以"经济"指代经纶济世的卓越才能。此词在古代象征着知识分子的崇高责任，兼具深度、广度和高度。能担此"经济"之名者，必是文武双全之士，能以文化安邦定国，以武力抵御外侮。古代儒家学者遵循《大学》的"三纲八目"，追求学问与人格修养，目标是"治国平天下"，体现了古代"经济"的概念。现代"经济"一词源自日本对西方"economy"的翻译，清末（日本工业革命期间）传入中国。类似地，"哲学"一词也是通过日本传入中国的西方概念，而古代中国称之为"慧学"。

英文中的"economy"一词，其根源可追溯至古希腊语的"oikonomia"，意指"家政术"。而在家政中最重要的部分又被称为"理财术"，因此，该词原本的含义是指管理家庭财务的方法与技巧。随着时代的演进，其应用范围逐渐扩展至国家治理层面，为与早期用法相区分，遂被称为"政治经济学"（political economy）。而后，阿尔弗雷德·马歇尔又将其改称为"经济学"（economics）。时至今日，当单独提及"经济学"时，它已涵盖了政治经济学的范畴，乃至更广泛的经济议题，故两者在多数情况下可视为同义。

"经济"一词可以从以下几方面理解：第一，广义上，它涉及资源的节约和高效利用，旨在实现社会价值最大化；第二，经济也指代财务状况，包括国家、企业和个人的经济活动；第三，古代"经济"一词含义深远，涉及治理国家的智慧；第四，经济还指家庭管理。经济被视为获取生活必需品和服务家庭与国家的重要手段，强调其实际价值和社会作用。[①] 简言之，经济是关于资源高效利用和财务状况的学问。[②]

三、国际政治与国际关系

（一）国际政治

国际政治（international political）的内涵涉及多方位、多角度和多层次。从行为体看，有国家间政治、国际组织间政治、党际政治等；从范围看，有全球与区域之分；而从性质看，反映的是阶级关系、民族关系与国家关系。因此，国际政治是一种全球性的政治活动，指的是行为体之间围绕权利、权力和利益实施的外向决策的活动及相互作用形成的有机整体，是全球范围内战争与和平、冲突与合作、强权与民主、人权与主权、剥削与发展、结盟与不结盟、动乱与秩序等现象和关系的统称。国际政治具有双重性，它既是围绕权力、权利与利益的矛盾运动，同时又是追求稳定秩序的过程的矛盾运动。西方国家立足于权力，一般视国际政治为权力政治，而发展中国家一般从权利出发，称国际政治为权利政治，把权利放在首位。

（二）国际关系

"国际关系（international relations）"一词来源于杰里米·边沁的《道德与立法原理导论》，用于表述主权国家之间的关系。关于"国际关系"的定义，国际学术界有多种解释。斯坦利·霍夫曼曾形象地把国际关系比作"购物中心"，琳琅满目；阿诺德·沃尔弗斯将国际关系视为一种博弈；而卡尔·多伊奇则强调，国际关系是关于人类生存的艺术与科学。

汉斯·摩根索将国际关系界定为"权力政治"，奠定了现实主义学派的基础。其后，肯尼思·W.汤普森进一步发展了这一观点。他指出，国际关系的核心在于国际政治，而国际政治的主题则是主权国家之间的权力之争。昆西·赖特则持有更广泛的视角，他认为国际关系涵盖了民族、国家、政府和人民之间

---

① 张卓元主编《政治经济学大辞典》，经济科学出版社，1998，第3页。
② ［古希腊］色诺芬：《经济论 雅典的收入》，张伯健、陆大年译，商务印书馆，2011，第1页。

的复杂关系。查尔斯·麦克莱兰则简洁地指出，国际关系是国家或实体之间的互动关系。

上述定义各有不同的侧重，有的突出国际关系的特点，有的强调国家间的权力博弈，有的则说明国际关系中的主要内容——国家间的冲突和合作。这些定义广泛涵盖了国际关系行为者（包括个人、群体、国家、国际体系等）之间的相互作用，并深入触及了国际关系中的核心要素，如权力、利益、冲突与合作。

综合上述观点，我们可以勾勒出国际关系的基本定义：国际关系是处于世界体系内各主权国家及其他独立实体之间所构建的多层次、多维度的关系。这些层次包括国家、国际组织、区域团体、跨国公司、集团和个人等，而多维度涉及政治、经济、军事、外交和文化等多个领域的互动和影响。

第三节　理论工具与基本方法

　　本书以马克思主义的立场、观点和方法为指导，以马克思主义理论作为学习工具，参考国际关系前沿研究成果，力图理清新时代国际政治经济的整体大势及其走向，掌握世界发展变化的规律及中国与外部世界的关系。

　　第一，以马克思主义经典作家的国际政治与国际关系思想作为理论基础。马克思主义经典作家的国际政治理论与思想内涵非常丰富，包含了国际法思想、世界历史理论、世界政治思想、国际政治经济思想、全球化思想、帝国主义理论、和平共处思想、战争与和平问题、国际分工与贸易问题等。

　　第二，以新中国不同时期的国际政治思想，特别是习近平外交思想作为理论指导。

　　第三，结合学科的理论性、交叉性、现实性的特点，综合多学科的方法，以中国为立足点，对国际形势与世界大势力图做出准确的判断。

思考题

1. 中国在世界格局演变中处于什么样的地位？发挥什么作用？

2. 把握国际形势应树立怎样的"历史观、大局观、角色观"？

第一章
百年未有之大变局：新时代的世界政治

　　世界政治是指世界政治行为体之间的关系及其矛盾运动的总和。本章从世界政治行为体出发，探讨世界体系的构建过程及其政治格局的演变历程，重点对新时代的世界政治的发展趋势与特征进行阐述，说明在新时代背景下，世界面临"百年未有之大变局"，局部地区冲突和紧张局势依然存在，中华民族伟大复兴面临前所未有的机遇与挑战。

第一节　世界政治行为体

世界政治行为体，是指在国际舞台上，拥有独特利益、能够参与对外政治经济活动并能发挥与自身职能相符作用的实体，可分为国家行为体与非国家行为体。

世界政治行为体具有以下三个显著特征：

第一，行为体是一个具有相对稳定组织形式的实体，拥有共同利益，并以某种纲领原则为纽带联结。

第二，行为体具备独立交往能力和行为能力。这里的"能力"不等同于"实力"，例如，只要具备领土、人口、政府和主权这四个基本要素，就是一个国家，就能成为世界政治行为体，无须依据其实力大小。

第三，行为体参与国际活动。与世隔绝、闭关自守的实体无法成为世界政治行为体。行为体的外向活动不以大小强弱和参与方式为前提，或主动或被动，或独立或依附。例如，在国际政治中，宗主国是行为体，从属的殖民地半殖民地同样是行为体；军事集团和"大家庭"内的盟主和家长是行为体，半独立和依附的成员也是行为体。

主权国家是当代国际体系的基石与核心力量，但已不是唯一的世界政治行为体。随着全球化进程的加速，多种行为体在全球范围内积极寻求权力与影响力的分配。对具备世界政治行为体特征的其他行为体，人们一般统称为非主权行为体或非国家行为体。

一、国家行为体

国家行为体是当代国际关系体系中最主要的角色，是世界政治中唯一享有主权权利的行为体。它必须具备四个要素：

一是定居的居民。国家是人的集合体，人民是国家的基本要素之一。

二是确定的领土。领土是国家的物质基础，也是国家行使权力的物理空间范围，由领陆、领水、领空和底土四部分构成。

三是政府。国家是一个政治单位，必须由一个管理者按照法律进行治理。

四是主权。主权是国家行为体对内最高的管辖权与对外排他的独立权，这是国家的根本要素、最本质的属性和最重要的特征。

国家作为主权行为体，具备独立权、平等权、自卫权与管辖权等四项基本权利。其中，独立权是指国家按照自己的意志独立处理内外事务不受他国干涉的权利；平等权是指国家不论大小强弱、政治制度及发展水平，享有国际法上的一切权利并承担义务，平等享有参与国际事务的地位与资格；自卫权是指国家面对外来威胁与侵犯时有权采取一切防御与自卫手段，按照《联合国宪章》的规定，国家有权单独自卫或集体自卫；管辖权是指国家具有属地管辖权、属人管辖权、保护性管辖权与普遍性管辖权。

国家呈现多样性的特点。按照国家性质，可分为资本主义国家、社会主义国家；按照组织结构的方式可以分为单一国家和复合国家；按照主权行使的方式可分为完全主权国与主权受限国；按照国家的体量分为大国与小国；按照国家发展的程度分为发达国家与发展中国家等。

二、非国家行为体

非国家行为体也叫次国家行为体，是指通常通过跨国活动追求其目标的国内行为体，或指国家以外的、能够独立参与国际事务并发挥职能作用的政治和经济实体。它们是国际关系发展到一定历史阶段的产物，是民族、国家之间密切交流的结果。

（一）国际组织

国际组织是最重要的非国家行为体，在世界政治经济中起着至关重要的作用。国际组织英文名称"international organization"，而有时也采用"international institution"这一表述。尽管中文都译成"国际组织"，但实际二者有细微差异。

国际组织的概念有广义和狭义之分，广义上包括所有的跨国组织，即"跨越国界的多国组织机构或常设联合体"[①]，由两个或更多国家、政府、民间团体及个人，基于共同目标，依据协议以特定形式建立的团体。它不仅包括国家和政府间的组织，也涵盖了由各国民间团体和个人构成的机构。如红十字国际委员会、国际奥委会、无国界医生等一些大家所熟知的组织。狭义上的国际组织，则专指国家或政府间的组织。即由若干国家（政府）基于特定目的，通过订立国际条约，创设权利与义务的各种常设共同体（机构）。1969 年《维也纳条约法公约》第二条（一）（壬）即指出："称'国际组织'者，谓政府间之组织。"本书中提及的"国际组织"，是广义上的国际组织。

国际社会出现国际组织，从根本上说源于人类的一种"群居性"特点。从最早自然状态的群居，到出现家庭，然后形成部落，到形成国家，就是说，人作为人，都有一种"在组织中"的本性。被人格化的国家，也有同样的需求，随着国家交往的扩大，国际社会的形成，国家有了相互合作和联系的需求，于是，国际组织开始出现。

国际组织最早出现在欧洲。1643—1648 年召开的威斯特伐利亚和会（Congress of Westphalia）可以说是最早的国家之间的协调和协商会议。此后，以国际会议处理国际问题逐渐成为欧洲地区一种通常的制度。19 世纪，欧洲国家为了均衡利益，出现了一种"欧洲协调"（Concert of Europe）的制度，成为现代国际组织形成的一个重要基础。之后出现了功能主义的国际行政联盟（如1865 年的"国际电报联盟"以及 1874 年成立的"邮政总联盟"等），也为国际组织的出现准备了条件。如果说欧洲协调的会议制度为国际组织的诞生准备

---

① 余先予主编《国际法律大辞典》，湖南出版社，1995，第 257 页。

了技术上的条件，后者的出现则在组织结构方面奠定了基础。不过，此时以欧洲为中心的国际舞台过于狭小，多边主义也未能进入国家交往的主流行列，大国外交和国际会议仍然是那个时代国际社会的主要特征。

20世纪，国际组织进入了快速发展时期，两大全球性国际组织——国际联盟与联合国先后在1920年和1945年出现，特别是第二次世界大战后，国际组织的数量呈几何倍数迅猛增长。国际协会联盟的统计数据显示，20世纪初，国际组织的数量近200个，20世纪50年代达到1000余个，到20世纪末剧增至近5万个，21世纪的前20年更是增至近7万个。第二次世界大战后国际组织迅速发展的原因有三：一是受全球范围内战争的深远影响，各国更加珍视和平与稳定，推动了国际组织的快速发展；二是科学技术的革命性进步及其在全球范围内的广泛传播，为国际组织的合作提供了强有力的技术支持；三是20世纪六七十年代新兴独立国家剧增，增加了国际社会的角色数量。

当今世界，全球范围内从贸易争端的调解到区域和平的维护，从灾害救援与疾病防控到大气污染的治理与人权保护的国际倡导，从外太空、深海的探索到绿色和平与环境保护，从反对国际恐怖主义到国际人道主义救助，国际组织活跃在政治、经济、社会、文化、教育、科学、卫生等众多领域，其触角遍布人类活动的每一个角落。任何具有全球性或区域性的重大议题，若缺乏国际组织的参与，往往难以达成圆满的解决方案。因此，国际组织对国际关系的发展产生了深远且重大的影响。

（二）跨国公司

跨国公司又称多国公司、多国企业、国际企业等。它是以一国或数国资本组成的总公司为基础，通过对外直接投资，在国外设立分公司、子公司或合资企业，从事跨国的生产、销售和其他业务活动的国际性公司。跨国公司的实体虽然分布在多国，在多国从事经营投资活动，但一般仍然以一国为基地，受一国大企业的控制和指挥。

跨国公司产生于19世纪末20世纪初，是垄断资本主义高度发展的产物。第二次世界大战后，在科学技术革命的催化下，世界经济全球化加速发展，跨国公司经济实力急剧膨胀，数量迅速增长，经营的规模越来越大，活动范围遍布全球。全球性跨国公司不仅使生产、贸易活动国际化，而且使科学技术、管理活动也国际化。随着跨国公司的发展，它对国际事务的影响力也越来越大，在国际关系中的作用越来越明显，已经不再是一种单纯的经济实体，而是成为国际政治舞台上的重要力量。

跨国公司是国际关系体系中一种独特的行为体，并逐渐成为国际关系中重要的角色。首先，它拥有强大的经济实力，不少跨国公司的经济实力超过一些小国；其次，由于跨国公司在两个以上的国家活动，容易逃避相关国家的限制，在某些国家的特定领域内，由于享受特殊政策的优惠，而不受该国政府的直接控制，因而具有一定的独立性；再次，跨国公司依靠其强大的经济实力，能够直接影响相关国家的经济、外交，经常通过影响本国外交政策的制定来捍卫自己的经济利益。

跨国公司通过其全球网络，能够有效地整合资源，优化生产流程，降低运营成本，从而在全球市场上获得竞争优势。它们在国际贸易、资本流动、技术转移和就业创造等方面发挥着重要作用。跨国公司不仅推动了全球化的进程，也对东道国的经济发展、产业结构调整以及国际收支平衡产生深远影响。然而，跨国公司的全球扩张也带来了诸如环境破坏、劳工权益受损、税收流失等问题，这些问题在国际社会引起了广泛关注和讨论。因此，如何在促进跨国公司发展的同时，确保其活动符合国际规范和东道国法律，成为国际社会共同面对的挑战。

（三）民族团体

民族团体是建立在共同经历、共同历史、共同文化特质、共同部族、共同语言、共同生产方式以及生理特征基础之上，分享特有的以及长久的身份认同感的特定人群。在现代国际关系体系中，能成为国际关系行为角色的民族团体，主要指尚未实现民族独立和民族解放或追求建立单一民族国家而组成的稳定的政治实体，因其强烈的政治诉求和政治行动而成为重要的行为角色之一。

民族团体常常会形成有明确政治目标的民族主义运动。部分运动为谋求实现民族独立和建立民族国家而展开暴力与武装斗争，如巴勒斯坦民族解放运动（法塔赫）、伊斯兰抵抗运动（哈马斯），以及分布在土耳其、伊拉克、伊朗和叙利亚的库尔德人谋求自治和独立的运动。其中，以法塔赫为主要派别的巴勒斯坦解放组织经过长期的斗争已获得国际社会的广泛承认，成为巴勒斯坦人民的合法代表，并为争取巴勒斯坦成为联合国会员国而持续努力。

（四）教会

教会是重要的跨国行为角色，世界上三大宗教——基督教、伊斯兰教与佛教均有不同的教会组织，国际宗教组织成为世界政治行为体之一，是一支不可低估的重要力量。

基督教是世界上最大的宗教，有 20 多亿教徒，主要分布在欧美。目前基督教有三大教派，即天主教、新教和东正教，其中，天主教的势力最大。天主教以梵蒂冈为中心建立了一个宗教国，它的面积只有 0.44 平方公里，但与许多国家建立了外交关系。罗马教区管理着遍布世界各国的教徒，教皇也积极参与许多重大国际政治活动。

伊斯兰教主要分布在亚非各国，特别是西亚、北非、南亚和东南亚。根据皮尤研究中心的一项统计，2020 年，伊斯兰教拥有约 19 亿教徒。现代世界上最大的伊斯兰国际组织——"伊斯兰合作组织"有 57 个成员国，其中有 26 个国家把伊斯兰教作为国教。在中国，伊斯兰教主要分布在新疆、甘肃等省区。伊斯兰教有两个重要的国际组织，一是 1926 年成立的世界穆斯林大会，二是 1962 年成立的伊斯兰世界联盟，均在联合国享有"非政府性咨商机构"的地位。

佛教主要流传于亚洲，大约有 5 亿教徒，是亚洲各国友好合作的纽带。1950 年在科伦坡成立的世界佛教徒联谊会，成员分布在世界 38 个国家和地区，并定期召开大会，其宗旨是促进佛教徒严格实践佛陀的教义，弘扬佛法，加强佛教徒的团结，兴办社会教育、文化和慈善事业，要求佛教徒为争取和平和一切众生的幸福做出贡献。

除上述三大宗教之外，犹太教、印度教、锡克教等均有不同的教会组织，在国际政治中发挥不可或缺的作用。

（五）个人

个人是国际政治与国际关系中的独特行为体。研究国际政治中的个人因素，分析个人在国际舞台上的作用，已成为国际关系研究的重要内容之一。

　　个人，尤其是杰出的领袖人物对重大历史事件乃至历史发展过程能够起到决定性作用，虽然这种作用总要受到特定历史条件的制约。第一类是拥有包括国家在内的机构资源的个人行为角色；第二类是那些成为人类道德标志，因其重要性而上升的个人行为角色。前者是公共行为角色，如政治领袖、外交家；后者则是民间行为角色，如反对南非种族隔离制度的图图大主教、印度的特蕾莎修女均因其贡献而获得诺贝尔和平奖。

第二节 世界体系的形成及其政治格局的演变

世界体系的形成是历史演进的产物，在形成过程中，政治格局经历了数次根本性的变革。这些变革不仅对国家内部的权力结构产生了深远的影响，同时也重塑了国际关系的格局。随着全球化的不断深入，世界各国之间的相互依存性日益增强，国际政治经济体系变得更加错综复杂。在这一背景下，国家间的竞争与合作、冲突与和解成为推动世界体系演变的关键动力。

一、世界体系的形成与演变

体系，是若干有关事物相互联系、相互制约而构成的一个整体。构成体系的基本条件，是各个部分不可分割的相互依存和相互作用。体系可以是松散的组织联系，也可以是严密的法定组织系统。世界体系是国际政治经济生存的大环境，指的是各行为体之间相互的政治经济联系与作用所形成的既矛盾又统一的有机整体。

（一）世界体系的形成

世界体系的形成与产业革命和垄断资本的发展密切相关。从 18 世纪 60 年代至 19 世纪 40 年代，第一次工业革命兴起，起始于英国，随后法国、德国、美国也相继跟进。这场革命以蒸汽机的改良与使用为核心，标志着机器大规模生产替代了手工工坊。这场革命让人类在不到一百年的时间里，创造了比以往所有时代总和还要丰富的物质财富。

到 19 世纪 60 年代后期，随着电力的发明和广泛应用，第二次工业革命兴起，标志着世界进入了电气时代。这场革命显著提升了社会生产力，并推动资本主义社会进入垄断阶段。垄断资本与殖民扩张紧密相连，换句话说，垄断资本主义的发展必然伴随着对殖民地的扩张，因为它追求更广袤的土地、更大的市场和更丰富的资源。随着这种需求的增长，大规模的殖民扩张开始出现，亦可称为殖民扩张的全球趋势。一系列殖民战争之后，世界被列强瓜分完毕。殖民主义的扩张带来很多战争与罪恶，但它同时也将全球整合为一个整体，依托于世界资本主义体系，形成了一个全球性的世界体系。

（二）世界体系的演变阶段

从 19 世纪末到现在，世界体系的发展大致经过了四个阶段：

1. 单一资本主义世界体系时期（19 世纪末到 1917 年）

这一时期，随着工业革命的深入发展，资本主义生产方式在全球范围内迅速扩张，形成了一个以欧美为中心、以商品和资本流动为纽带的单一资本主义世界体系。在这一阶段，英国凭借其强大的工业实力和广阔的殖民地，成为"日不落帝国"，其影响力遍及全球。同时，美国也在这一时期迅速崛起，通过南北战争后的重建与西进运动，逐渐奠定了其世界强国的地位。据统计，19 世纪末，全球超过三分之一的贸易额与英国有关，伦敦金融城成为国际金融的中心。此外，美国的"镀金时代"见证了前所未有的经济增长，如钢铁大王卡耐基、石油大王洛克菲勒等企业家的崛起，他们通过技术创新和规模化生产，极大地推动了美国乃至全球的工业化进程。

2. 两种政治经济体系并存时期（1917 年到 1945 年）

随着第一次世界大战的爆发和俄国十月革命的胜利，世界进入了两种政治经济体系并存的新时期。一方面，资本主义世界在战争的冲击下陷入了深刻的经济危机和政治动荡；另一方面，以苏联为代表的社会主义国家开始探索新的发展模式，形成了与资本主义截然不同的政治经济体系。二战期间，苏联的计划经济体制在动员全国资源、保障战争胜利方面发挥了巨大作用。同时，美国通过实施"罗斯福新政"，加强国家对经济的干预，成功地引领美国走出了大萧条的阴影。这两种不同的政治经济体系在战争与和平的交替中相互竞争、相互影响。

3. 两大社会体系、多种制度共处时期（1945 年到 20 世纪 90 年代初）

二战结束后，世界进入了两大社会体系、多种制度共处的时期。以美国为首的资本主义阵营和以苏联为首的社会主义阵营展开了长达数十年的冷战对抗。然而，在这一时期，很多国家也开始探索适合自身国情的发展道路，形成了多样化的政治制度和经济模式。这一时期，在亚洲，韩国、新加坡、中国台湾、中国香港凭借出口导向型经济战略实现了经济腾飞，被誉为"东亚奇迹"。同时，非洲、拉丁美洲等地区也涌现了一批新兴国家，它们在政治经济上寻求独立自主的同时，也面临着诸多挑战和困境。这些国家的崛起与困境交织在一起，构成了这一时期复杂多变的国际形势。学者弗朗西斯·福山在其著作《历史的终结与最后的人》中，提出了"历史终结论"的观点，认为随着自由民主制度的普及和胜利，人类历史将进入一个"终结"的阶段。[①] 然而，这一观点在后来遭到了广泛的质疑和批评。实际上，这一时期的世界仍然充满了变数和不确定性，各种制度和文化在相互碰撞中不断演进和发展。

4. 冷战后时代（20 世纪 90 年代至今）

冷战的结束标志着世界进入了一个新的历史时期。随着全球化的加速发展，各国之间的相互依存和联系日益紧密。同时，随着信息技术的飞速发展，人类社会正经历着前所未有的变革和转型。据国际货币基金组织统计，冷战结束后，全球经济实现了快速增长，贸易和投资自由化进程加速推进。同时，互联网技术的普及和应用极大地改变了人们的生活方式和思维方式，为人类社会带来了前所未有的便利和机遇。面对全球化带来的机遇和挑战，各国需要加强合作与对话，共同应对气候变化、恐怖主义等全球性问题。同时，各国也需要在保持

---

① ［美］弗朗西斯·福山：《历史的终结与最后的人》，陈高华译，广西师范大学出版社，2014。

自身独立性和多样性的基础上，积极探索适合自身国情的发展道路和治理模式。只有这样，我们才能共同构建一个更加和平、繁荣和可持续发展的世界。

二、世界政治格局的基本类型及演变

如果说前面主要是指国际政治体系的外部环境，那么国际政治格局则是指国际政治体系的内部结构。它探讨的是国际政治体系的结构状态，或者说是国际政治行为体相互联系、相互作用后产生的一种政治结构状态，也可以说是国际政治行为体的一种力量对比状态。

西方学者根据对国际关系史的考察，总结了一些格局的模式，如美国学者莫顿·卡普兰提出了六种模式。（1）均势体系，指18世纪至20世纪初的均势格局；（2）松弛的两极体系，指战后初期的两极格局；（3）牢固的两极体系，指20世纪50年代和60年代的冷战对峙；（4）环球体系，指20世纪60年代末至今的世界多极趋势；（5）等级体系，指大国称霸的局势；（6）单极否定体系，指出现一国的威慑力量足以影响和阻止别国行为的情势。[1]

从20世纪初到现在，国际政治格局从一极多元到多极平衡再到两极格局，到现在演变为多极化趋势。20世纪初至1918年，欧洲国家崛起，形成一极多元格局，导致第一次世界大战的爆发。1918年至1945年，凡尔赛—华盛顿体系下多极平衡，美国崛起，但经济大萧条引发法西斯主义和第二次世界大战。1945年到20世纪90年代，美苏成为超级大国，雅尔塔会议为两极格局的形成奠定了基础。20世纪90年代至今，世界多极化深入发展，多极化已成为世界政治领域中最重要的现象之一。这一趋势不仅体现在"极"的数量上有了显著增加，更深刻地反映在这些力量的性质及其相互关系的根本性变化上。以"9·11"事件为转折点，这一进程可以被划分为两个阶段。在"9·11"事件之前，美国的单边主义政策和冷战思维占据主导地位，其关注的焦点主要集中在中俄两国。然而，随着"9·11"事件的爆发，美国的战略重心迅速转向反恐，与中俄的关系也逐渐缓和。但值得注意的是，当大规模反恐行动告一段落后，美国又转而推行"亚太再平衡"战略，导致中东地区局势持续动荡。与此同时，美

---

[1] ［美］莫顿·卡普兰：《国际政治的系统和过程》，薄智跃译，上海人民出版社，2008。

国的霸权主义和强权政治正面临来自多方面的挑战。新兴市场国家和发展中国家的整体实力不断增强，世界力量对比和多极化趋势呈现出更加复杂的局面。

三、战后两极格局的演变与终结

（一）战后两极格局演变的阶段

在冷战时期，世界政治格局经历了深刻而复杂的演变，这一过程可以细分为三个阶段：两极尖锐对抗、国际政治力量的分化与重新组合，以及最终的走向缓和。这三个阶段深刻影响了全球政治、经济、文化等多个领域的发展轨迹。

1. 两极尖锐对抗。冷战初期，以美国为首的西方资本主义阵营与以苏联为首的东方社会主义阵营之间，形成了鲜明的对立。这一时期的国际关系充满了紧张与对抗，双方在政治、军事、经济等多个领域展开了激烈的较量。在政治领域，两国领导人之间的言辞交锋频繁，公开指责对方的政策与制度，加剧了国际社会的分裂与对立。同时，两国还通过支持各自阵营内的国家进行政治改革或革命，试图扩大自己的影响力。在军事领域，冷战期间，美苏两国都投入了大量资源用于军事建设，形成了庞大的核武库和常规军力。双方不仅在欧洲地区部署了大量军队和导弹，还在全球范围内展开了激烈的军备竞赛。这种紧张的对峙状态，使得世界长期处于核战争的阴影之下。在经济领域，为了遏制对方的经济发展，美苏两国采取了多种经济制裁和封锁措施。例如，美国对苏联实施了长期的贸易禁运和技术封锁，试图削弱苏联的经济实力。而苏联则通过向发展中国家提供经济援助和军事支持，来扩大自己的市场和影响力。

2. 国际政治力量的分化与重新组合。随着冷战的深入发展，国际政治力量开始出现明显的分化与重新组合。一方面，一些国家开始意识到美苏争霸的危害性，试图在两者之间保持中立或寻求平衡；另一方面，一些新兴国家也开始崭露头角，逐渐在国际舞台上发挥重要作用。中立国家的崛起：如瑞士、瑞典等中立国家，在冷战期间始终保持着独立的外交政策，不参与任何一方的军事联盟或政治集团。这些国家通过提供外交斡旋和调解服务，为缓解国际紧张局势做出了积极贡献。以中国为代表的一些新兴国家，在冷战期间逐渐崭露头角。通过实施改革开放政策、加强经济建设和社会改革等措施，这些国家迅速崛起为国际舞台上的重要力量。它们不仅在政治上与美苏两国保持一定距离，还在经济、科技、文化等多个领域与世界各国展开了广泛的交流与合作。

3. 走向缓和。进入 20 世纪 80 年代后，随着国际形势的变化和美苏两国内部问题的加剧，冷战逐渐走向缓和。这一时期，双方开始通过对话和协商来解决彼此之间的分歧和争端。苏联领导人戈尔巴乔夫上台后，推行了一系列政治和经济改革措施。他试图通过改革来消除苏联社会的种种弊端和矛盾，恢复国家的经济活力和国际地位。这些改革最终导致了苏联的解体，但也为冷战的结束奠定了重要基础。美国里根政府提出的"星球大战"计划也促使苏联领导人认识到美国在军事技术上的领先地位以及自身经济实力的不足，从而加速了苏联内部问题的暴露和矛盾的激化。此外，冷战走向缓和还离不开国际社会的推动，随着全球化进程的加速和国家间相互依存的加深，越来越多的国家开始意识到冷战的危害性和不可持续性。它们纷纷呼吁美苏两国通过对话和协商来解决彼此之间的分歧和争端，以实现世界的和平与稳定。

（二）两极格局的终结

20 世纪 80 年代末 90 年代初，苏联和东欧国家面临困境，戈尔巴乔夫改革未果，导致苏联解体和东欧剧变，雅尔塔体系崩溃，两极格局瓦解。世界进入新旧格局交替期，根本原因是政治经济发展不平衡和主要政治力量实力变化，世界向多极化发展，这一过程有两个特点：一是旧秩序的崩溃主要在和平中发生，如东欧剧变和苏联解体；二是新秩序的建立将是一个长期、复杂的过程。尽管美国的国力有所衰退，但其依旧是全球唯一的超级大国，正试图构建单极世界秩序，然而，其力量并不足以实现全面的全球统治。其他主要强国正致力于在国际或区域层面争取主导地位，以期促成一个多极世界格局。因此，在可预见的未来，多极化趋势与霸权主义之间的对抗将持续存在，并且这一过程将充满复杂性，短期内难以见分晓。全球各种力量的动态平衡需要经历长期的消长、分化与重组，方能逐步确立新的稳定格局。

第三节　当代世界政治的发展趋势与特点

两极政治格局的瓦解，是二战后世界政治、经济长期演进的必然产物，同时也是美苏两大超级大国及其领导下的东西方阵营与其他国际力量间此消彼长与重新组合的结果，它标志着世界进入了一个政治新格局重建的过渡阶段。随着这一格局的终结，世界政治舞台正经历着深刻变革，当代世界政治的发展也展现出一系列新的面貌和特征。

一、国际格局的一极多元化

世界格局一极多元化的发展，与历史上的多极格局有很大不同。当下演进中的世界格局，大国仍有重要作用，但力量构成更加多元，组合形式灵活多样。美国霸权还难言衰落，发达国家综合实力仍然占优，中欧日俄地位出众，一些地区大国上升势头较猛，国际力量此消彼长、分化组合风头正劲。国际体系在向全球化时代和多极化世界演进的长时期内，稳定的力量格局和均衡状态还难以形成。在这一过程中，地区组织联合自强，区域合作机制众多，自贸安排大量涌现，"利益联盟"频繁出现，旧式同盟趋于松散，国际机构、跨国企业、网络媒体和非政府组织等各类行为体影响上升。传统大国与新兴大国构成的二十国集团，成为全球经济治理主平台；非西方主导的亚投行和金砖国家新开发银行等金融机构诞生；联合国等国际组织不再任由霸权左右。国际舞台角色多样化、国际权力分散化、国际关系民主化的趋势不断发展。

随着世界格局的要素构成和时代背景的变化，对于一极多元化，我们既不能再按自然科学概念上的"极"来理解，也不能仅按大国及其相互关系来确定式样，更不能从极与极就是相互排斥与对抗的关系来认识，而要从多元化意义上理解和宣传，多元、多样、多维甚至多变是其新特点，否则难以反映世界复杂变化的具体面貌和本质特征，也容易掉入旧时代、旧观念的思维窠臼。多元化还体现在国际事务中，现在国际政治力量加速分散，地缘政治利益呈现活跃的多样化，地区矛盾冲突爆发频率加大，多极化进程中的不协调现象比较突出，碎片化之下的不确定性、不稳定性、冲突性更为突出。同时，越来越多的国家根据本国的国情和利益而决定立场，而不是"选边站队"。以美国为首的西方少数国家试图以"阵营政治""价值观外交"大搞"小圈子政治"，注定不会有很多追随者，特别是"全球南方"，它们代表了新兴市场国家和发展中国家，兼具地理属性和政治属性，普遍具有反帝反殖民的发展经历，有着独立自强的政治诉求，处于社会发展的转型时期，反对不公正的国际政治经济秩序。

二、国际体系的多元化

在全球化不断深化的推动下，现代国际体系中构成国际格局的单元或行为体不断多元化；在国际体系中具有影响力的单元多元化发展过程中，权力的扩散和权力形式的多样化成为形塑当前国际格局的重要因素；国家，特别是大国（其中包括传统大国和新兴大国），虽然依旧是国际体系中的主要行为体，但已不能单独地影响当前国际格局的发展与演变，非国家行为体的行为对当前国际格局走向的作用已成为当前国际格局发展演变的新特点；全球治理的理论与实践既是对当前国际体系与国际格局客观新变化的反映，也是对之进一步向"多元化"方向发展的促进。虽然在当前国际体系中，国家尤其是大国和国家集团依然是建构国际格局的主要行为体，但已不再是唯一的行为体，非国家行为体对后冷战时期尤其是对 21 世纪国际格局的建构具有举足轻重的影响。因此，我们只有超越"国际格局是指在现代国际体系中主权国家和国家集团在一定时期形成的结构状态，反映出国家和国家集团在政治上的相互联系和相互关系"的观点，并进一步超越在这样的观点基础上形成的"单极"或"多极"国际体系观，才能全面准确地判断当前国际体系的发展方向和国际体系转型的特征，把握和平、发展、合作共赢的时代潮流。

三、大国关系的多样化

作为世界格局主角的大国及其相互关系，也在发生新的变化。首先是大国数量和构成发生了变化。传统大国以规模和实力及国际影响力为认定标准，被大国俱乐部接纳也是重要参数。新兴大国以群体规模或单项突出为优势，是国际力量对比下新的变量。从联合国五常、七国集团、八国集团到二十国集团机制的扩展，国际社会认定的传统和新兴大国数量增加，反映了世界格局变化的总体态势。作为国际权力中心的全球治理体系，其构成由于新兴市场国家的加盟而变化，全球治理从西方掌控、美国操纵向广泛参与、南北共治方向演进。

其次是大国经济实力差距缩小。经济全球化打破了发展利益集中垄断局面，大国经济力量对比呈现"扁平化"趋势，世界经济驱动力由"北"向"南"转变。美国保持最强经济体地位，中美经济发展差距缩小，新兴经济体和发展中大国增速较快，总体实力接近发达国家，世界前十大经济体排名不断刷新，已有三个新兴经济体进入，这一进程还在加快。

再次是大国竞争领域和形式有新拓展。国际体系仍处在转型过渡时期，新旧矛盾和问题并存是其基本特征。大国间综合国力、地缘政治和军事竞争犹在，同时在高新科技、网络信息、能源资源以及太空、深海、极地等战略新领域抢占先机和制高点。在诉诸战争手段受到制约的情况下，贸易战、科技战、网络战、情报战、金融战、规则战、舆论战等博弈手段增多。

最后是大国的议题更加多样。大国作为国际政治主体，随着其成员增多、实力接近、利益交融、依存加深等变化，面临全球性挑战和共生性问题增多等需求，以及对称和不对称军事威慑力增强等因素，这促使它们更多从国家利益而非意识形态角度来权衡国际关系，从以拼实力、相隔绝、建同盟、搞对抗为主的关系，向以对话、协调、合作、竞争为主的关系转变。虽然当前在美国战略搅动下，大国综合国力和地缘政治博弈激烈，竞争与合作不免出现失衡局面，但还在总体可控、局部有度的范围内。大国间战略安全稳定机制的建立，双边契约、区域合作和多边协调的增强，以及"菜单式""议题式"合作的作用，分化和削弱了传统政治军事同盟，大国关系模式不仅多样，其弹性和灵活性也在增加。

四、国际政治的经济化

冷战时期，政治、军事因素在国际关系中起决定性的作用。冷战结束后，经济利益成为各国发展对外关系的主导因素，各国都把发展经济放在首位，把发展对外经济贸易关系放在优先考虑的地位，经济因素对世界政治的影响日益增大，成为决定国际关系发展的首要因素。表现在：经济安全将成为国家安全的主要内容；经济手段成为实现政治目的的重要方式；经济利益成为各国制定外交政策的基本出发点，经济外交将更加兴盛。经济因素对国际政治影响日益加大的原因在于：

第一，经济全球化使各国各地区联系更为密切，彼此之间你中有我，我中有你，各国各地区很难单独解决面临的经济问题，这就迫使各国各地区必须加强协作与联系，也使世界政治发展更趋复杂。20世纪90年代以来，西方八国集团首脑会议的大多数议题都与经济发展有关。美国金融危机爆发后，危机迅速蔓延，为应对危机，全球携手加强了沟通和协调。因此，经济全球化导致的各国相互依存度的提高，有利于制约政治制度和意识形态的对抗，使它们的关系一般不会脱离和平与发展的大潮流。以中美两国关系为例，两国经济具有极强的互补性，尽管谁离开谁都能生存，但其发展必然受损，这是决定两国关系虽时有波动但最终不至于破裂的主导因素。第二，加快经济发展成为各国的首要目标，经济利益成为国家关系发展的主导因素，经济成为外交工作的主要内容。大国之间由军事的、真正的争夺转向经济上的竞争，世界上绝大多数国家的政府都将主要精力转向增强本国经济实力上。

当今世界各国外交，首先是经济外交，外交工作、对外交流都为经济发展服务。各国政府通过对外交流为本国经济发展争取国外资金、拓展海外市场、改善国际关系、创造和平与安全的发展环境，以及获取世界最新科技与经济信息。因此，冷战结束后，经济因素在国际政治中的作用日益凸显。

思考题

1. 试析雅尔塔体系的内容、实质和影响作用。

2. 简述当代世界政治行为体的特征。

3. 分析新时代世界政治发展面临的问题。

4. 简述雅尔塔体系解体的原因和标志。

5. 谈谈你对雅尔塔体系崩溃后世界格局走向的看法。

第二章

百年未有之大变局： 新时代的世界经济

    经济是对物资的管理，是对人们生产、使用、处理、分配一切物资这一整体动态现象的总称。经济是人类社会的物质基础，与政治是人类社会的上层建筑一样，是构建人类社会并维系人类社会运行的必要条件。新时代，经济在国际社会中的地位和作用更加突出，世界经济发展呈现出许多新的特点，也产生了诸多新问题，发展经济仍然是新时代世界各国的主要任务之一。透过纷繁复杂的经济现象，认识新时代世界经济运行的基本规律，掌握世界经济发展的主要趋势，对于认识整个国际关系具有非常重要的意义。

第一节　世界经济的形成与发展

世界经济，是社会生产力发展到一定历史阶段的产物。它是世界各国和各地区在经济相互联系中形成的一定的国际生产关系的统一体。各国和各地区的经济是世界经济的重要组成部分，但世界经济并不是各个国家和地区经济的简单相加，而是通过国际分工、国际贸易、金融往来、技术和劳动力流动等经济活动而形成的一个既相互依赖又矛盾斗争的有机整体。

一、世界经济的含义

世界经济是指国际社会行为主体在世界经济领域中相互关系的总和，是世界范围内各个国家和地区经济相互联系而形成的有机整体，它包括世界范围内的生产、分配、交换和消费活动。世界经济包含三大要素：一是各国国民经济；二是国际经济关系（经济纽带）；三是世界经济整体的问题和规律。各国和各地区的国民经济构成了世界经济的基础，世界市场及其经济纽带是各国和各地区经济发生关联的平台。

首先，世界经济是由众多国家的国民经济体系所构成的复合体，缺乏国民经济的支撑则无法讨论世界经济。国民经济是指在一国疆域内，不同地区、各个部门经济活动相互作用、整合形成的总体结构。构成世界经济的 200 余个国家和地区经济，是世界经济不可或缺的组成部分。然而，世界经济所涉及的国民经济，特指作为世界经济有机组成部分的国民经济，这与各国国民经济本身存在本质区别。世界经济的研究视角着重于各国国民经济的特性及其在世界经济中的地位和作用，重点在于依据各国国民经济的生产力发展水平、经济体制与运行机制以及主导的生产关系性质进行分类探讨。

其次，世界经济并非世界各国国民经济的简单相加，而是通过各种经济纽带联结而成的一个有机整体，这些联结各国的经济纽带自身体现的是某领域的国际经济关系，它们构成了世界经济所要研究的国际经济关系的一个方面。这些经济纽带主要包括国际分工基础上的国际商品交换、国际资本流动、国际劳务流动和国际技术转让等。

再次，由于组成世界经济的各国国民经济分属于特性不同的类别，通过上述纽带联结的不同类别国民经济之间以及不同类别的国家之间，形成了不同类型的国际经济关系。这构成了世界经济所要研究的国际经济关系的另一个方面。在当代世界经济中，主要存在发达资本主义国家与发展中国家之间的经济关系、发达资本主义国家与社会主义国家之间的经济关系、发展中国家与社会主义国家之间的经济关系、发达资本主义国家相互之间的经济关系、发展中国家相互之间的经济关系和社会主义国家相互之间的经济关系。

最后，世界经济不仅要研究组成这个整体的各类国民经济和组成部分之间的经济关系，还要研究这个整体本身的问题和规律。例如，世界经济的全球化、多极化、知识化趋势，世界经济的周期性问题，世界经济的可持续发展问题，世界经济与世界政治相互作用的规律等。

总之，世界经济作为一个独立实体，具有自身特有的矛盾和规律，并非简单地将国内矛盾和规律扩展到全球。尽管世界经济的发展使得各国经济相互依赖加深，但各国经济依然保持相对独立性，并对世界经济产生重要影响。

二、世界经济的形成

世界经济的形成与发展是与资本主义生产方式的出现和发展紧密相连的。

在资本主义生产方式出现之前，人类社会由于生产力水平低下，自然经济占据统治地位，虽然有一定程度的国际经济交往，但只是偶然的、个别的、局部的现象，不能形成真正的世界经济。

纵观世界经济的形成历史，下述几个方面发挥了重要的推动作用。第一，机器大工业和资本主义生产方式的确立是推动世界经济形成的关键因素，资本主义社会取代封建社会解放了生产力，促进了机器大工业的发展，并通过资本原始积累和资产阶级革命，形成了统一的世界经济体系。第二，商品交换的全球扩展是世界经济形成的重要推动力，机器大工业生产的商品和原料需求促使国际商品交换范围扩大，形成了世界市场。第三，国际分工体系的形成，使得工业国与农业国之间的分工和对立扩展到全球范围，先进资本主义国家通过商品输出和资本输出，破坏了落后国家的自然经济，将其纳入国际分工体系。第四，统一世界市场的建立是世界经济形成的标志，资产阶级通过经济和非经济手段扩大国际贸易，形成了统一的世界市场，尽管这个体系还不完善，但已将世界大多数国家和地区联结起来。第五，世界货币的出现是国际交换发展的结果，世界货币作为一般等价物，促进了国际商品流通和世界市场的形成与发展。

三、世界经济的运行机制

（一）国际贸易及多边贸易体制

自二战以来，亚非拉殖民地陆续获得独立，亚洲的日本、韩国迅速崛起，跨国公司推动国际资本流动，区域经济一体化和全球化趋势加强。国际贸易组织如关税及贸易总协定（GATT）和世界贸易组织（WTO）的成立，对贸易规模、内容、结构产生了深远影响。冷战后，国际贸易从低迷走向快速增长，主要由科技革命和美国新经济推动。WTO 成立后，贸易自由化推进，国际贸易量年均增长显著。21 世纪初，受美国新经济结束和"9·11"事件影响，国际贸易出现波动，但 2003 年后又强劲增长，直到 2008 年金融危机导致增速放缓。国际贸易商品结构日益优化，工业制成品比重上升，服务贸易快速发展。尽管发达国家主导贸易秩序，但发展中国家参与度增加。二战后，贸易自由化成为主流，但保护主义时有抬头。多边贸易体制如 GATT 和 WTO 在降低关税、约束非关税壁垒方面取得显著成绩，但也面临区域主义、反全球化等新挑战。WTO成员需共同努力，要求合作、共同发展、公平贸易，同时 WTO 自身改革也是必要的，以维护其权威性和有效性。

（二）国际货币体系的演变

20 世纪初，国际货币体系初步建立，货币体系至今已走过一百多年历程。纵观其发展历程，经历了由金本位制、金汇兑本位制、布雷顿森林体系和牙买加体系四个阶段，与之相伴的国际货币也由以黄金、英镑为中心向以美元为中心转变，布雷顿森林体系后期，国际货币基金组织创设特别提款权以弥补国际储备资产不足。

1. 金本位制度盛行于 19 世纪后期，以黄金确定货币价值，金币可自由铸造和兑换，黄金可自由进出口。

2. 第一次世界大战后，金汇兑本位制取代金本位制，银行券不可兑换黄金，只能兑换实行金本位制国家的货币，黄金作为最后支付手段。

3. 1944 年布雷顿森林体系确立，以美元为中心，美元与黄金挂钩，其他国家货币与美元挂钩，实行可调整的钉住汇率制度。布雷顿森林体系推动全球经济和资产价格，但美国经济恶化导致体系解体，1971 年美国停止兑换黄金，1973 年固定汇率制度瓦解。

4. 牙买加体系在布雷顿森林体系崩溃后建立，标志着国际货币体系进入信用货币时代。1976 年，国际货币基金组织协定第二次修正案通过，确立了新的国际货币体系。牙买加体系解决了布雷顿森林体系下汇率的僵硬关系，但并未解决各国国际收支失衡和汇率波动带来的风险，货币危机频发，国际货币体系仍需进一步改革。

（三）国际直接投资与跨国公司发展

国际投资主要是指投资主体为获取经济利益而将货币、实物及其他形式的资产或要素投入国际经营的一种活动。国际投资包括国际直接投资和间接投资。国际直接投资主要包括证券投资和国际信贷。相对于间接投资，国际直接投资以投资者对海外经营资产拥有控制权为鲜明特征。第二次世界大战后，世界经济发展的一个突出表现就是以生产国际化为实现形式的国际直接投资迅猛发展。

国际直接投资是国际分工深化的结果，西方国家在产业革命后开始向其他国家输出资本，以促进贸易和利用过剩资本。国际直接投资自 19 世纪末起步，经历了两次世界大战的缓慢发展，战后进入快速发展期。1982 年至 2008 年间，对外直接投资存量和年流入额分别增长了近 27 倍和 28 倍。国际直接投资年均增长率远超生产和贸易增速，成为推动世界经济增长的关键力量。投资流向也发生变化，发展中国家对外直接投资增加，投资地区结构多元化。跨国公司是国际直接投资的主体，它们随着资本输出的扩大而发展，对世界经济产生深远影响。跨国公司经历了兴起、缓慢发展和快速发展的三个阶段，如今数量和规模空前，主要集中在制造业和服务业。经济全球化推动跨国公司向全球公司转型，全球公司更注重全球战略，其全球化程度高，对国际经济格局和各国经济产生深刻影响。

第二节　新时代世界经济的主要特点

当前世界经济正在快速向全球化、区域经济一体化、市场经济全面化和知识经济广泛化方向发展，在经济关系、经济体制和经济结构等方面出现了诸多新情况和新挑战，这都深刻影响着世界经济的发展。

一、世界经济的全球化

（一）经济全球化的基本含义

"全球化"一词，最早是由西奥多·莱维特于 1983 年在他写作的《市场的全球化》中提出的。他使用"全球化"来形容"商品、服务、资本和技术，在世界性生产、消费和投资领域的扩散"[1]。"经济全球化"这个概念，最早由经济合作与发展组织前首席经济学家奥斯特雷在 1990 年提出。他认为，生产要素正在以更快的速度在全球范围内流动，从而实现资源在世界范围内的最优配置。

概括起来，经济全球化的含义大致有四种不同的认识：（1）要素配置说。该学说认为经济全球化是各种生产要素、商品和服务跨越国家的地理界限，流

---

[1] T Levitt, "The Globalization of Markets," Harvard Business Review, (1983): 69-81.

动的数量和形式不断增加，扩散的广度和速度不断提升，从而使各国在经济上的相互依赖日益加深。（2）结构制度说。该学说认为经济全球化是国际经济政策和经济游戏规则变化的体现和结果，它实际上是一个立足于国家的相对实力、目标函数、权力约束和交易费用基础上的管理货物和服务贸易的全球共同规则的建立过程。（3）利益冲突说。该学说认为经济全球化是一个利益重新调整和分配的过程。它使各国内部阶层重新分化，收入差距拉大，也使某些发达国家优势更为明显，世界贫富分化日趋严重，形成世界新的"中心—边缘"格局。（4）制度转型说。该学说认为经济全球化意味着世界性市场经济体制的建立。全球化使得民族国家的主权相对弱化，各国的经济政策在矛盾中为求得协调而趋于一致，市场经济运行的一般惯例挤压着各国的特殊要求。尽管观点多样，但都加深了人们对经济全球化的理解。

总之，经济全球化指的是全球经济活动的市场化过程，各国的经济活动在降低壁垒、科技进步的驱动下，通过贸易、资本流动、技术转移、服务提供等形式，形成相互依存、相互联系的格局，从而形成超越国界的全球经济联系。

（二）新时代经济全球化的主要表现

生产全球化：全球生产组织方式变革和贸易、投资自由化推动了传统国际分工向新型模式演进，形成多层次、网络化的国际分工体系，各国生产过程对国外依赖加深，要素如资本、技术、劳动和管理在世界范围内按比较利益和规模经济要求重新配置。

贸易全球化：生产发展推动市场扩大，贸易全球化通过贸易规模扩大、贸易结构变化、贸易范围拓展和贸易自由化进程加快等方面表现出来。国际贸易体系吸纳更多国家，市场竞争加剧，贸易在国民经济中比重增加，形成全球贸易网络，促进市场机制全球化运作。

金融全球化：资本国际流动障碍减少，金融全球化趋势增强，金融衍生工具创新和应用推动世界财富形态变化和金融市场规模扩大，金融经济与实体经济分离趋势不可逆转，金融产品创新为经济发展和企业成长提供更多融资渠道。

信息全球化：通信和交通领域的新技术革命推动信息全球化迅猛发展，这些新技术包括数字化、卫星广播、远程电话系统、远洋电缆和光纤技术、宽带和互联网技术等。信息全球化使得人们能迅速获取全球范围内的经济、政治和文化信息，形成覆盖全球的信息网络系统。

（三）经济全球化的作用

经济全球化是一把双刃剑，既有积极作用，又有消极作用。

积极作用主要表现在：一是促进资本、人员、商品和服务高速度和大规模在世界范围内流动，可以把资源要素从效益低的地方配置到效益高的地方，从而实现节约资源、提高效益、推动发展的目的。二是推动世界产业经济版图的重塑与结构调整。世界性大公司，尤其是跨国公司，为了降低成本和占领市场，纷纷在世界各地建立自己的生产与销售网络化体系，把一些抓住机遇的发展中国家纳入全球价值链体系，使各国资源要素的外向化特征日益凸显，有力地推动了世界产业结构的调整和升级。三是促进贸易自由化和金融国际化进程。世界各国不断开放市场，相继放宽对本国贸易、金融的限制，使国际贸易、国际金融的规模不断扩大，促进了各国经济繁荣。四是推动科学技术在世界范围内的广泛传播和应用。跨国公司出于占领市场的考虑，把相对先进的生产技术带到世界各地，不仅相应提高了当地的生产力水平和产业结构层次，而且普及了科技知识，扩大了当地对科技创新的需求。

消极作用主要表现在：一是会把某些主导经济全球化的发达国家的发展盲目性、经济波动甚至环境问题，传导、延伸、放大到世界范围，使全球经济出现同步动荡。二是可能会加剧世界范围内的贫富两极分化。那些拥有垄断资本权力的群体与阶层，在经济全球化中利益得到迅速放大与扩张，而广大依靠出卖简单劳动力的群体与阶层，在这个过程中得到的收入将不可避免地出现相对降低的现象，一些极不发达国家甚至存在被挤出和边缘化的危险。三是少数国家独占经济全球化的霸权，对进入全球化轨道的其他国家尤其是发展中国家加紧实施西化、分化，实现资本主义的全球化。

二、区域经济的一体化

（一）区域经济一体化的含义和形式

区域经济一体化是指地理位置连成一片或相邻近的两个国家以上的民族经济实体之间，由参与国家或地区出面，以定期联席会议等形式建立和深化相互间经济联系的过程。区域经济一体化最主要的表现是在经济一体化的组织形式中，参与者主动或被动地服从一定范围和程度的超国家的国际经济运行方式的调节，遵循经济一体化组织规定的经济贸易发展规划和规则。

世界区域经济合作的发展是从 20 世纪 50 年代末 60 年代初开始的。1958 年，法国、联邦德国、比利时、意大利、荷兰和卢森堡等西欧一些国家为了抗衡美国、对付苏联的威胁，率先成立区域性的经济集团——欧洲经济共同体。另外，奥地利、丹麦、挪威、葡萄牙、瑞典、瑞士和英国于 1960 年成立了欧洲自由贸易联盟。20 世纪 60 年代，广大发展中国家为了加快实现从农业国到工业国的转变，减少对发达国家的依附，不同程度地开展了相互间的自由贸易和经济合作，比较有影响力的有东南亚国家联盟、石油输出国组织、七十七国集团等经济合作组织。20 世纪 90 年代以后，逐步形成了以欧洲联盟（以下简称"欧盟"）、北美自由贸易区和亚太经济合作组织（以下简称"亚太经合组织"）为标志的三大区域经济中心。

区域经济一体化的形式是多种多样的。按经济一体化发展的程度来看，有优惠贸易协定、自由贸易区、关税同盟、共同市场、经济同盟等；按经济一体化发展规模来看，有地域广阔、规模巨大的经济一体化组织，如欧洲共同体（以下简称"欧共体"，欧盟的前身）、北美自由贸易区，也有规模较小的区域经济组织；按经济一体化的合作内容来看，有单一类型的经济一体化，也有综合性的经济一体化；按区域经济一体化参与国的经济发展程度来看，有发达国家之间的，有发展中国家之间的，也有发达国家和发展中国家之间的综合性的经济一体化。下面简要介绍北美自由贸易区和亚太经合组织。

北美自由贸易区（NAFTA）由美国、加拿大和墨西哥组成，旨在促进经济一体化。1992 年三国达成《北美自由贸易协议》，并于 1994 年 1 月 1 日正式生效。该协议旨在消除贸易壁垒，促进成员国间商品自由流通，成员国享受关税减免，非成员国则维持原有关税。墨西哥对美出口因 NAFTA 而显著受益。

亚太经合组织（APEC）是亚太地区主要的经济合作平台，成立于 1989 年，旨在促进区域经济增长、加强成员经济合作、维护共同利益，并推动贸易自由化。APEC 现有 21 个成员，涵盖亚太地区主要经济体，以及 3 个观察员。其运作包括领导人非正式会议、部长级会议等五个层级。APEC 关注贸易、投资自由化、区域一体化等议题，并通过协商一致的方式进行合作，决策须成员一致同意，虽无法律约束力，但成员应负政治及道义责任来实施。截至 2021 年，APEC 成员经济体总人口约 29.5 亿，其 GDP 占全球 GDP 的 62%，贸易额占全球贸易额的 48%。APEC 促进地区经济快速增长，实际 GDP 从 1989 年的 19 万亿美元增至 2021 年的 52.8 万亿美元。居民人均收入增长近 4 倍，数百万人脱贫。地区联系加强、贸易壁垒减少、法规差异消除，共同推动贸易繁荣和经济增长。平均关税从 1989 年的 17% 降至 2021 年的 5.3%。APEC 区域商品贸易总额增长 9 倍以上，三分之二贸易在成员间进行。APEC 还推动区域经济一体化、贸易发展，同时关注可持续性和社会公平。

（二）区域经济一体化的发展趋势

区域经济一体化是经济全球化的具体表现之一，随着经济全球化深入，区域经济一体化也快速发展。其具体表现有以下几个方面：

1. 区域经济合作成为世界共识。世界范围内，174 个国家和地区至少参加了一个区域贸易协议，平均每个国家或地区参加了 5 个。不同层次、不同形式和不同内容的区域、次区域和小区域经济合作组织如雨后春笋般不断涌现，遍及五大洲。当然，各地区之间的差别很大，发展程度也不相同。

欧盟的诞生、欧元的启动以及欧盟的六次扩大，使得拥有 27 个成员国的欧洲区域经济一体化格外引人注目。自 1994 年北美自由贸易区正式成立以来，美国设想把其范围扩展到拉美，以形成一个覆盖整个南北美地区的世界最大自由贸易区。亚太地区是一个多样化地区，不仅国家和地区、民族、文化、历史具有多样性，而且社会制度不同，经济发展阶段各异，对合作要求也不尽一致，导致区域合作起步较迟，难度较大。但经过多年努力，各种经济合作组织纷纷出现，大小区域性经济圈相继崛起。1989 年亚太经合组织成立；1992 年东盟自由贸易区的建设被正式提出；南亚的印度、巴基斯坦等七国于 1995 年以创设南亚自由贸易区为目标共同签署了《南亚特惠贸易安排协定》。

20 世纪 90 年代，非洲大陆的一体化进程明显加快。1991 年 6 月，非洲国家元首和政府首脑共同签署了《非洲经济共同体条约》。1997 年 6 月，非洲统一组织的首脑会议通过了建立非洲经济共同体的决议，并举办了非洲经济共同体的首次首脑会议，旨在促进非洲经济一体化。进入 21 世纪后，非洲一体化的步伐进一步加快。2012 年 1 月，非洲联盟第十八届首脑会议通过了决议，计划建立非洲大陆自由贸易区。非洲大陆自由贸易区于 2019 年 7 月正式成立，并于 2021 年 1 月开始运营。该自贸区旨在降低关税、消除贸易壁垒，推动区域内的贸易和投资增长，实现商品、服务和资本在非洲大陆的自由流动，构建一个覆盖 13 亿人口、价值 2.3 万亿美元的大市场。2024 年 2 月，在第三十七届非洲联盟峰会上宣布启动《2063 年议程》的第二个十年实施计划。非洲联盟轮值主席强调，非洲联盟致力于挖掘非洲大陆的潜力、加强经济一体化、促进基础设施的互联互通和提升农业生产水平，以确保第二个十年计划的顺利推进。

2. 各区域集团加快"扩容增员"的步伐，并进一步扩大合作范围。自 20 世纪 90 年代起，多个区域集团经历了调整和扩张。2013 年，克罗地亚加入欧盟，使其成为拥有超过 5 亿人口的第一大经济体。东南亚国家联盟于 1992 年正式提出建立东盟自由贸易区后，2000 年在新加坡会议上提出建立中国—东盟自由贸易区的倡议，并于 2002 年与中国达成建立自贸区的框架协议。2010 年，中国—东盟自由贸易区全面启动，覆盖 11 个国家、19 亿人口、GDP 达 6 万亿美元。2015 年，双方签署升级协定，2019 年全面实施自贸区 2.0 版。2024 年，中国与东盟宣布实质性结束自贸区 3.0 版谈判，并发表联合声明。

3. 区域经济集团彼此渗透、影响，催生了全球性经济一体化组织。自 20 世纪 90 年代起，区域经济合作的基础经历了显著变化，打破了传统地域邻近的限制，催生了跨洲、跨洋的合作组织。例如，亚太经济合作组织涵盖了亚洲、大洋洲以及南北美洲的 21 个国家和地区，这些成员在发展阶段和文化背景上各不相同，汇聚了除欧盟外的全球主要力量。目前，区域经济合作正朝着多样化和开放性方向发展，多数国家倾向于放弃狭隘的排他性，支持开放的地区主义、协调的多边主义和自愿的多样化经济合作。

（三）区域经济一体化对世界经济的影响

区域经济一体化的影响是双重的，它既有促进世界经济增长、加快世界经济一体化进程的作用，又在一定程度上影响社会生产力的发展。

二战结束后，众多区域经济集团的成立，旨在消除成员间的障碍，推动各自的经济发展。这些集团内部贸易壁垒逐步减少乃至消失，有助于节省成员间的劳动力和资本，促进生产要素在成员间自由流动和优化配置，进而提升效率、降低成本、增强规模经济效应、推动经济增长。区域经济集团的形成，使得整个区域市场得以拓展，不仅增加了对区域内产品的需求，也提升了对区域外产品的需求，从而推动了全球经济的发展。区域经济集团化与世界经济一体化是并行发展的。由于世界经济政治发展的不均衡，世界经济一体化需要经历一个从局部到整体的漫长过程。区域经济一体化组织只要保持开放性，随着成员数量的增加和一体化程度的提升，将为世界经济一体化打下坚实的基础。

国际经济竞争因世界经济区域集团化而加剧，这导致了区域经济发展的不均衡。世界经济区域集团化是大国间激烈竞争和利益协调的结果。尽管地区经济集团的成立在某种程度上平衡了各方利益，但区域集团的构建并非终极目标，因此竞争依旧存在。随着世界经济区域集团的陆续成立，国际竞争的形式发生了转变，从原本的国家间竞争演变为区域经济集团间的竞争，使得竞争的层面提升、内容变得更加复杂、手段也更为精妙。

三、市场经济的全面化

（一）市场经济全面化的内涵和产生原因

市场经济是近代资本主义生产的产物，随着市场的社会化，形成了以市场为导向，以经济规律为手段，以资源配置为主要方式的经济模式或体制。市场经济全面化涉及三个主要方面：首先，市场经济在地理上扩展至全球，95%以上的国家和地区参与其中，成为国际性经济体制。其次，市场经济体制在机制和功能上不断深化改革，各国根据自身情况调整经济模式，以适应21世纪的发展和竞争。最后，市场经济在国际范围内的联系更加紧密，不同国家的市场经济体制虽有差异，但趋同性增强，相互影响和制约，推动市场经济国际化。

市场经济的全球化是生产力发展的必然结果，它要求国际经济活动遵循共同的规则以实现平等交流。市场经济的扩展又推动了经济全球化，降低了交易成本，增强了国际合作，并促进了民族特色与国际规则的融合。经济全球化实质上是全球市场经济规范的形成，各国将面临统一的信息、市场、贸易投资规则以及国际法律和组织体系。市场经济体制的建立促使经济发展跨越国界，实现全球范围内的资源优化配置，以追求最大经济效益，导致各国经济的进一步融合和市场化趋势。

（二）市场经济的主要模式

第二次世界大战以后，特别是 20 世纪 90 年代之后，世界市场经济模式正在进一步形成"美英市场经济模式""欧洲市场经济模式""日本模式""北欧市场经济模式""亚洲市场经济模式""过渡型市场经济模式"等不同类型的经济模式。

美国模式也被称为"盎格鲁 – 撒克逊模式"。它是指 20 世纪 80 年代后由美国里根政府和英国撒切尔政府推动的新保守主义经济模式。这种经济模式强调个人主义和市场竞争，少数大公司在关键行业占主导，而国家在某些领域如邮政、电力和交通中占较大比重。市场机制主导资源配置，国家不常制定全面经济计划，但提供制度保障和约束，通过税收、预算和金融手段调控经济，并增加对教育和基础研究的政府投资。公司采用董事会制，实行股东治理，强调多元化目标和利益相关者共同治理。美英模式具有强大的竞争力，但随着美国经济衰退，其负面影响也开始受到关注。

莱茵模式是指莱茵河流经的国家即瑞士、德国、荷兰等西欧国家所奉行的经济模式，其中以德国的经济模式为主要代表。就思想基础而言，莱茵模式主张经济自由，认为国家在经济活动中的作用主要是建立和维护正常的秩序，以保证市场经济的正常运行。德国在促进竞争的同时，通过法律防止市场垄断，强调利益集团间的协商。政府利用货币政策和财政政策进行宏观调控，干预经济。莱茵模式通过劳动保护和社会保障制度解决私有制竞争中的不公，将经济发展与社会公正相结合。自 20 世纪 90 年代起，政府社会支出增加，公司治理结构也在调整。

日本模式：日本市场经济体制是一种"官、产、民"密切协调，政府主导的体制。日本模式强调政府对市场机制的必要干预，并设定合理目标和最佳路径以协调力量实现现代化。企业集团化和系列化是其所有制结构的显著特点，大型企业通过持股和订购等方式主导中小企业，形成金字塔形结构。政府通过指导性计划、产业政策、行政指导和财政金融政策进行调控。政府与企业的紧密关系以及终身雇佣制类似家庭关系。尽管日本政府主导型模式促进了经济高速增长，但自 20 世纪 90 年代以来，经济低迷和停滞以及国际竞争力下降导致改革呼声日益高涨。

除了以上的几种模式，中国和俄罗斯也在探索自己的市场经济发展道路。中国和俄罗斯的国情不同，但在市场经济的发展过程中，两国基本上采取了国家宏观调控的办法。这种市场经济最大的优点是能够保证经济秩序的稳定和协调发展，但也会对市场潜力的发挥具有一定的抑制作用。

四、知识经济的广泛化

20 世纪 90 年代中期以来，"知识经济"的说法开始出现在学术讨论中，进入 21 世纪之后，知识经济的概念开始被广泛接受和应用，并深刻影响着世界经济的发展。

（一）知识经济的界定

20 世纪 70 年代初以来，国际学术界对未来的经济形态问题出现了多种说法，阿尔文·托夫勒在《第三次浪潮》中提出了"后工业经济"，约翰·奈斯比特在《大趋势》中提出了"信息经济"[1]。在这些理论基础上，1983 年，美国加州大学教授保罗·罗默发表论文，提出了"新经济增长理论"[2]。他认为知识是一个重要生产要素，知识可以提高投资的收益。1996 年经济合作与发

---

[1] ［美］约翰·奈斯比特：《大趋势》，梅艳译，中国社会科学出版社，1984，第 57 页。
[2] Paul Romer, "Increasing returns and long-run growth, " Journal of political economy, 1986, 94(5): 1002-1037.

展组织（OECD）报告中正式提出了"以知识为基础的经济"（knowledge based economy），简称为"知识经济"（knowledge economy）。

人们迅速认同"知识经济"这一新概念并不是偶然的。20世纪下半叶特别是80年代以来，信息技术革命使知识的创造、使用方式产生了革命性的变化，从而使知识应用于制造业、服务业的速度、深度和广度大大增加。全球经济增长方式产生了根本变革，知识在经济活动中成为日益突出的因素。1996年，经济合作与发展组织发表的《以知识为基础的经济》报告，明确定义了以知识为基础的经济，第一次提出了这种新经济的指标体系，明确了其测度方法。根据报告所给的定义，知识经济是指建立在知识和信息的生产、分配和使用之上的经济。这里所说的知识包括人类迄今为止创造的所有知识。

（二）知识经济的特征

知识经济是以智力投入为第一生产要素的经济。知识经济时代，经济的繁荣直接依赖于知识的积累和利用，知识的发明、创造对整个国民经济的贡献远远超过了传统的生产要素。对知识的投资不仅能增加知识本身的积累，还能增加其他经济要素的生产能力，并将这些生产能力转化为新产品和新工艺。因此，知识经济概念强调必须承认知识能够提高经济效益，在计算经济增长时，必须把知识直接放在生产体系中考虑，把知识列入生产函数。

知识经济是以高新技术为支柱的经济。高新技术群代表时代先进的生产力，是国际竞争的制高点，高新技术产业化是经济增长的决定性因素。在知识经济条件下，基础研究向应用的转换周期日趋缩短，知识产品的生产呈爆炸性增长。以高新技术群的生产、传播和应用为基础，整个社会经济才会不断增长。

知识经济的核心在于创新，它涵盖了知识创新、技术创新、制度创新以及管理上的创新。为了让知识成为企业竞争中宝贵的智力资源，必须对企业运营体系进行革新，并相应地设立知识管理职能。此外，人类交流的方式和内容也经历了根本性的变革，精神文化的创造和享用现在可以在网络上进行，且这一过程与知识的创造紧密相连，实现了生产和消费的融合。

知识经济是以可持续发展为核心价值的经济体系。知识的丰富、多元和可再生特质，使其成为一个取之不尽的宝藏，能够不断被创造和开发。在传播、应用和配置过程中，知识和信息的价值能够实现增值，其使用不仅不会导致损耗，反而会随着积累而增长。知识的可再生性确保了知识经济的无限可持续性。因此，促进知识经济的发展与执行经济可持续发展的战略是相辅相成、相互推动、共同进步的。

知识经济是一种以知识的商品化和产业化为运行机制的经济形态。该经济形态将物质生产与知识生产相融合，显著提升了产品的知识成分和附加值。在知识经济的背景下，知识本身逐渐转变为一种市场化商品，例如各类电脑软件、专利技术、信息产品等。在这一经济环境下，智力的价值能够通过货币形式具体量化，创新能力和知识产品化成为资本的重要组成部分。

知识经济时代，社会对知识的需求日益增长，知识成为经济发展的核心。在这样的社会里，知识的创造和传播依赖于一个推崇知识、维护知识、尊重和保护人才的社会保障体系及环境。识别、培育、塑造和利用具有创新精神的人才，是推动经济向知识化转型的关键。

（三）知识经济的影响

知识经济正日益广泛和深刻地影响经济增长方式、产业结构、市场结构、就业结构乃至人们生活与社会文化的各个方面。知识的传播、创新和运用成为社会进步的主要动力。

首先，知识经济深刻影响了企业的运营。在这一经济形态下，企业将知识作为关键生产要素，对经营理念、管理方式和组织结构进行了根本性的变革。企业为了适应技术的快速进步，必须进行业务流程重组和企业再造，以信息流动优化资源配置，减少中间环节，实现生产和消费的直接、快速融合。其次，知识经济促进了产业结构的升级，导致了新产业的出现，如软件开发和电子商务，并使传统产业通过增加知识含量得到提升。它还缩短了产品生命周期，加速了生产和营销结构的变化。传统工业经济在解决资源消耗和环境污染等问题后，将经历质的变化。再次，知识经济改变了市场运作方式，信息网络成为新经济的基础。网络和信息技术提高了能源和原料使用的效率，使市场更精确、透明，减少了供求矛盾。计算机和信息处理技术推动了电子商务、产品展示和网上购物等新市场方式的发展，缩短了经济和社会生活的时空距离，刺激了消费，促进了经济持续增长。最后，知识经济的兴起促进了国际产业分工新体系的形成，推动世界经济进入生产一体化的新阶段。发达国家专注于知识密集型产业，将低知识密集度的生产转移到发展中国家。这导致发展中国家在全球工业生产中的份额逐年上升，产业内部分工也日益发展。

知识经济正逐渐成为全球趋势，但实现这一目标仍需持续努力。为促进高新技术对经济结构的深入改造，必须改革激励机制和制度，以支持充满活力的知识经济。根据国家情况，确定知识经济发展的重点和路径至关重要。建设信息基础设施，提升技术知识传播和应用能力，重视技术扩散计划，支持创新企业及建立孵化器是关键。加强研发体系建设，增加政府对基础研究的投入，引导资金投入以解决紧迫问题。提升教育和学习水平，培养创造力和终身学习能力，有效利用全球知识资源。在战略领域吸引外资，与外国公司和研究中心合作开展研究。

第三节　新时代世界经济面临的主要问题

当今世界经济发展仍面临一系列挑战与问题，主要包括世界经济发展不平衡、世界经济的健康可持续发展问题，以及人类社会面临的能源危机和粮食危机。这些问题不仅阻碍了世界经济的健康发展，还制约着人类社会的可持续发展，所以需要世界各国相互合作，并采取有力措施加以解决。

一、世界经济发展不平衡

经济发展不平衡，是新时代世界经济发展的具体现实，同时更是新时代世界经济的一个严重问题。经济发展严重的失衡，会加大地区差距，拉大贫富差距，反过来影响世界经济的发展。当前世界经济发展不平衡主要表现在下面几个方面：

（一）发达资本主义国家之间的经济发展不平衡

在 20 世纪 80 年代之前，西欧与日本的经济发展速度超过了美国，导致美国与日本、欧洲在经济实力上的差距显著缩小，美国的经济垄断地位遭到了挑战。进入 20 世纪 90 年代，美国的经济竞争力得到了提升，相较于欧洲和日本，其经济展现出更为显著的活力。美国经济率先从 20 世纪 90 年代初期的经济低谷中复苏。这一现象主要归因于冷战结束后，美国科技力量的调整，以及大量科技人才和资源向民用工业的转移。因此，在高科技领域的竞争中，美国占据了世界领先地位。而之前追赶势头强劲的日本和德国，在这一时期则略显逊色，美国的经济实力依然稳居世界之首。

（二）发达资本主义国家与发展中国家之间经济发展不平衡

尽管发展中国家的经济增长速度超过了发达国家，但其人均增长却因人口压力而受到明显制约。发达国家由于其人均国内生产总值的起始水平较高，并且在高科技领域拥有主导地位，它们与发展中国家的收入差距逐渐拉大。另外，发达国家已经进入工业社会的经济结构调整与改革阶段，而许多发展中国家仍然处于从农业国向工业国转变的过程中。这些国家的经济结构单一，主要依靠几种产品的出口来支撑国民经济。技术落后、资金短缺、外债负担沉重以及人口的快速增长，导致国民收入分配极不平衡。同时，在科学技术的发展和应用方面，发展中国家与发达国家的差距更加明显，文化教育事业也相对落后。如果这些问题不能得到有效解决，发展中国家与发达国家之间的差距将会继续扩大，这可能会对国际政治稳定造成影响。

（三）发展中国家之间经济发展的不平衡

发展中国家因其特定的社会历史背景和国情，采取了各具特色的经济发展策略。在众多发展中国家逐步实现经济成就与进步的同时，我们亦需正视一个现实：诸多低收入国家的经济发展仍旧处于停滞状态，甚至遭遇困境。这一现象加剧了发展中国家之间的经济差距。在发展中国家中，新兴的工业化国家和地区自第二次世界大战后崛起，成为世界经济增长的新焦点。这些国家和地区在若干关键经济指标上实现了显著提升，部分领域已接近或达到了发达国家的水准。

（四）新时代全球经济失衡问题

全球经济失衡是指各国之间的经济关系在一定时间内出现了不平衡和不协调的状态。这种失衡状态会影响全球经济的稳定和可持续发展，因此备受关注。

全球经济失衡的主要表现包括储蓄和消费的失衡、贸易失衡、财政失衡、投资失衡以及汇率失衡。储蓄和消费的失衡表现为发达经济体的居民储蓄率普遍较低，而新兴市场经济体的居民储蓄率偏高。贸易失衡表现为主要贸易国家和地区经常账户余额占 GDP 的比重不断上升，由此引发全球范围内的贸易摩擦不断。财政失衡表现为各国财政预算状况不平衡，一些国家的财政赤字较大。投资失衡表现为全球范围内的投资增长速度较快，但投资质量和效益有待提高。汇率失衡表现为一些国家的汇率高估或低估，导致国际收支不平衡。美国是全球经济失衡的典型案例，具体表现为美国储蓄和消费的失衡。自 20 世纪 80 年代起，美国居民储蓄率不断下降，而同时期的中国等新兴市场经济体的居民储蓄率大幅上升。这种失衡状态导致了美国长期的贸易逆差和财政赤字，使其经济易受外部经济的影响。从宏观经济数据来看，美国贸易逆差在 20 世纪 80 年代初为 254.8 亿美元，而在 2010 年已攀升至 4978 亿美元，2023 年美国贸易逆差是 7734 亿美元。美国联邦政府 2023 财年财政赤字为 1.695 万亿美元，比上一财年增加 23%。美国债务也呈现爆炸式增长，2022 年 1 月已突破 30 万亿美元，相当于当年美国国内生产总值（GDP）的 118%。这种贸易逆差和财政赤字使得美国经济易受外部经济的影响，也增大了全球经济失衡的风险。

全球经济失衡的成因是多方面的。首先，美元作为国际储备货币的地位，是导致全球经济失衡的关键因素之一。其次，全球经济结构的不平衡也加剧了失衡现象。例如，某些国家在出口领域具有显著的竞争优势，而其他国家则在进口方面占据主导地位。此外，部分国家实施的贸易保护主义政策，亦可能造成全球经济失衡。为了应对全球经济失衡，各国需共同努力，采取一系列相应的措施：可以考虑调整美元汇率制度，使其更加具有弹性；各国应调整自身的经济结构，以实现更加均衡的贸易流动；同时，各国还应加强金融监管合作，以降低金融市场波动的风险；此外，还可以探讨采用其他国际货币作为全球储备货币的可能性。这些举措都将有助于减少全球经济失衡的问题。

二、世界经济的健康可持续发展问题

二战结束后，人类社会面临着一系列严峻挑战。人口数量的急剧增加，导致了粮食供应的严重短缺，使得全球范围内出现了粮食危机。与此同时，能源资源的紧张状况也日益加剧，许多国家面临着能源短缺的困境。资源的过度开发和不合理利用，导致了自然资源的严重破坏，许多珍贵的自然资源面临枯竭的危险。此外，环境污染问题也日益严重，空气污染、水污染、土壤污染等环境问题的恶化，不仅对生态环境造成了巨大破坏，也严重威胁到人类的生存环境。为了彻底改变这种局面，人类必须寻找一条新的发展道路，一条能够实现经济、社会和环境协调发展的道路。这条道路需要在满足当代人需求的同时，确保不会对后代人满足其需求的能力造成危害。

1987年，联合国世界环境与发展委员会在其研究报告《我们共同的未来》中，第一次明确阐述了可持续发展的定义。可持续发展是指一种既能够满足当代人的需求，又不会对后代人满足其需求的能力构成危害的发展模式。这一定义的提出，为人类社会的发展指明了新的方向。1992年，在巴西里约热内卢举行的联合国环境与发展会议上，世界各国共同通过了《里约环境与发展宣言》以及《21世纪议程》等纲领性文件。这些文件进一步明确了可持续发展的目标和原则，为全球范围内的可持续发展实践提供了指导。从那时起，可持续发展成为世界各国共同奋斗的目标，各国政府和国际组织纷纷采取行动，致力于实现经济、社会和环境的协调发展。

三、世界能源和粮食危机

（一）世界能源危机

能源是人们进行生产和赖以生存的重要物质基础，人类的社会文明就是建立在广泛而大量使用能源的基础之上。在20世纪80年代之前，能源消费的增长速度和经济增长速度几乎一直是同步的。但随着全球经济发展、人口增长和城市化速度加快，作为世界主要能源的石油、煤炭、天然气等不可再生能源面临短缺的威胁。

自1859年世界上打出第一口油井开始，石油的开采和利用就迅速发展起来，并在社会经济生活中发挥越来越大的作用，到20世纪60年代中期，石油已取代煤炭成为世界主要能源，被誉为"经济的血液"。随着世界经济的迅速发展，石油的开采量越来越大，截至 2007 年底，世界石油探明储量约为 1686 亿吨，尽管世界石油探明储量还有增长的空间，但这个空间已经不大了，而现在的石油产量和消费量却在不断增长。与此同时，天然气和煤炭资源的情况也不乐观。全球天然气总储量约 1800 亿 ~ 4000 亿立方米，可采储量约 281 亿立方米，也只能满足人类 170 年的需求。煤炭是一次性能源三大支柱中开发利用时间最长的一种，也最为丰富，但不是取之不尽的。根据世界能源理事会 2020 年的数据，全国已探明的煤储量为 1.07 万亿吨，但可供采掘的只有约 7000 亿吨，以目前每年的开采量计算，可开采的最长时间是 500 年。

面对能源匮乏危机，各国政府都把能源问题当作影响国家安全的战略问题来对待。摆在各国面前的有两条道路：一是开源节流，寻求更多的能源供应渠道，并提高能源的使用效率；二是开发可再生能源，包括太阳能、水能、风能等可再生能源。目前，水能、风能的开发和利用率已比较高。人类正在开发潜力巨大的太阳能和潮汐能，但是大规模推广利用这些能源在技术上还有困难，成本相对较高。从理论上讲，核能的全球储量更为巨大，不少人认为核能会成为今后世界的主要能源。但核能既面临核废料的处理问题，还有安全性问题。特别是在 1986 年苏联切尔诺贝利核事故之后，很多国家的核能开发遇到很大阻力，目前其发展主要集中在亚洲，北美和欧洲的核能发展都在一定程度上受到了阻碍，发展速度放缓。在未来相当长的时间里，全球消费的主要能源仍将是不可再生能源。

现在，能源问题已成为全球性问题，彻底解决能源问题涉及资源、技术、环保、金融、法律、地区安全、反恐等多方面，任何国家都无法单独应对。因此，为了人类可持续发展的共同利益，需要在全球所有国家间开展密切合作，特别是需要在主要能源生产国和主要能源消费国之间开展密切合作。

（二）世界粮食危机

粮食作为人类生存与发展的根本，对国家稳定与世界和平具有不可或缺的重要性。因此，各国政府均对粮食生产和粮食安全问题给予了极大的关注与重视。自 20 世纪 80 年代起，由于受到政治不稳定、自然灾害频繁、草原荒漠化加剧、农用土壤退化、人口持续增长、贸易壁垒以及众多发展中国家广泛实施工业化等多重因素的影响，世界粮食产量的增长速度逐渐减缓。然而，全球对粮食的需求却持续增长。据联合国粮食及农业组织提供的最新数据，自 1990 年以来，世界粮食总产量仅增长了 2.3%，全球人口却增长了高达 10%。

根据联合国粮农组织报告，2000 年，全球有约 8.26 亿人口正遭受饥饿的困扰，这一数字占当时世界总人口的 13%。在这一背景下，非洲大陆的饥饿问题尤为突出。自 20 世纪 50 年代起，非洲逐渐演变为粮食短缺的区域，且该问题随时间的推移而加剧。在 1983 年至 1984 年间，非洲的粮食总产量仅为 4600 万吨，导致每人每年平均仅能获得 46 千克粮食。这种粮食极度匮乏的情况引发了严重的粮食危机，使得超过 2 亿非洲居民面临长时间的饥饿威胁。在这场危机中，约有 3000 万非洲人因饥饿而丧生。此外，亚洲的朝鲜、孟加拉国、斯里兰卡、尼泊尔和马尔代夫等国家亦面临严峻的粮食短缺问题。在这些国家，饥饿导致的死亡事件频发，构成了一个不容忽视的人道主义危机。粮食危机一再为人类敲响警钟，国际社会也为此进行了不懈的努力。1996 年和 2002 年，世界粮食首脑会议先后两次在罗马举行，主要讨论世界粮食问题，制定实施消除饥饿和贫困的目标。人类解决粮食问题任重道远。

全球性经济问题的解决不是仅仅依靠某些国家或地区的努力，而是必须通过世界各国共同努力才能解决。要彻底改变这种局面，世界各国特别是发达国家应负起责任，探索出一条经济、社会和环境协调发展的道路，共同努力解决这些关系到世界经济持续发展乃至人类社会生存的重大问题。

思考题

1. 二战后世界经济格局发生了怎样的变化？

2. 二战后美国是如何通过经济手段确立其霸主地位的？

3. 试析经济全球化对发展中国家的影响。

4. 世界经济发展不平衡的原因有哪些？

5. 试述影响世界经济可持续发展的全球性问题。

第三章
新时代的全球治理

　　当今世界，国际局势正处在深刻的变动之中，全球力量对比发生了显著转变，尤其是新兴大国的集体崛起，促使国际制度体系正经历深刻的变革，各种力量间的博弈变得更加激烈与复杂，全球性问题日益增多，但各种多边机构与机制却难以有效应对一系列的全球性挑战，造成了"需要全球治理却缺少全球治理"的局面。在这种背景下，全球治理比以往任何时候都更加迫切。作为全球化世界的重要组成部分，尤其是作为一个正在崛起的发展中大国，中国与全球治理的关系、中国在全球治理中的作用日益受到国际社会广泛关注。

第一节　时代主题的变化

时代，是对人类社会发展阶段基本特征的概括，也是对世界历史基本态势的反映。时代主题，是指在一定的历史阶段，反映世界基本特征并对世界形势的发展具有全局性影响和战略性意义的问题，是国际社会在这个较长时间所面临的主要课题和根本问题。它随着世界形势以及国际社会基本矛盾的变化而变化，对时代主题的科学认识，是了解世界发展趋势的重要基础。

一、"和平与发展"的主题

第二次世界大战后世界经济的发展与变化、世界各种矛盾的发展与变化，必然导致时代进入一个新阶段，这个阶段的主题也必然有新变化。邓小平经过长期思考和冷静观察，从 20 世纪 80 年代中期提出："现在世界上真正大的问题，带全球性的战略问题，一个是和平问题，一个是经济问题或者说发展问题。和平问题是东西问题，发展问题是南北问题。概括起来，就是东西南北四个字。南北问题是核心问题。"[1]20 世纪 90 年代初，他进一步指出："世界和平与

---

① 邓小平：《和平与发展是当代世界的两大问题》，载《邓小平文选（第三卷）》，人民出版社，1993，第 105 页。

发展这两大问题，至今一个也没有解决。"[①]

邓小平关于当今世界存在两大问题的思想一经提出，就引起了广泛的反响，得到世界广泛的支持和认同，并且深入人心。1987 年中共十三大把这一思想列入邓小平对马克思主义理论的新发展之一，将其概括为"和平与发展是当代世界两大主题"。1992 年，中共十四大又把和平与发展问题提高到"时代主题"的高度加以认识。1997 年，中共十五大把邓小平的这一重要理论观点称为"当今时代的主题"和"时代特征"。江泽民在中共十六大报告中重申："和平与发展仍是当今时代的主题。"2004 年 1 月，胡锦涛在法国国民议会的演讲中，再次明确了"和平与发展是当今时代的主题"的论断。2013 年 3 月，习近平在莫斯科国际关系学院的演讲中指出："这个世界，和平、发展、合作、共赢成为时代潮流。"

和平与发展是当今时代主题，有着十分充分和符合实际的依据。

（一）历史依据

和平与发展作为时代主题，应该是从第二次世界大战的胜利开始。第二次世界大战的胜利是一个伟大的历史事件，以它作为历史的起点是符合实际、符合逻辑的。它使世界范围的力量对比发生了极其深刻的变化，对战后世界产生的影响既是深刻的，也是久远的：第一，彻底摧毁了德意日法西斯政权，清除了世界民主化进程中一个最大的障碍。第二，最终结束了欧洲资本主义列强决定世界事务的历史，资本主义世界的力量对比发生了新的变化，其相互关系发展进入一个新阶段。第三，苏联经受住了战争的严酷考验，实力增强，国际威望提高，并使社会主义实现了由一国到多国的飞跃，成为国际舞台上一支举足轻重的力量。第四，给被压迫民族的解放事业开辟了更广阔的可能性和更现实的道路，为战后第三世界的崛起创造了前提条件。第五，战争的浩劫深深地教育了世界各国人民，坚决反对世界战争、渴望世界和平的共同心愿奠定了战后世界和平最坚实的思想基础，使得战后世界和平得以维护。第六，战争后期在科学技术方面的许多新突破，如核爆炸成功、第一台电子计算机的诞生以及火

[①] 邓小平：《在武昌、深圳、珠海、上海等地的谈话要点》，载《邓小平文选（第三卷）》，人民出版社，1993，第 383 页。

箭炮的运用等，不仅对战争胜利起到了重要作用，也对制约战后世界大战的爆发有不可否认的意义，还是战后新科技革命的起点。第七，具有不同社会制度、不同意识形态的国家，可以结成反法西斯同盟，实现了颇有成效的合作，保证了战争的最后胜利，并且建立了联合国，这是维护世界和平与安全、关注社会经济发展的最具代表性和权威性的国际组织。所以，反法西斯战争的胜利是"和平与发展"成为时代主题的坚实的历史依据。

（二）现实依据

从反法西斯战争胜利结束到 20 世纪 80 年代中期，国际社会虽然长期处于冷战状态，有过局部战争，也有过美苏冷战的危机，但又发生了一系列重要的、积极的、深刻的变化。这些变化既是有目共睹的，也是应该充分重视的：第一，资本主义世界从一家称霸到三大中心，再到七国集团，由于实力对比的变化，其相互关系也随之发生深刻的变化，从附庸到伙伴关系，其相互之间的矛盾在发展，解决办法不再是动用战争手段，而是相互讨价还价、妥协让步。第二，资本主义国家内部随着经济的发展，统治阶级执行改良主义政策、福利主义政策，有的国家福利水平涵盖民众从出生到死亡的各方面生活，阶级关系和阶级结构发生变化，如中产阶级的出现，使阶级矛盾得到缓和，没有出现革命形势。第三，社会主义国家由一国变为多国，一度实力增长较快，国际影响迅速上升，成为国际舞台上一支举足轻重的力量，苏联成为两个超级大国之一，但由于政治、经济、对外关系方面存在诸多问题，面临巨大压力和挑战，从而走上改革之路，在改革中经受了巨大挫折和部分失败。第四，以中国为代表的社会主义国家在探索中前进，在分析认识世界变化的基础上，从本国的实际出发，吸取国内外的经验教训，制定符合本国实际的发展战略，实行改革开放，取得了举世瞩目的成就，是社会主义的希望所在。第五，资本主义和社会主义的关系也在变化，冷战持续几十年，由全面对抗逐渐走向缓和、由局部缓和到全局缓和，在缓和的背景下，东欧剧变、苏联解体。中国从 20 世纪 70 年代初开始，改善和发展同资本主义国家的正常关系。20 世纪 70 年代末实行改革开放，奉行独立自主的和平外交政策，在和平共处五项原则的基础上发展同所有国家的友好合作关系。鉴于实力对比的变化、中国奉行正确成熟的政策，以及双方存在共同利益的汇合点，中国与发达资本主义国家的关系走向对抗的危险性虽仍然存在，但现实的可能性不大，将长期处于一种竞争共处的状态。第六，从战后民族解放运动的高涨到第三世界的崛起，这是战后国际舞台的一个深刻变化，它摧毁了帝国主义殖民体系，冲击了两极格局，发展中国家联合和组织起来奉行和平、中立、不结盟政策，成为反殖、反帝、反霸的主力。但由于长期处于不平等和无权的地位，经济、科技落后，实力有限，没能根本改变其弱者地位，为此，发展中国家均谋求发展经济，要求建立国际新秩序。在世界局势走向缓和、两极格局终结之后，这些国家一度处境困难。20世纪90年代以来，作为一个整体，发展中国家实力在增强，地位在上升，成为国际舞台上一支不容轻视的力量。尤其是一些发展中国家在发展经济中积累了丰富的、成功的经验，为广大发展中国家提供了很好的范例。无论是反对霸权主义、强权政治，维护世界和平，还是发展经济，建立国际新秩序，都是发展中国家内在的要求和根本利益所在，发展中国家都将发挥积极的、重要的甚至决定性的作用。第七，高科技的发展和世界经济全球化的发展迅速地改变着世界面貌和国际关系。核武器的超饱和与运载工具的不断创新成了制约战争的因素，电子技术的发展缩小了世界各国的距离，信息产业的发展使得世界经济全球化加速实现，现在世界各国，尤其是各个大国之间既有综合国力的激烈竞争，又有相互依存的不断加深，相互关系不断调整，出现了许多有利于和平与发展的新因素和新趋势。第八，世界面临着众多问题，如人口爆炸、粮食危机、资源枯竭、环境问题、恐怖主义、跨国犯罪、核扩散危险、艾滋病蔓延等，这是世界各国面临的问题，仅靠一个国家或几个国家解决不了。深入分析一下，不难看到，和平与发展这两个问题是全局性的、战略性的问题。对世界发生的深刻变化的分析，是邓小平提出"和平与发展"世界主题的现实依据。这些事实和变化告诉我们，维护世界和平、促进共同发展不仅是急需的，也是必须的。

（三）未来预测

时代主题的界定须具备长期稳定性，不应局限于当前或短期视角。展望未来，需考虑20年、30年、50年甚至更长时间跨度内世界发展的可能趋势。至少有以下几点：其一，高科技继续发展是必然的，会不断创新，各种力量的激烈竞争将更多地集中在这个领域，都想取得优势，广大发展中国家中蕴含巨大潜力，一旦开发出来就会产生难以估量的影响，高科技在促进发展的同时，也会成为制约战争的因素。其二，世界经济全球化不可阻挡，现在的世界会更加开放，谁也不能被孤立，随着世界成为一个统一的市场，相互依存会不断加深，贫富悬殊、南北差距的问题只能在全球化的过程中逐渐寻求解决。其三，世界格局多极化不可逆转，大国关系在不断调整，霸权主义、单边主义不断地干扰，以求一逞。但终究限于实力，难以如愿。单极和多极的较量和斗争将是长期的、复杂的，时而尖锐、时而缓和，但不可能改变多极化的总趋势。其四，世界经济全球化和世界格局多极化的并行发展，使世界的多样性更显突出，经济发展水平不同，社会政治制度各异，发展模式各有特点，文化传统差别更大，历史进程、宗教信仰、生活方式等千差万别。这就决定了各国的国家利益不同，绝不会在短期内消失。在国际关系民主化的发展进程中，绝不是西方模式的推广，而是更多的国家参与国际事务的管理和决策，各国都享有平等权利，维护自己的权利，发挥独立作用，逐渐形成和完善民主结构。其五，文化交流更加密切频繁，相互取长补短，促进共同进步。各个民族国家都有自己的文化，在经济全球化的发展进程中，各种文化之间的交流必然会更多、更快，其最终结果将是走向融合，而非被一种文化所同化。关注文化因素在今后国际关系中的作用是对的，断言未来的冲突是文明的冲突，甚至是西方文明与儒教文明、伊斯兰教文明的冲突则是错误的。其六，发展中国家在 21 世纪将有大的发展以至实现腾飞。其七，社会主义国家将显示出旺盛的生命力和更大的优越性。其八，发达国家在相当长的时期内还有生命力，与发展中国家在竞争中共处和发展。

二、全球治理新方案——构建人类命运共同体

面对全球治理出现的诸多问题，中国提出"坚持和平发展道路，推动构建人类命运共同体"。"构建人类命运共同体"理念被载入联合国决议，作为独具东方智慧的世界治理新方案，引起国际社会的强烈关注和高度认可。

（一）"人类命运共同体"理念的发展脉络

和平、发展、合作、共赢是当前时代的主要趋势。然而，世界仍面临诸多不稳定因素，面临经济增长缓慢、发展不均衡、恐怖主义、难民问题和环境恶化等挑战。多极化和全球化推动了世界格局变化，同时中国在全球的角色日益重要。在此背景下，中国共产党人在十八大报告中首次创造性地提出"要倡导人类命运共同体意识"。此后，习近平主席在一系列重要外交场合多次阐述以合作共赢为核心的"人类命运共同体"理念，中国政府致力于打造全球"人类命运共同体"的国际关系新理念，符合国际社会的共同利益，蕴含了中国文化"有容乃大""和而不同"的大智慧，体现了"天下为公""万邦和谐"的中国政治理念。"人类命运共同体"理念的形成和发展脉络，大致经历了三个阶段：

形成阶段：中共十八大报告首次正式提出"人类命运共同体"理念，"人类生活在同一个地球村，生活在历史和现实交汇的同一个时空里，越来越成为你中有我、我中有你的命运共同体"①。随后，2012 年 12 月 5 日，习近平当选中共中央总书记后首次会见在华外国人士时，阐述了和平发展与人类命运共同体的密切关系：一方面，中国走"和平发展道路"；另一方面，"国际社会日益成为一个你中有我、我中有你的命运共同体"，因此，主张中国与世界各国合作共赢。

发展和传播阶段：2013 年，习近平主席在莫斯科国际关系学院发表演讲，首次向世界阐述了人类命运共同体的理念，解答了构建这一共同体的必然性、必要性以及其本质。2015 年，习近平主席在联合国成立 70 周年纪念大会上发表演讲，题为《携手构建合作共赢新伙伴，同心打造人类命运共同体》，这是中国领导人在重要国际组织中首次提出并深入解释了人类命运共同体理念。这次演讲引起了全球政治界和学术界的广泛关注，标志着习近平主席关于人类命运共同体理念的深化、拓展以及在国际社会的广泛传播。此后，习近平主席在G20 峰会以及其他国际会议和外交活动中，持续推广人类命运共同体理念。

逐步成熟阶段：2017 年 1 月 18 日，习近平主席在联合国总部发表题为《共同构建人类命运共同体》的主旨演讲，从历史、现实和未来的视角全面系统地

---

① 习近平：《习近平谈治国理政》，外文出版社，2014，第 272 页。

阐述"构建人类命运共同体,实现共赢共享"的中国方案。次月,"构建人类命运共同体"理念经联合国社会发展委员会第 55 届会议协商一致写入联合国决议。这一行动表明,中国政府倡导的"人类命运共同体"理念得到了国际社会的普遍认同,其世界影响力正日益增强。2017 年 10 月 18 日,习近平总书记在中共十九大报告中再次高屋建瓴地提出坚持推动构建人类命运共同体,并呼吁"各国人民同心协力,构建人类命运共同体,建设持久和平、普遍安全、共同繁荣、开放包容、清洁美丽的世界"。

(二)"人类命运共同体"理念的深刻意蕴和重大意义

"人类命运共同体"是对马克思主义共同体理论的重要继承和伟大创新,是一个重要的理论体系。它包含三个关键词,即"人类""命运"和"共同体"。从狭义上理解,它指的是全世界包括中国人民在内,所有胸怀美好愿望、期待和平发展、憧憬合作共赢、共谋共治安全的人们;从广义上理解,人类命运共同体是一个包括核心理念、战略思路、战略举措等不同层面内容的理论体系。

核心理念:推动构建人类命运共同体,其核心是围绕"建设一个怎样的世界"这一重大问题。中共十九大报告给出了清晰的答案,"建设持久和平、普遍安全、共同繁荣、开放包容、清洁美丽的世界",而这同样是中国的"世界梦"。这一思想坚持正确义利观、可持续发展观、共赢共享合作观、新型安全观,其本质在于互信、尊重、分享、包容、合作、共治、共生、共赢,共同建设一个更加美好的地球家园,因此有力驳斥了"中国威胁论",回应了国际社会对中国发展走向的关切,得到国际社会的广泛认同。"大道之行也,天下为公。"习近平主席提到:"真诚希望,国际社会携起手来,秉持人类命运共同体的理念,把我们这个星球建设得更加和平、更加繁荣。"

战略思路:要相互尊重、平等协商,坚决摒弃冷战思维和强权政治,走对话而不对抗、结伴而不结盟的国与国交往新路。要坚持以对话解决争端、以协商化解分歧,统筹应对传统和非传统安全威胁,反对一切形式的恐怖主义。要同舟共济,促进贸易和投资自由化、便利化,推动经济全球化朝着更加开放、包容、普惠、平衡、共赢的方向发展。要尊重世界文明多样性,以文明交流超越文明隔阂、以文明互鉴超越文明冲突、以文明共存超越文明优越。要坚持环境友好，合作应对气候变化，保护好人类赖以生存的地球家园。

战略举措：构建人类命运共同体，中国倡导对现行国际体系和全球机制进行改革，以符合国际力量对比的转变和全球迈向"地球村"的趋势。为达成这一宏伟目标，中国不仅提出了一系列核心战略措施，而且在实践中不断推进，构建了一个全面、多维度、立体化的外交网络。这包括推进"一带一路"建设，成立亚洲基础设施投资银行和丝路基金；参与亚太经合组织、二十国集团、金砖国家和亚信峰会等多边会议；向不发达地区提供援助，向冲突地区派遣维和部队，以及参与战乱国家的重建工作；在经济、气候治理以及海洋、极地、网络、外空、核安全等新兴领域积极参与全球治理。中国正通过这些实际行动，坚守维护世界和平、促进共同发展的外交政策，积极投身全球治理体系的改革与建设，致力于构建一个相互尊重、公平正义、合作共赢的新型国际关系，与全球各国人民共同打造一个持久和平、普遍安全、共同繁荣、开放包容、清洁美丽的世界。

从人类文明史看，人类命运共同体理念的提出，对于国际社会具有两层重大意义：一是化解国家利益冲突，引领全球发展。当今世界形势复杂多变，世界面临的不确定性上升。在这种国际形势下，习近平主席提出的中国方案"构建人类命运共同体，实现共赢共享"至关重要，人类命运共同体理念是和平、发展、合作人类主题的高度浓缩和升华，着眼于各国共同发展而非纠缠于国家利益的分歧和冲突。二是化解价值观分歧，指导全球治理。中国提出的人类命运共同体理念引领了全球治理、国际合作的新方向，体现了中国的天下担当。人类命运共同体理念的深远意义是告别意识形态和价值观的对立，改变近现代以来国际关系中弱肉强食的"社会达尔文主义"的基本价值理念，以共同的追求将各国紧密相连，形成共同认同，塑造共同未来，"各美其美，美人之美，美美与共，天下大同"。人类命运共同体是构建国与国、民族与民族共享尊严、共享发展成果、共享安全保障、共掌世界命运的基石，是推动当代世界政治、经济新秩序及新型国际关系的指引。

（三）迈向人类命运共同体的实践路径

1.打造多维全球共同体

构建人类命运共同体，是全球治理的中国智慧和中国新方案，旨在打造政治、安全、经济、文化、生态"五位一体"的多维全球共同体。

（1）相互尊重，迈向政治共同体。各国的国体、政体由各国选择，各国的治国方略由各国自己制定。国体、政体上的分歧不应当成为阻碍人类命运共同体的因素。以摒弃制度模式偏见、超越意识形态藩篱、相互尊重各自选择为前提，不同国家之间要建立平等相待、互商互谅，对话不对抗、结伴不结盟的伙伴关系。大国要尊重彼此核心利益和重大关切，管控矛盾分歧，努力构建不冲突、不对抗、相互尊重、合作共赢的新型关系。

（2）共建共享，迈向安全共同体。地球本应是一个共谋发展的和谐大舞台，而非互相角力的竞技场。要以合作和发展来谋安全，坚持共建共享，建设一个普遍安全的世界。主动营造公道正义、共建共享的安全格局，倡导综合安全、共同安全、合作安全、可持续安全的新安全观，以此为打造人类命运共同体提供坚强保障。

（3）合作共赢，迈向经济共同体。经济全球化的深入发展是优胜劣汰规则的本质体现，在扩大竞争范围的同时，也促进了各国自身经济发展能力的提升。解决当前经济全球化受阻的难题，需要破除狭隘的一国利益观。要坚持合作共赢，建设一个共同繁荣的世界。谋求开放创新、包容互惠的发展前景。人类命运共同体源于相互依存又超越相互依存，以积极相互依存超越消极相互依存，推动国际均衡、协同发展，实现"一方有难，八方支援"的良好关系。

（4）多元共生，迈向文化共同体。文化是具体的历史现象，不同的文化相互接触时会产生矛盾、排斥和对抗，进而整合，推动社会发展，提升人类文明。要坚持交流互鉴，建设一个开放包容的世界，促进和而不同、兼收并蓄的文明交流。人类文明需要文化的全球化，文化的全球化又提升了人类的文明程度，进而在文化上构建、巩固人类命运共同体。

（5）绿色低碳，迈向生态共同体。"人类只有一个地球，各国共处一个世界"，面对日益严重的全球生态问题，任何国家都不应该也不能独善其身。要坚持绿色低碳，建设一个清洁美丽的世界，构筑尊崇自然、绿色发展的生态体系。为了和平、发展、合作、共赢的共同愿景，构筑尊崇自然、绿色发展的全球生态文明体系，打造生态共同体，进而推动建设"命运相连，休戚与共"的人类命运共同体。

2.坚持"一带一路"倡议的深入推进

行动由理念驱动，出路由方向指引。"一带一路"倡议在人类命运共同体理念的引领下诞生。该倡议的提出，标志着国际政治从地缘政治、地缘经济向地缘文明的转变。在世界经济格局经历重大调整、变革和转型的时期，"一带一路"遵循共商、共建、共享的原则，不仅促进了成员间优势互补，还积极推动全球政策沟通、设施联通、贸易畅通、资金融通和民心相通，被誉为"和平之路、繁荣之路、开放之路、创新之路、文明之路"，更是通往人类命运共同体的道路。这一倡议在中国改革开放所形成的创新、协调、绿色、开放、共享新发展理念的支撑下，展现了中国解决全球性问题的方案。共建"一带一路"是中国提出的全球治理新理念的典范实践，是国际合作和全球治理新模式的积极尝试，将为共同利益观的推广注入新的活力。

"一带一路"倡议计划分两个阶段实施，第一阶段的核心目标是构建周边命运共同体。借助"一带一路"项目，中国能够有效地推动与周边国家和地区的战略对接与优势互补，将边境对跨区域合作的阻碍转化为促进作用。目前，中国已与众多国家携手推进"一带一路"倡议，共同建立了中国—东盟命运共同体、中非命运共同体等，这体现了中国与全球各国共同促进世界和平、稳定、繁荣与进步的愿望。第二阶段的终极目标是构建人类命运共同体，而这一目标的实现需要依赖于一个公正合理的全球治理体系。为了达成这一愿景，必须持续深化"一带一路"倡议的实施，推动国际体系和全球治理体系的改革，朝着相互尊重、公平正义、合作共赢的新型国际关系迈进。

总之，人类命运共同体理念，充分体现了中国共产党和中国政府的世界情怀和责任担当。展望未来，迈向人类命运共同体，中国需要在新发展理念的引领下，与世界各国共同努力，将责任共担、利益共享、合作共赢、相互包容、学习借鉴等理念自觉内化为实际行动，齐心协力推进人类命运共同体的多维建构，为推动全球治理创新做出新贡献。

第二节　全球治理与新时代的全球治理观

现今，全球格局正经历着剧烈转变，国际各种力量的较量愈发激烈且错综复杂，全球性议题层出不穷，然而，多边机构与机制却难以应对这些挑战，导致了"全球治理需求增加与全球治理能力不足"的矛盾局面。在这样的环境下，全球治理的需求比以往任何时候都更为紧迫。自 2008 年国际金融危机爆发以来，世界经济格局的调整步伐加快，全球经济治理体系正面临一场深刻的变革。2017 年，习近平主席提出"坚持与时俱进，打造公正合理的治理模式"，并倡导完善全球经济治理体系的中国方案，积极促进全球经济治理及其改革，致力于构建一个为全人类谋福祉的命运共同体。

一、全球治理的提出与发展

（一）全球治理的提出

全球治理的完整理念起源于 20 世纪 90 年代。20 世纪 90 年代初，世界正逐步走向冷战终结、两极格局即将消亡的历史性转折点。在这一国际体系经历巨大变革、动荡和重组的时期，社会党国际的前主席、德国前总理维利·勃兰特指出，各国需适应国际体系的新趋势，以维护世界和平与发展。因此，他邀请了国际发展问题独立委员会、联大裁军与国际安全委员会、世界环境与发展委员会、南方委员会等组织的成员，齐聚德国，共同探讨这一议题。会议指定时任瑞典首相卡尔松等 3 人负责撰写一份报告。报告完成后，卡尔松于 1991 年 4 月邀请了全球 30 多位著名人士，对这份报告进行讨论，并在此基础上起草并通过了《关于全球安全与治理的斯德哥尔摩倡议》。倡议中的第 28 条明确建议成立一个独立的全球治理委员会。该委员会于 1992 年正式成立，并在 1995 年联合国成立 50 周年之际，发布了《天涯若比邻》报告，首次提出了"全球治理"的概念。

全球治理的理念直接冲击了传统的国际关系理论。全球治理视世界为一个统一的整体。西方的全球治理专家更倾向于强调非政府组织、跨国企业、民间社会和大众传媒的角色，而非仅限于国家的传统角色。20 世纪 90 年代，西方主导的全球治理理论包括新自由主义和"华盛顿共识"的全球市场观念，如撒切尔主义、里根经济学，以及克林顿和布莱尔所倡导的温和版"第三条道路"。这些理论都基于新自由主义，主张"大市场"和"小政府"，实质上是推崇市场至上的"市场原教旨主义"，认为政府不应干预经济管理，而应让"看不见的手"发挥作用。

在这一思潮的推动下，经济和政治自由主义的"模糊混合体"成为全球治理的核心思想，国家主权需向国际组织和全球市场部分转移。其具体体现为国际多边体系和由政府间国际组织以及非政府国际组织构成的庞大网络。

（二）全球治理的发展演变

全球治理的现代进程大致可划分为三个时期：第一时期自 1945 年至 1975 年，联合国与布雷顿森林体系的建立标志着国际或国家间治理的开始，但尚未达到全面的全球治理水平。第二时期从 20 世纪 70 年代末延续至 2008 年金融危机爆发，此间世界经历了多极化和经济全球化的快速发展，冷战结束，苏联解体，东欧国家相继发生剧变，全球政治经济格局经历重塑。拉丁美洲、俄罗斯、亚洲等地频繁遭遇金融和经济危机，贫富差距扩大，绝对贫困人口数量不减反增。西方新自由主义思潮泛滥，各国在新世纪反思"华盛顿共识"的利弊，探讨市场与政府的平衡。自 20 世纪 90 年代起，全球治理改革的呼声渐起。第三时期始于 2008 年金融危机，人们认识到"全球性问题需全球应对"，市场主导的经济模式导致危机频发。全球治理改革成为热议话题，涉及利益的重新分配与调整，大国与各集团间的博弈愈发激烈，至今仍在持续。

（三）全球治理的新变化

全球治理的核心在于国际规则与制度的制定，这些规则与制度主要由世界强国制定。我们现今所依赖的，以联合国为基石的国际规则与全球治理体系，是在第二次世界大战后由美国引领创建，并在随后的数十年中由各国不断完善的。然而，当前全球治理正遭遇一系列重大挑战，全球化进程也呈现诸多新特征和新趋势。这是否意味着历史的倒退，或者我们正步入一个"新全球化时代"？要解答这一问题，我们首先需要明确全球化和全球治理究竟经历了哪些转变。目前，有几个显著的变化值得我们关注：

第一，以中国为代表的新兴国家群体的崛起，重新塑造了国际格局和力量平衡，推动了全球治理从"西方主导"向"东西方共治"的转变。但是，全球的治理结构未能迅速适应这种转变，这导致了治理的混乱和碎片化问题逐渐加重，地缘政治对全球治理的影响也变得越来越明显。

第二，在西方经济新自由主义理论崩溃的背景下，全球的治理观念也开始变得混乱不堪。全球的关注焦点逐渐从西方转移到东方。自从 2008 年全球金融危机爆发后，世界经济一直处于低迷状态，全球贸易持续下滑，投资大幅度减少，债务危机日益加剧，金融风险也在不断累积。众多国家对西方的管理哲学和方式感到失望和迷茫，并认为经济增长需要新的推动力，而全球的治理也迫切需要新的策略和方法。中国在治理和发展方面的经验为其他国家开辟了新的可能。

第三，全球化所带来的不良影响逐步浮现，这导致了全球范围内"逆全球化"现象的加剧和民粹主义的广泛传播，这些都在改变包括主要发达国家在内的多个国家的政治格局。比如说，美国的大选、英国的脱欧，还有德国、波兰、意大利、瑞典等欧洲国家中激进政党的崛起。这些政治格局的变化削弱了发达国家对全球化的政治和民意支持，对全球治理体系，包括全球自由贸易和投资制度的正常运作产生了影响。

第四，全球化的周期性波动和资本主义制度内部的矛盾加剧，这导致了贫富差距的扩大，使得发达资本主义国家的普通民众和社会治理精英之间的矛盾加剧，增加了国内治理的难度，为全球化和全球治理带来了巨大的阻碍和不确定性。

第五，全球治理的主导思想正在经历一次转变。一方面，经济新自由主义和"华盛顿共识"的影响已经逐渐减弱，美国推崇的对其他文明持排斥态度的"自由民主"观念正面对来自国内和国际的双重考验；另一方面，中国在发展途径、模式以及政治制度的保障方面已经取得了令人瞩目的进展，不仅在国内治理方面表现得相当出色，还开始在全球治理和国际事务中扮演领导角色。文化和哲学领域的全球治理竞争和比较，推动了各国对全球经济和治理观念的深入思考和研究。

二、全球治理的困境与挑战

自英国脱欧和意大利修宪公投未通过到法国右翼"国民阵线"势力壮大，民粹主义浪潮再度兴起，反全球化趋势愈发强劲。全球治理的混乱与分裂态势愈发严峻，西方主导的"全球自由秩序"正遭受前所未有的瓦解和系统性挑战，世界正迈入全球治理体系革新、国际秩序重塑的新时代。如今，西方国家与发展中国家的发展差异日益明显，导致全球治理体系中各国力量与权力份额出现严重失衡。传统权力结构和分配方式的问题日益突出，全球治理的公共产品供给不足，全球治理呈现"失衡"状态，经济、安全和环境领域面临多重挑战。

（一）全球治理面临失衡

全球经济治理结构中，权力分配不均是首要问题。长期以来，西方强国在很大程度上控制并几乎独占了全球经济治理，这使得全球经济治理失去了其应有的"全球"特性，发展中国家的参与度和话语权严重不足。发达国家控制了全球经济治理的决策，导致发展中国家在国际经济事务中的话语权严重受限，加剧了发达国家与发展中国家之间的发展差距，对全球治理的公平性和正义性产生了负面影响，不利于世界秩序的稳定。2008 年爆发的全球金融危机，则为世界经济治理的改革提供了历史性机遇。尽管遭受重创的欧美国家希望尽快摆脱危机，开始支持全球经济治理的改革，但这些国家并不打算放弃对全球经济治理的长期主导地位。目前，以中国为代表的新兴大国和广大发展中国家在世界经济增长中的份额不断上升，甚至已经成为主要的增长引擎，然而其在国际经济体系中的发言权和决策权仍然非常有限。

另一个重要问题是全球治理的供需不平衡问题。一是，全球治理的议题范围日益扩大。由于当前全球治理架构与各国实力变化不匹配，全球关键性治理议题往往难以达成一致意见。大国之间缺乏对全球议题的共同立场，而区域大国或中等强国资源有限，倾向于将治理议题局限于环境、卫生、人权等特定领域，这导致许多全球治理议题实际上是由中等强国推动甚至主导的。这些议题通常只关注具体问题，缺乏相互之间的联系。因此，许多真正影响世界未来的重要议题陷入僵局，无法得到解决。同时，国际体系的复杂性导致国际关系行为体的多样性，包括由主权国家组成的国际组织、非政府国际组织、跨国公司、公民个人等。这些国际组织可以进一步划分为政府间和非政府间组织、全球性和区域性组织。大部分国际关系行为体都在某种程度上参与了全球治理的进程。然而，现行的西方治理体系显然未能在世界大国、中等强国以及非政府跨国行为体之间实现有效的整合，无法形成共同的力量来讨论全球治理的议题。

二是全球治理模式长期受西方国家控制，缺乏透明度与民主性，各国对全球治理的理解差异明显。由于全球意识的缺失和国家间信任的不足，许多国家参与全球治理的积极性不高，参与度低，这加剧了治理主体和模式的碎片化现象。

三是全球治理的规则未能跟上全球化新发展的步伐。目前，随着新兴国家的快速发展和全球产业转移的趋势，西方国家的总体实力与其在全球治理中的主导地位已不再匹配。显然，以西方价值观为核心的全球治理体系无法满足未来全球化的新需求。尤其是政治体制的过时，无法适应全球化快速发展的步伐和非西方国家日益增长的国际影响力。现行的治理规则未能充分体现出新兴国家群体性崛起这一重大变化和趋势。在国际规则的制定和执行方面，西方国家拥有绝对的优势，而发展中国家往往只能被动接受，难以发挥自己的影响力。早期的全球治理是战后西方大国为了规划世界格局而相互协商合作的产物，其规则和机制由西方发达国家制定，本质上是帝国主义和霸权主义的治理。在处理复杂多变的全球问题时，霸权主义和强权政治频繁出现，导致广大发展中国家在不同程度上被边缘化。随着自身实力的增强和国际地位的提升，新兴国家的文化和理念逐渐对国际规则的改革、创新和完善产生影响。然而，以实力为基础、以西方大国为中心的治理规则，并未从根本上反映出这种权力分布的变化和发展趋势。

（二）全球治理面临的挑战

首先，全球经济治理正面临领导力不足的挑战。在没有"世界政府"的情况下，有效的全球经济治理关键在于领导力。随着全球权力格局的变化，如何解决国家利益至上导致的"集体行动困境"，以及由谁来提供全球公共物品、维护世界秩序成为亟待解决的问题。西方发达国家难以继续领导全球经济治理，而新兴国家尚未做好承担更多全球责任的准备。全球经济治理急需新的领导力量，以应对逆全球化趋势。

全球经济治理效果还达不到预期，亟待克服"集体行动困境"和"公地悲剧"。全球经济治理的参与者具有多元化的特点，并以自觉性为原则，但在问题领域却有着很强的公共性或共同性。全球经济治理的理论逻辑则在于，随着全球问题的与日俱增，鉴于作为主要博弈者的国家的不同特性，确立相应的规则和机制，并通过选择性激励，努力克服集体行动的困境。那么，如何在全球性问题层出不穷的今天克服这类治理难题，实现集体行动的高效存续，就成为全球经济治理亟待解决的重要问题之一。

另外，在全球经济治理中，广大发展中国家的代表性、发言权、决策权严重不足。作为全球治理的重要领域，全球经济治理在一定程度上受到冷战时期世界经济分裂、冷战终结带来世界经济一体化的可能性、后冷战时期世界经济重新一体化这三个阶段的深刻影响。长期以来，西方大国在很大程度上主导甚至垄断着全球经济治理，使其失去了应有的"全球"意义，广大发展中国家的代表性、发言权严重不足。

其次，在环境治理领域，全球范围内执行力不足是个长期问题，导致生态退化和环境污染的趋势尚未得到有效遏制，千年发展目标也未能按计划完成。

国际金融危机、气候变化、粮食与能源危机以及自然灾害等多重挑战，使得发展中国家在实现可持续发展方面承受了更大的压力。由于治理需求与现有治理结构不匹配，全球环境治理遭遇了重重挑战：

1. 全球环境治理中存在主体间的冲突。全球环境治理框架由主权国家协商制定，但不同国家的不同利益需求使环境保护目标常被忽视。发达国家与发展中国家在环境与发展需求上存在冲突，且南北发展差距未缩小。发达国家将污染产业转移至发展中国家，后者面临脱贫、就业和环保多重挑战。全球环境治理因发展不平衡而难以达成共识，关键在于如何分配资源解决环境问题。

2. 在当前全球环境危机的深层，潜藏着基本价值观的危机。对全球环境治理进行反思，首先要确定其价值基础。具体而言，就是基于国家主义还是全球主义。在地球系统中，人类活动的影响已扩散至全球各地。近年来，众多科学家一致认为，人类已进入新的地质时代——人类世，即人类活动成为改变地球系统的关键力量，其引发的变化在地质学上是长期的，甚至可能不可逆。然而，传统的国家主义强调本国利益，主张"利益优先于道义，效率超越公平"，全球环境治理的现实挑战也映射出国际社会普遍的价值取向。在参与全球环境治理的众多行动者中，更多关注的是自身、短期利益，而非全球共同的长远利益。

3. 近年来世界局势的变迁加剧了全球环境治理的挑战。一方面，全球环境治理的核心力量出现了扩散，新兴国家的集体崛起对既有的治理结构造成了巨大冲击，传统大国承担国际责任的意愿下降，对新兴国家的不信任加剧，全球环境治理逐渐演变为各方利益相关者相互竞争的领域。另一方面，各方在全球环境治理中的利益诉求日益多元化，博弈愈发复杂，南北阵营内部的分歧也在扩大。在发达国家之间，欧洲、美国、日本、澳大利亚在许多议题上的立场逐渐分化。发展中国家之间也存在显著差异，例如在绿色经济问题上，拉美国家持怀疑态度，而非洲一些国家则积极推动，全球环境治理的协调和达成共识的难度持续增加。

最后，在全球安全治理方面，已经建立起了多层次的治理体系，这些体系在保障世界的安全、和平与稳定方面已经取得了明显的成就。然而，治理结构和进程中的缺陷导致安全治理的进步遭遇了诸多挑战：

1. 主体间的矛盾是全球安全治理面临的主要问题。尽管治理主体的多样性是其关键特征，但在当今的历史背景下，主权国家依然是治理的核心。国家间，尤其是大国间的关系，对全球安全治理产生了深远的影响。全球安全治理涉及每一个国家，这些参与者之间不可避免地存在矛盾和分歧。从中美之间的根本性矛盾，到美俄、中日、俄欧等大国间的争议，再到发达国家与发展中国家之间的差异，治理主体间的利益冲突普遍存在于治理实践中，限制了全球安全治理的发展。特别是在安全问题上的利益不一致，往往使全球安全治理陷入僵局。

合作意愿是推进治理行动的关键因素，国家在无政府状态的国际体系中遵循自助原则，其行为基于理性的利益计算。国家间利益冲突的强度影响着治理实践中合作的难易程度。在诸如全球气候、网络安全等非传统安全问题上，发达国家与发展中国家的矛盾分歧显著；而在传统安全问题上，一些国家面临主权、领土争端等核心利益冲突，使得利益协调和安全合作变得复杂。以 G20 为例，G20 主要还是一个经济合作组织，内部在安全问题上的分歧明显，未能在安全领域实现实质性的合作。国家利益的对立和竞争还可能引发国家间的危机和冲突，增加国际安全局势的不确定性，从而影响全球安全治理体系的有效运作。

2. 全球安全治理面临供给不足的挑战。在全球化和国际体系变革的背景下，安全问题愈发频繁且复杂，对治理的需求持续增长。传统安全领域中，国际冲突和国内战争频发，同时国内安全问题国际化和国际安全问题国内化现象并存；非传统安全领域则面临恐怖主义威胁加剧、气候变化和生态破坏、网络空间安全挑战以及跨国犯罪等问题。这些安全威胁和挑战影响着所有国家的利益，需要国际社会共同应对。然而，目前全球安全治理的供给无法满足实际需求，安全领域的协调与合作存在供需不平衡的问题。正如美国著名学者奥兰·扬所指出的，国际安全领域存在显著的治理赤字，这是治理体系面临的重大内在挑战。

3. 全球安全治理的发展存在缺位问题。在安全治理过程中，社会经济基础对维护安全与和平具有关键作用，正确处理安全与发展的关系具有现实意义。然而，西方国家主导的传统治理模式在解决冲突和构建和平时过分强调政治制度的作用，而忽视了经济发展和民生问题的重要性。基于"民主和平论"的偏见，欧美大国认为发展中国家的动乱和冲突源于民主制度的缺失，寄希望于推广西式自由民主制度来实现安全治理。这种带有强烈意识形态色彩的治理方式，忽略了发展对安全的基础性作用。国内的贫富差距和国家间的发展不平衡是安全威胁的根源之一。许多全球性问题，如恐怖主义、大规模杀伤性武器扩散和气候变化等，其根源在于发展问题未得到足够重视和解决。因此，全球安全治理进程中发展缺位成为显著问题，推动各国均衡发展成为确保安全和解决冲突的迫切需求。

4. 公正性在安全治理中的缺失问题。长期以来，少数发达国家在全球安全治理架构中占据主导地位，导致许多治理行为缺少公平正义的价值观。这些国家，尤其是那些霸权国家，在安全事务上将自己置于其他国家之上，实行霸权主义和强权政治。在处理发展中国家的内部冲突时，它们往往偏袒亲西方的一方，干预其内政，甚至将政权更迭作为治理目标。在安全问题的治理过程中，一些国家绕开联合国的合法框架，采取单边行动，侵犯他国的主权和领土完整。发展中国家的利益在全球安全治理中并未得到充分反映。因此，推动安全治理民主化，实现全球安全的公正治理，已成为全球安全治理发展中的一个必须面对的议题。

三、全球治理中的变革

全球治理变革的核心在于改革国际体系中的全球性制度与机构，以提升新兴市场国家和发展中国家的参与度和话语权，确保全球治理结构更加公正地反映多数国家的意志和利益。这既需要改进旧有机制，也需要激活新治理机制的功能。

（一）逐步推进联合国改革，以构建 21 世纪的全球治理新架构

联合国作为全球治理的核心机构，其效率和权威受到多边主义本质、机制性问题和强权国家挑战的限制。尽管联合国在维护国际和平和秩序方面发挥传统作用，但面对新的全球挑战，如国内冲突和国际恐怖主义，其表现不尽如人意，甚至在某些情况下被边缘化。北约对南联盟的战争和国际恐怖主义问题的处理显示了联合国在全球治理中的局限性。

联合国在全球治理中遭遇挑战，部分原因在于其机制性问题。联合国作为

政府间国际组织，其全球治理效能受限于成员国，特别是大国的支持与合作。缺乏强制力和成员国合作，以及机构庞大和制度僵硬，导致联合国在全球治理中面临挑战。西方大国有时试图将联合国作为政策工具，削弱其效能。联合国的改革需要打破强权政治，建立公正合理的国际秩序，以应对全球威胁。中国作为联合国改革的重要参与者，应重视其在全球治理中的角色。

联合国改革进展缓慢，还在于很大程度上受到强国的控制和限制。一些西方大国常常利用联合国来谋取自己的利益，一旦目的未达成，便立刻施压，甚至拒绝支付会费。安理会亦缺少应对和平问题的创新举措和灵活性。自 2008 年金融危机以来，联合国改革成为迫切议题，新兴国家如印度和巴西争取成为常任理事国。美国采取实用主义策略，影响联合国改革自主性与制度创新。全球治理效果依赖于联合国改革进程及大国态度。联合国改革需打破强权格局，建立公正的国际秩序，以应对全球挑战，实现有效治理。

（二）促进全球经济组织改革，确保发展中国家在治理结构中占有一席之地

应积极促进国际货币基金组织（IMF）份额的改革。2010 年，美国为了尽快摆脱危机，提出了改革国际金融机构的计划，声称将提升新兴国家在国际货币基金组织和世界银行的发言权，并改革过时的全球经济治理架构。然而，在执行过程中，美国并未及时且彻底地执行这一改革，对于 2010 年提出的国际货币基金组织份额改革方案，美国迟迟未做出决定。中国等新兴国家持续呼吁加快国际金融机构的改革，并对改革的缓慢进展表示了深切的关注。国际货币基金组织执董会通过了一系列改革措施，旨在维护对低收入国家的长期财政支持，完善相关融资策略。国际货币基金组织还显著增强了对低收入成员国的财政援助，以应对新型冠状病毒大流行及其带来的重大影响。执董会批准的改革旨在确保对低收入国家的财政支持，并恢复减贫计划与增长信托基金的可持续性。

（三）加强 G20 的制度化建设，促进其向持久治理结构演进

首先，必须维护 G20 作为国际经济协作核心平台的地位，使其在全球经济

增长推动、宏观经济政策协调以及全球经济治理改革方面发挥更关键的作用。尽管 G20 在当前全球经济状况下遭遇诸多挑战，但这并不会削弱其作为全球性多边战略经济对话平台的地位和作用。实际上，短期内难以找到能取代 G20 的有效机制。因此，在未来较长时间内，G20 将继续作为一个重要的国际战略对话平台，推动各国政策重心从短期需求调控转向提升经济长期增长能力，积极促进各国在政策、制度、发展理念、商业模式、市场管理、科学技术等方面达成创新驱动发展共识，持续发挥推动概念上的创新的重要作用。其次，要全力促进全球贸易和投资增长，构建开放型世界经济。国际贸易的低迷削弱了世界经济的长期活力，最终将损害各方利益，G20 成员均为贸易大国，推动建设自由开放、普惠共赢的全球大市场有利于各成员国的共同发展。最后，为促进世界经济增长和金融市场稳定，需完善全球经济金融治理结构，提升治理效益和效率。G20 的发展历程显示了全球经济治理改革的必要性，强调了发达国家和发展中国家平等参与的重要性。中国应联合发展中国家，确保 G20 框架下共识和承诺的履行，推动全球经济治理改革，增强新兴市场和发展中国家的话语权。同时，加快国际货币基金组织改革，支持新兴国际经济金融机构与现有机构的合作。

第三节　全球治理中的中国角色

中国作为崛起中的全球性大国，在数十年国内治理成功的基础上，正致力于推动世界和平与发展，积极参与全球治理。无论是在理论还是实践方面，中国都致力于提供具有中国智慧的全球性公共产品，持续担任世界经济增长的引擎，并继续为国际秩序的转变、全球治理体系的改革做出贡献。

一、中国参与全球经济治理

（一）中国参与全球经济治理的理念

自中共十八大以来，中国外交在习近平外交思想的指导下，致力于构建人类命运共同体，贡献了"中国智慧"和"中国方案"。中国坚持创新、协调、绿色、开放、共享的新发展理念。2016年1月，习近平主席在亚洲基础设施投资银行开业仪式上指出，中国将遵循这一发展理念，推动创新驱动发展，增强经济发展新动力；推动供给侧结构性改革，适应和引领经济新常态；扩大对外开放，注重推进高水平双向开放。新发展理念是基于国内外发展经验的深刻总结，反映了对经济社会发展规律的深入理解，也是针对我国经济发展新常态和世界经济复苏低迷提出的对策。

中国主张以平等为基础、开放为导向、合作为动力、共享为目标的全球经济治理观。2016 年 G20 杭州峰会期间，中国提出全球经济治理新理念，强调创新的核心地位，将发展议题提升至全球宏观政策协调的重要位置，并构建全球多边投资规则框架。这一"中国方案"为破解世界经济低迷困境提供了全面解决方案，体现了新兴市场和发展中国家利益，为中国参与全球经济治理指引方向，推动国际经济体系改革，获得国际社会广泛认可。

中国倡导建立以合作共赢为核心的新型国际关系和伙伴关系。2013 年 3 月，习近平主席在莫斯科国际关系学院的演讲中提出，各国应共同推动建立以合作共赢为核心的新型国际关系。在这一理念的指导下，全球经济治理应摒弃零和博弈，坚持平等、互商互谅的伙伴关系，共同承担责任，推动世界经济向均衡、普惠、可持续的方向发展。

（二）中国参与全球经济治理的实践

中国致力于全球经济治理，始终遵循着构建人类命运共同体的理念，以推动全球经济治理向前发展。构建这一共同体，能够促进国家间相互信任，摒弃零和博弈的思维模式，追求合作共赢，为国际社会解决全球经济问题、实现共同利益提供有效途径。中国在国际经济事务中承担起大国的领导和协调职责，通过多种政策手段，推动全球经济治理进程。

一是从"受治理"到积极投身治理。全球经济治理的转变表明，不仅世界在治理中国，中国也应积极地参与全球治理。"中国治理世界"是全球经济治理转型的一个方面，同样是中国参与全球经济治理的战略目标之一。自 20 世纪 80 年代恢复在国际货币基金组织、世界银行的合法席位以来，中国实际上已经长期处于"受治理"的状态。但是现在的中国已不满足于"韬光养晦"，而是积极"有所作为"，不再是"受治理"的一方，而是开始主动参与治理世界。例如，在欧洲主权债务危机中，国际货币基金组织、欧盟委员会、欧洲央行作为"三驾马车"共同介入，G20 也发挥了关键作用。因此，以中国为代表的新兴大国通过强化现有的国际经济体系，历史性地参与了欧洲的经济治理。G20 杭州峰会标志着中国在全球经济治理顶层设计中扮演着越来越重要的角色，有力地推动了全球经济治理迈向寻求可持续发展的新阶段。

二是全球经济管理需要强有力的领导机制，目前这一领导机制的缺失阻碍了实质性进展，中国面临发挥更大引领作用的战略机遇。有效的国际领导机制能提供全球公共物品，确保国际制度的持续有效运行，并推动全球经济治理。在缺乏"世界政府"的情况下，建立有效的国际领导机制是全球经济治理的核心。新兴大国正成为全球经济治理的重要力量，促进了治理理念和方法的创新，推动了国际关系的民主化。中国提出的概念有助于其在全球经济治理中扮演负责任的角色。

三是重视多边主义，发挥其在外交上的优势是全球经济治理的关键。处理大国间关系，多边主义起着至关重要的作用，它曾有效缓解了二战后美国、西欧、日本之间的经济政策冲突。面对未来可能出现的新兴大国与西方大国之间的"经济冷战"，多边主义将依旧扮演关键角色。推动世界舞台上声音的多元化，是实现全球经济有效治理的关键步骤，也是区别于霸权治理的重要特征。自中共十八大以来，中国通过联合国、国际货币基金组织等国际组织，以及北京 APEC 峰会、G20 杭州峰会等主场外交活动，积极传达了中国在全球经济治理中的理念和要求，这些多边外交活动有效促进了国际关系的民主化和全球经济治理的变革。

中国发起的"一带一路"倡议、金砖国家新开发银行以及亚洲基础设施投资银行等新兴国际发展机构和平台，展现了中国在全球经济治理中的责任意识和智慧。除了这些实体性的全球公共产品，中国还致力于提供全球机构改革方案、全球治理的制度和规范等抽象的全球公共产品。特别是面对全球性的和平赤字、发展赤字和治理赤字等重大挑战，习近平主席在 2017 年 5 月 14 日的"一带一路"国际合作高峰论坛上，从构建人类命运共同体的宏观视角出发，提出应从丝绸之路的精神中汲取力量，将"一带一路"打造成为和平、繁荣、开放、创新和文明之路。这不仅为"一带一路"未来的发展指明了方向，而且在新形势下，为中国参与全球治理的新思考提供了创新的中国方案。

发展依旧是当代世界的主旋律，国际社会通过全球经济治理紧密相连，形成了一个命运共同体。这促使国际经济秩序向更加公平合理的方向演进，持续推动构建人类命运共同体。中国在这一治理过程中扮演了重要角色，不仅拓展了国际合作伙伴网络，而且在构建人类命运共同体中展现了作为负责任大国的领导力。构建命运共同体同样能够加强国际社会的共同体意识，增强全球经济治理的合法性，提高其效率，解决其动力不足的问题，从而助力全球经济治理这一集体行动的顺畅进行。

当前，世界经济正处于深度调整阶段，发展不均衡现象依然存在，逆全球化趋势亦不时显现。然而，在全球性挑战面前，世界各国依然是一个命运与共的共同体，全球经济治理的任务既重大又长远。中国应通过积极投身全球经济治理，加强经济领域的协调与合作，减少世界经济发展的不确定性，有效控制国际金融风险，在追求本国经济利益的同时，促进全球经济治理变得更加包容和高效。

二、中国参与全球安全治理

（一）中国参与全球安全治理的理念

全球安全治理需要国际社会合作，特别是中国这样的大国参与。习近平主席强调中国应积极参与并提出方案。中国在构建人类命运共同体理念下，提出了一系列全球安全治理的中国方案，为解决复杂问题贡献了中国智慧，并在国际社会中产生了积极影响。

维护合作共赢理念对现代国际关系至关重要。构建人类命运共同体需建立以合作为核心的新型国际关系和伙伴关系，包括平等对待、互相尊重和谅解。这些原则和伙伴关系为解决全球安全治理中的矛盾和分歧提供了方向。全球安全治理应是多边参与、协商、合作的过程，追求共赢而非零和游戏。为构建新型国际关系，各国应以合作取代对抗，以共赢取代独占，通过全球安全合作治理实现互惠互利。

始终坚守安全与发展的辩证统一关系，安全是国家发展的基石，发展是全球安全的关键。在全球的安全管理中，我们应当努力避免战争、解决各种争端，探究其背后的社会经济原因并予以处理，以维护世界的和平稳定。中国坚决反对西方大国忽视发展问题的行为，并强调发展在确保安全中的关键作用，以促进和平与稳定。中国把经济和民生问题放在首位，并通过各种援助活动来促进相关国家在经济和社会方面的进步。中国采取的全球安全治理措施的核心目标是解决安全问题背后的贫穷和经济不平等，消除安全风险的深层次原因，并确保全球安全的持续稳定。

在全球的安全治理中，中国始终强调公平与正义，致力于维护发展中国家的权益，并坚决反对任何形式的霸权主义、强权政治、单边行动和武力介入。随着新兴国家的崛起，全球安全治理的主导权正在从西方国家转向发展中国家，这使得发展中国家的作用变得越来越重要。2014 年 6 月，在纪念和平共处五项原则发表 60 周年的大会上，习近平主席明确指出："我们应该共同推动国际关系合理化。适应国际力量对比新变化，推进全球治理体系改革，体现各方关切和诉求，更好维护广大发展中国家正当权益。"当涉及安全治理和干预时，中国既坚守了主权的原则，也遵循了不干预的原则，反对未经联合国授权对他国内部事务的干预，同时也在传统的不干预政策基础上进行创新和发展，以适应全球安全治理的需求。这样的积极、建设性参与，并不是对不干涉原则的否定，而是在新的环境下对该原则进行扩展、发展和创新；此外，这也是一种纠正目前由某些主导力量造成不公平秩序的方法，是维护和提升中国作为和平、正义和负责任大国形象的必要途径。这样的参与有效地避免了在由西方大国主导的冲突解决过程中可能出现的不公平和追求自己利益的第三方介入。

（二）中国参与全球安全治理的实践

在当前时代背景下，中国对外战略面临一个关键议题：如何以更合理的方式参与全球安全治理，并更有效地提升治理效果，完善治理体系。参与全球安全治理，应当基于国家的战略需求，以国家利益为出发点和落脚点。中国在全球安全治理中的角色定位，首先需要确定国家在治理实践中的利益需求，明确参与治理的战略目标。在此基础上，还需进行宏观规划和全面评估，以寻找我国在新形势下参与全球安全治理的合理且可行的政策途径。

一是为国家进步创造和平稳定的国际环境至关重要。在当前全球一体化和国家间相互依赖的背景下，每个国家都是国际体系中不可或缺的一部分，无法脱离国际环境而单独发展。国际形势的不稳定和邻近区域的紧张局势会干扰中国的发展和建设步伐。若缺乏和平稳定的国际环境，中国的改革开放和社会主义现代化建设将难以得到保障。正如邓小平所强调的："争取和平是世界人民的要求，也是我们搞建设的需要；没有和平环境，搞什么建设！"战争与冲突的威胁是国家发展面临的最严峻的外部考验。然而，目前国际局势纷繁复杂，局部冲突和动荡不断。中国要实现中华民族伟大复兴的中国梦，更需依赖国际安全这一关键外部保障。中国必须抓住关键的战略机遇期，维护世界和平、推动共同发展，构建一个和平稳定的国际环境。正如习近平主席所指出的："通过争取和平国际环境发展自己，又以自身发展维护和促进世界和平。"全球安全治理的实践有助于解决中国安全环境中的难题，控制安全危机，这不仅符合中国国家安全利益的现实需求，也有助于更好地保障中国的和平发展。

二是承担起维护国际社会共同安全的大国责任。各国的发展和人类的前进，都需要一个安全的国际环境。尽管和平与进步仍是当今世界的主流，但国际局势并不稳定。自 21 世纪初，战争与冲突屡见不鲜，如 2001 年的阿富汗战争、2002 年的科特迪瓦革命战争、2003 年的伊拉克战争、2011 年的利比亚战争，以及 2022 年开始的俄乌战争等。全球安全的维护是一项长期而艰巨的任务，需要各国携手合作，共同管理。习近平主席指出："世上没有绝对安全的世外桃源，一国的安全不能建立在别国的动荡之上，他国的威胁也可能成为本国的挑战。"面对共同的安全挑战，要构建人类命运共同体，中国这样的大国必须积极履行安全责任，为世界和平与稳定贡献更多公共产品。中国应通过积极参与安全治理，在全球安全维护中展现大国的责任感，塑造积极的国际形象，增强自身的国际影响力。

三是加强大国间的安全事务协作，积极参与全球安全治理制度体系构建。中国应与美国等大国建立新型关系，尽管存在竞争，但在安全领域有共同利益。通过增进沟通与合作，中美可共同提供全球安全公共产品，扩展多边合作机制，构建确保共同安全的国际协作体系，以维护全球安全稳定。此外，中国要加强国际安全事务合作，深化利益协调与安全合作，构建全面、多层次、跨领域的合作网络。通过促进安全机制建设，提高制度化水平，以保障全球安全领域的持续稳定。

三、中国参与全球环境治理

（一）中国参与全球环境治理的理念

1. 将生态体系融入国际秩序的语境中。2015 年，习近平主席在联合国大会的一般性辩论中发表了一篇名为《携手构建合作共赢新伙伴，同心打造人类命运共同体》的演讲。他强调了建立合作共赢的新型国际关系与构建人类命运共同体之间的紧密联系，并提出了"五位一体"的战略构想和实施路径，其中包括在生态领域建立一个尊重自然、倡导绿色发展的体系。这场演讲融合了十八大之后的中国外交新思路，进一步丰富了人类命运共同体的理念，体现了新兴的大国关系、国际互动、正义观念、协商管理以及共同、全面、合作和可持续安全的创新思维，此外，还将绿色、低碳、循环和可持续发展的创新观念融入"五位一体"的整体框架之中。生态环境在人类命运共同体的理论框架中占据了重要位置，这不仅体现了中国治理观念的演变，还为全球环境治理提供了明确的方向，并展示了中国在全球环境治理方面的积极尝试和付出。

2. 秉持"共同利益、共同责任、共同合作"的理念。2017 年，在联合国日内瓦总部的演讲中，习近平主席提到："宇宙只有一个地球，人类共有一个家园……到目前为止，地球是人类唯一赖以生存的家园，珍爱和呵护地球是人类的唯一选择。瑞士联邦大厦穹顶上刻着拉丁文铭文'人人为我，我为人人'。我们要为当代人着想，还要对子孙后代负责。"关于如何以原则应对气候变化等全球性挑战，习近平主席强调，巴黎大会应摒弃"零和博弈"的狭隘观念，促进各国特别是发达国家更多地分享和承担，达成互利共赢的局面；必须提升国际法在全球治理中的地位和效能，确保国际规则得到切实遵守和执行，坚持民主、平等、正义，构建国际法治体系；同时，应提倡和谐共存，允许各国根据自身国情探索最适宜的应对策略。

3. 将发展与全球环境治理相结合。坚持绿色和低碳的理念，打造一个洁净而美丽的世界。人类和自然应该和平共处，破坏自然最终会对人类自身造成损害。如空气、水、土地等自然资源，在使用过程中很难被感知，一旦丧失，恢复起来会非常困难。工业化为我们带来了空前的物质财富，但同时也造成了难以恢复的生态破坏。我们绝不能以破坏性的手段来损坏祖先留下的遗产或切断子孙后代的生存途径。碧水青山实际上就是巨大的财富。我们应当秉持天人合一和道法自然的理念,去寻找可持续发展的路径。我们应当倡导一种绿色、低碳、循环和可持续的生产与生活模式,稳步推动 2030 年的可持续发展目标,持续探索生产增长、生活水平提升以及生态环境健康的文明进步路径。我们应该持有一个开放的心态,推动双方的互助和共赢。国际社会需要共同探索全球生态文明的建设之路,并坚定尊重、适应和保护自然的理念,探索一条持续走向绿色、低碳和可持续循环的发展路径。

(二)中国参与全球环境治理的实践

中共十八大召开后,中国政府树立了更为积极的责任意识。2015 年,中国提出了"主动担负国际责任与义务"的主张,向全球传递了中国决心在国际事务中扮演更积极角色、为全球提供更多公共产品的明确信号。作为世界第二大经济体,中国对全球环境的影响力日益增强,其参与全球环境治理的程度和范围也在不断加深和扩大。2012 年以来,中国实施了一系列积极措施,推动全球环境治理取得进展,在国际社会中产生了正面效应。

在国内层面,中国经济近年来的迅猛增长,对全球环境产生了双重效应。一方面,中国庞大的能源需求导致大量进口,这不仅抬高了全球商品价格,还引发了资源消耗、生物栖息地受损等问题,成为国际社会指责中国的热点。另一方面,过去,中国部分地区发展模式较为粗放,导致空气、水和土壤出现污染问题,对邻近国家产生了一定影响。因此,中国政府将国内低碳转型作为核心任务,限制燃煤电厂扩张、积极发展可再生能源等。目前,中国已成为全球可再生能源增长最快的国家。不仅如此,中国的可再生能源行业正加速"走出去",凭借成本低廉、质量优良的特点而广受欢迎。继高铁、核电、特高压之后,可再生能源有望成为中国制造业出口的第四张闪亮名片。

在国际层面,命运共同体理念为我们提供了一个新的视角来审视全球环境问题,突出了其全球性和整体性的特点。它所包含的利益共生、相互尊重、共同承担责任等原则,为解决全球环境治理中的责任赤字和价值缺失等问题提供了方案。尤为关键的是,命运共同体的最高形态——人类命运共同体,为全球环境治理指明了未来的发展路径,确立了核心价值取向。这正是中国应对全球环境治理、推动治理体系转型的方案。在这一理念的引领下，自中共十八大以来，中国在全球环境治理中展现出更加积极主动的姿态，在可持续发展、气候变化、绿色发展、野生动植物保护等多个领域做出了重大贡献。

中国在推进绿色发展方面，承诺构建绿色"一带一路"。2017 年 5 月，中国发布了《关于推进绿色"一带一路"建设的指导意见》（以下简称"《意见》"）。《意见》强调，推动绿色"一带一路"建设是传播生态文明理念、实现可持续发展的内在需求，是参与全球环境治理、推动绿色发展理念的关键实践，是顺应和引导绿色、低碳、循环发展的国际趋势的必然举措，是增强经济持续健康发展动力的有效方式。如今，在全球及区域生态环境面临严峻挑战的背景下，生态环境已经成为各国经济社会发展的根基，也是国际社会的共同追求目标。各国肩负着共同的责任，致力于防治环境污染和生态破坏。推动绿色"一带一路"倡议的实施，旨在实现经济发展与环境保护的双重目标，进而服务于构建利益共同体、责任共同体和命运共同体的总体目标。

思考题

1. 中国对国际秩序的构建做出了哪些方面的贡献？

2. 新时代全球治理中遇到了哪些挑战？

3. 试述习近平全球治理观的内涵。

4. 简述经济全球化的动因与主要表现。

第四章

世界的角色之一：发达资本主义国家

　　第二次世界大战不仅重新塑造了国际政治格局，也深刻影响了世界经济版图的划分。战前，工业化作为现代化的重要标志，已被以英国、美国、德国、法国、意大利等为代表的西方主要国家所实现，它们凭借强大的工业实力和高度发达的生产力，成为全球瞩目的"发达国家"。"发达国家"这一概念被赋予了更为广泛和深刻的内涵。它不仅仅是指那些拥有丰富自然资源和庞大经济总量的国家，更是指那些在经济、科技、文化、教育等各个领域均达到较高水平，能够引领全球发展趋势的国家。尽管发达国家在经济、科技等方面取得了举世瞩目的成就，但它们的发展之路并非一帆风顺。战后，随着垄断资本主义的进一步发展，发达国家内部出现了许多突出的经济、政治问题。这些问题不仅制约了发达国家的进一步发展，也对全球经济的稳定和繁荣构成了潜在威胁。

第一节 发达资本主义国家概述

发达资本主义国家是全球经济体系的重要组成部分，在经济、科技、文化等领域有显著影响力。它们经济发达，对推动全球经济繁荣具有重要作用，并且科技创新领先，对推动全球发展贡献显著，同时还注重社会保障和公共服务。但是资本主义国家也面临诸多挑战，我们需要客观看待，借鉴经验。总体上，发达资本主义国家仍是全球发展的重要力量。

一、"发达国家"的概念

（一）发达国家

发达国家，即经济发展水平高、技术先进、生活品质优越的国家，亦称先进国家或已开发国家。尽管某些国家仅凭自然资源开发也能实现较高的人均国民生产总值，但这并不足以界定其为发达国家，因为先进的科技水平同样是发达国家的重要标志。发达国家经济特点鲜明：首先是生产力高度发达，国内生产总值与人均国内生产总值均处于较高水平，产业结构先进，第三产业在国民经济中的占比通常超过 60%。其次是经济运行机制成熟，市场机制与市场体系完善，经济发展充满活力且管理高效，同时拥有健全的宏观经济调控体系。最后是经济国际化程度高，外贸出口量大质优，在全球贸易中占有显著份额，金融市场高度开放，跨国公司蓬勃发展。

发达国家主要有加拿大、美国、塞浦路斯、以色列、日本、韩国、新加坡、安道尔、奥地利、比利时、捷克、丹麦、爱沙尼亚、芬兰、法国、德国、希腊、冰岛、爱尔兰、意大利、拉脱维亚、列支敦士登、卢森堡、马耳他、摩纳哥、荷兰、挪威、葡萄牙、圣马力诺、斯洛伐克、斯洛文尼亚、西班牙、瑞典、瑞士、英国、澳大利亚、新西兰等。依据联合国开发计划署的人类发展指数，一些拥有极高人类发展指数值的国家（例如文莱、卡塔尔等）仍被视为发展中国家，因此该指数只能作为一项参考指标。

（二）资本主义国家

资本主义国家是指以资本家占有生产资料、实行雇佣劳动制度为基础，由资产阶级掌握政权的国家。资本主义国家以机器大生产代替个体生产，生产力比封建社会有极大提高。商品生产和交换成为普遍的形式，劳动力也成了商品。追求剩余价值是资本主义生产的绝对规律。生产的社会化和生产资料的资本家私人占有形式之间的矛盾，是资本主义国家的基本矛盾。这一矛盾在阶级关系上表现为无产阶级和资产阶级之间的对立和斗争。社会生产处于无政府状态，常常导致经济危机。19 世纪末 20 世纪初，资本主义国家完成由自由资本主义到垄断资本主义的过渡，从而进入帝国主义时代。

发达资本主义国家是指资本主义国家中经济发达的国家。最主要的发达资本主义国家通常是指七国集团，即美国、日本、德国、法国、英国、意大利和加拿大。宽泛而言，发达资本主义国家包括经济合作与发展组织的成员国。资本主义国家和社会主义国家并存，是新时代全球的一个基本事实。中国作为最大的社会主义国家，并没有步入发达国家行列。就现阶段而言，被国际普通认可的发达国家都是资本主义国家，因而被称作发达资本主义国家。

二、发达资本主义国家的经济

（一）战后发达资本主义国家经济发展的特点

第二次世界大战是发达资本主义国家经济发展的重要分水岭。20世纪上半叶，资本主义国家爆发了两次世界大战，其间还经历了1929—1933年严重的经济危机，资本主义经济遭受极大的摧残与破坏。第二次世界大战后，资本主义的发展进入了一个新的历史阶段。在战后几十年的时间内，以美国为首的一些资本主义国家，凭借诸多有利因素迅速发展。第二次世界大战结束后，发达资本主义国家的科学技术取得了长足发展，生产的国际化程度不断提高，无论是劳动生产率和经济增长率，还是经济总量、人均收入等都得到了快速增长。战后资本主义经济的发展，尽管也有过起伏和坎坷，但无论在速度、规模还是质量上都取得了历史性的突破。[1]

战后资本主义国家发展的总体特征可概括为：科技领域实现了飞速发展，催生了新一轮科技革命；经济与社会结构逐步由工业化向信息化转型；垄断资本集团的规模与实力均显著增强。资本主义制度自1640年英国资产阶级革命起，已历经380多年的演变，在这段历史进程中，资本主义的变革与发展从未停滞。在基本矛盾的驱动下，资本主义大致经历了自由资本主义、私人垄断资本主义、国家垄断资本主义以及国际垄断资本主义四个发展阶段。[2]战后资本主义相继步入国家垄断资本主义与国际垄断资本主义阶段，在此期间，垄断组织纷纷突破国界限制，在全球范围内进行投资，建立生产和销售网络，形成跨国公司；工人阶级及劳动人民的薪资水平显著提升，生活品质得到改善，社会保障体系亦趋于普遍和完善。然而，贫困与失业问题依旧严峻。[3]

（二）战后发达资本主义国家经济发展的阶段

战后发达资本主义国家的经济发展大致经历了5个阶段：

第一阶段：战后经济恢复与转轨阶段（1945—1950年）。第二次世界大战对世界经济造成了极大的破坏，严重阻碍了世界经济的发展。主要资本主义国

---

① 周琦、朱陆民主编《当代世界经济与政治》，湘潭大学出版社，2016，第102页。
② 刘昀献：《论当代资本主义的发展阶段及其基本特征》，《河南大学学报（社会科学版）》2006年第6期。
③ 王蔚、朱新山、陈剑峰主编《当代世界经济与政治》，上海大学出版社，2004，第162页。

家，特别是战败国德国与日本，经济受到严重打击，英法两个老牌资本主义经济强国在历经两次世界大战后，经济也满目疮痍，失去了昔日的主导地位。资本主义国家中只有美国由于良好的地理位置，远离战场，而且在战争期间大发战争财，一跃成为资本主义第一经济强国。

尽管在第二次世界大战期间，发达资本主义国家遭受了巨大的经济损失，但它们很快便从战后的废墟中复苏。一方面，各主要资本主义国家的工业化基础相对坚实，技术与管理经验在战争中得以保存，加之劳动者阶层的不懈努力，为战后经济的迅速恢复奠定了坚实的基础。另一方面，美国的援助政策对战后资本主义国家的经济复苏起到了关键作用。面对苏联势力的扩张，美国为了维护资本主义阵营及自身利益，对一些资本主义国家实施了经济援助。在欧洲，美国推行了马歇尔计划，而在日本，美国占领当局实施了经济改革并提供了大规模的经济援助。到 20 世纪 50 年代初，西欧的工业产量已恢复至战前水平，日本的经济水平也已超越战前。

第二阶段：经济快速增长阶段（1950—1973 年）。在战后经济恢复与转轨阶段后，资本主义经济发展迎来了快速增长时期，这段时期被称为"大繁荣时期"。这一时期，世界经济平均增长率只有 2.3%，而这些发达资本主义国家经济年增长率可达到 5.3%，战后 20 余年的增长速度比战前高出一倍。20 世纪 50 年代初到 20 世纪 70 年代初，主要资本主义国家的国民生产总值年平均增长率在 3% ~ 6%，日本甚至达到 9.8%。[①]

第三阶段：滞胀阶段（1973—1982 年）。战后发达资本主义国家在凯恩斯主义的指导下，经济实现了快速发展，但经济繁荣的背后却潜藏着危机。自从 1973 年世界石油危机后，发达资本主义国家不同程度地受到生产下降以及通货膨胀的影响，经济陷入停滞状态，一直持续到 1982 年才结束。这段时期发达资本主义国家经济陷入"滞胀"，也暴露出凯恩斯主义的不足。这些国家虽然利用凯恩斯主义实现了战后经济的繁荣，但政府赤字的不断增加也导致了通货膨胀。

第四阶段：调整阶段（1982—1991 年）。面对严重的经济滞胀问题，英国首相撒切尔夫人和美国总统里根等西方国家领导人，采用供给学派与货币主义

---

① 都培炎、王蔚主编《当代世界经济与政治》，上海教育出版社，2003，第 77 页。

经济理论作为指导，对经济进行了大刀阔斧的改革，包括削减财政支出，大规模减税，放松政府对企业规章制度的限制，减少国家对企业的干预，严格控制货币供应量的增长，实行稳健的货币政策以抑制通货膨胀等。西方国家的经济改革取得了一定成效，经济逐步摆脱滞胀阴霾，出现复苏迹象。

第五阶段：冷战后至今（1991年至今）。冷战结束后初期，主要资本主义经济体经历了短暂的调整时期。1990年，随着经济全球化趋势明显加快，世界经济日益紧密联系在一起，发达资本主义国家越来越关注经济发展。从1994年开始，主要资本主义经济体逐步转入新一轮增长期。在冷战结束后到2008年经济危机前，资本主义经济保持了平稳且较快的发展。2008年爆发的金融危机给世界经济带来巨大的破坏，全球经济增长放缓，发达国家经济也受到影响，但欧盟经济依然具备增长潜力。欧盟凭借较强的竞争和创新能力，推动了区内大国经济的强劲复苏。同时，容克计划出台、量化宽松货币政策的实行、欧盟积极发展与新兴国家的经贸关系都是有利于欧盟经济复苏与增长的利好因素。但是，应该看到欧盟经济的持续增长也面临着乌克兰危机、难民危机、人口老龄化、结构性改革推进缓慢等问题的威胁。[①]

（三）发达资本主义国家的经济模式

在近现代资本主义经济发展的历程中，发达国家持续对其经济体系进行了多方面的调整，构建了高度成熟的资本主义市场经济体系。大体看来，根据国家与市场之间的关系，可以将发达国家的经济模式分为5种：美国模式、日本模式、瑞典模式、莱茵模式和法国模式。

第一，美国模式，又称自由市场经济模式，也称"盎格鲁－撒克逊"模式，是以市场经济为导向，以个人主义和自由主义为基本理论依托，尤其突出自由竞争的一种经济模式。这种经济模式的显著特点是尽可能限制政府对经济的管制，充分发挥市场在经济发展中的调节作用，主张实施较为宽松的市场监管政策、维持较低的税收标准，并且限制政府在经济领域的干涉权力。20世纪七八十年代，以美国总统里根和英国首相撒切尔夫人为代表的西方领导人极力推行该经济模式，在经济上主张大规模减税、自由竞争、放松管制、私有化和

---

① 李罡：《欧盟经济现状、增长潜质与面临挑战》，《人民论坛：中旬刊》2015年第32期。

鼓励个人财富积累等。

第二，日本模式，又称政府导向型市场经济，是一种以政府为主导的经济模式。日本模式在经济发展初期是一种有效的"赶超模式"，其特点是在坚持自由市场经济的基础上，将日本特色融入其中，发挥政府在经济发展中的调控作用。日本经济模式充分融合了日本传统文化，比如强调和谐的人际关系、充分协商的决策机制、员工的忠诚与责任意识等。日本模式的核心特征有三个：集体决策、终身雇佣制以及坚持企业经营的持续性和长久性。

第三，瑞典模式，又称福利国家市场经济模式，一般是指 20 世纪 30 年代以来由瑞典社会民主党所倡导和推行的民主社会主义的经济模式。它的基本特征是以私人垄断资本主义为主体和基础，同时又注重社会公平，具有较完备的社会福利制度的混合经济，实质是改良的资本主义经济制度。[1]这种市场经济模式的特点是社会保障全面，社会差距较小，保障全体国民享受人权和稳定经济。

第四，莱茵模式，又称社会市场经济模式。该模式成为第二次世界大战后德意志联邦共和国（西德）采纳的核心经济模式。在社会市场经济的初创阶段，主张秩序的弗莱堡学派和社会市场经济的推动者艾哈德发挥了关键性作用。[2]社会市场经济既摒弃了历史上的曼彻斯特经济自由主义，又拒绝了苏联模式的集权经济体制。

第五，法国模式，又称为指导性经济模式。二战使法国国民经济遭到严重破坏，经济滑坡，使得国家干预经济势在必行。战后法国政府调控经济的主要理论源自皮埃尔·马塞的"二元调节理论"和雷蒙·库尔比斯的"受竞争经济论"。皮埃尔·马塞认为，可以"两条腿走路"，同时利用两种方法调节经济运行，即所谓的"计划与市场二元调节理论"。雷蒙·库尔比斯的"受竞争经济论"主要关注在国际竞争中处于劣势的国家应怎样调整经济，制定什么相应政策，以利于国内经济的发展。[3]

① 徐则荣：《瑞典经济模式和瑞典学派》，《山东社会科学》2008 年第 7 期。
② 李稻葵、伏霖：《德国社会市场经济模式演进轨迹及其中国镜鉴》，《改革》2014 年第 3 期。
③ 张丽：《战后法国"政府调控经济论"的主要内容及其成因》，《世界历史》2003 年等 4 期。

三、发达资本主义国家的政治

政治体制指社会权力结构和行使方式，包括政权和公民参与体系。发达资本主义国家政治体制多样，二战后普遍采用资产阶级民主制，其普遍原则包括普选制、任期制、分权制衡和法治原则。

（一）议会制度

议会，也称为代议机关。议会最早出现在 13 世纪的英国，议会的结构有一院制和两院制。实行两院制的国家有两个特点：一是联邦制国家占多数。在实行两院制的联邦制国家中，西方发达国家占比超过 70%，而单一制国家中实行两院制的占比 25% 左右。二是西方发达国家多采用两院制。

英国议会的上院，又称贵族院（House of Lords），是 17 世纪英国资产阶级革命后，资产阶级与贵族相妥协，从而承袭下来的。上院议员不经选举产生，由各种贵族担任，包括历史上册封的各类世袭贵族、宗教贵族和终身贵族等，上院议员总数不定，通常为 1100 名上下。英国议会的下院，又称平民院（House of Commons），是由普选产生的。下院议员全部按"单名选区制"选举，即每个选区选一名议员，选民一人一票，得票相对多数者当选。

美国国会实行两院制，上院称为参议院，下院称为众议院。根据宪法规定，参议员由选民直接选举，每州 2 名，现共有 100 名。众议院由各州选民直接选举产生，各州在众议院中的席位按各州人口比例分摊。根据 1929 年的议席分配法案，众议院人数固定为 435 人。

法国议会由国民议会和参议院组成。国民议会议员采用"单记名多数两轮投票制"，每选区一名代表，由选民直接选举产生。国民议会议员共 577 名，任期 5 年，期满全部改选，可连选连任。参议院议员共 348 名，均由间接选举产生，任期 6 年。

德国的最高立法机构是联邦议会，联邦议会实行两院制，由联邦议院和联邦参议院组成。联邦议院的法定议员人数为 630 人，每次选举后根据不同情况有所增减。每届联邦议员任期 4 年，届满全部改选。联邦参议院实际上是各州政府代表组成的联邦参议机构，其议员不是由普选产生，而是由 16 个州的州政府任命其政府成员作为代表组成的。

日本国会实行两院制，由众议院和参议院组成，两院议员均由民选产生。众议员按照单一选区制与比例代表制的并立制选举产生。参议员则按复数选区制和比例代表制的并立制选举产生。目前的众议院共有 465 个议席，参议院设有 248 个议席。众议员任期为 4 年，期满全部改选；参议员任期为 6 年，每 3 年改选其中的半数。

议会的领导机构：议会领导机构分为个人性质的议会领导机构和集体性质的议会领导机构，前者指议会的事务主要由议长、副议长个人负责；后者指议会的事务除由议长负责外，还由一些集体机构，如主席团、议长会议、理事会等协助议长领导和处理议会日常事务，或向议长提供咨询。议会是在议长主持下进行工作的，各国议长产生的方式、任期、职权等都不尽相同。议长的主要职权是主持议会活动。议长在议事规则的制定过程中发挥着重要作用，同时，议长一般有权任命调查委员会、调解委员会和联席委员会的委员，具体任命权限依据相关法律和议会规则而定。

议会的权力分为立法权、财政权、人事权、行政监督权。立法权是议会所拥有的最重要的权力，即制定、修改和废除法律的权力。立法权的实施过程通常称为立法程序，即议会从提出法案，到审议和通过法案，再到公布法律的一整套完整程序。一般来说包括以下基本过程：一是提出法案，行使立法创议权。二是法案审议。一般要经过三读审议，但各国实际操作灵活，如法国、日本、西班牙等，一般采用一读审议；荷兰、希腊等通常采用二读审议；英、美、德等多采用三读审议。三是通过法律。一般分为两种，一种是以普通程序通过法律，法案在议会表决时获得过半数票同意即为通过；另一种是以特殊程序通过法律。四是公布法律。各国法律公布流程存在差异，部分国家议会通过的法律需提交国家元首签署后公布；另有一些国家，议会可自行公布。

财政权，是议会的传统权力，其核心内容为征税与借贷的核准。在西方诸国，征税与借贷的决策权归议会所有，未经议会同意，政府不得擅自进行相关活动。预算的决定权亦属议会。预算是国家对未来财政年度的收入与支出规划。议会通过核准预算，授权行政机关进行财政支出，这是议会控制与监督政府财政的关键途径。议会还拥有审查决算权。决算是指对上一财政年度政府的收入与支出进行总结，且需向议会汇报。通常由政府财政部门编制决算，先提交审计机关审查，再将法案与报告呈交议会下院进行审查。

行政监督权主要包括以下几种：质询权，是指议员采用口头或书面的形式向政府首脑或政府部长就内阁的施政方针、行政措施及其他事项进行质疑并要求答复的权力，它是非总统制国家议会对政府实行监督的一种重要方式；倒阁权，即议会通过不信任投票的方式，对政府的政策或个别官员的违法行为进行制裁，迫使其辞职，这是内阁制国家中议会监督政府最强有力的手段；弹劾权，指的是议会针对政府官员的失职或违法行为，提出惩戒或处罚的权力；调查权，通常指议会为了立法和监督政府职能，设立专门机构对政府行为进行调查的权力，也称为"国政调查权"。许多国家的议会还享有司法权和特别行政权。

（二）选举制度

选举的英文表达"election"，出自英语动词形态"elect"，原意为"挑选、选择"。西方的"选举"是一种由多数人做出挑选决定的行为。作为一种程序形式，西方"选举"实质上包含着一些必要成分：一个有组织的群体，一批合格的选举者，共同接受的选举规则，可供选择的对象。

选举有一些基本原则：1. 选举权的普遍性原则。这一原则表明，所有具备宪法赋予权利与责任的公民，都应享有选举和被选举的权利。它是选举体系中最基础的准则。尽管普遍性原则在世界各国得到广泛认可，但在实际操作中，仍存在诸多挑战和复杂情况，导致其难以完全落实；2. 选举权的平等性原则。此原则通常被称为"一人一票，票票等值"，意味着每位选民在一次选举中仅拥有一次投票机会，每位选民的选票具有相同的重要性，且代表的数目应与选民数量成正比。但即便在已实施普遍选举的现代西方国家，违背平等选举权的情况也时有发生。造成"一票等值"原则无法彻底实现的原因，除了体制上的因素外，还有某些国家的执政党为了操控选举结果，故意不按人口比例划分选区等原因；3. 选举权的直接性原则。这一原则主张议会代表和国家官员应由选民直接投票选出，理论上这更能公正、准确地反映选民的意愿，实现他们的意志。目前，英国、法国、日本、德国和瑞士等国的众议院选举都已采用直接选举制；4. 选举权的保密性原则。这一原则也称为匿名投票原则，它要求选民依照选举法规定，秘密地填写选票并投票，确保选民的投票意愿对所有人保密，无须透露身份。保密投票有助于选民真实地表达自己的意愿，保护其选举权的隐私。

（三）政党制度

政党，根据《韦氏大词典》的定义，是"一群人以指导政府政策为目的而组成的团体"。根据马克思主义的定义，所谓政党，就是代表一定阶级、阶层或集团根本利益的一部分最积极分子，为了维护本阶级、阶层或集团的利益，通过执掌或参与国家权力，以实现其政治理想而结合的具有政治纲领、组织章程、组织系统和一定群众基础的政治团体。它既是一定阶级的一部分，又是一定阶级从事斗争的组织者和指挥者。

综合起来看，政党的共性不外乎以下三点：第一，历史性，即凡是政党都是一国阶级或阶层间的政治斗争发展到一定历史阶段的产物；第二，阶级性，即凡是政党都代表着特定阶级的利益；第三，政治性，即凡是政党都是为实现一定的政治目的而进行斗争的政治组织。

政党制度，通常指西方国家通过议会选举，由若干政党轮流或联合执政所形成的政治统治方式。目前，普遍采用的分类方式是依据执政党数量，将政党制度分为一党制、两党制和多党制三大类。一党制，即一个国家长期由单一政党掌权的制度，包括法西斯统治下的一党制、民主制下的一党制（亦称"一党居优制"或"准一党制"）以及发展中国家的一党制。两党制，指一个国家存在两个或两个以上政党，但仅有两个主要政党长期占据政治主导地位，通过控制议会多数席位或赢得总统选举而轮流执政的制度。英国是两党制的发源地，其影响逐渐扩散至美国、加拿大、澳大利亚等国。第三，多党制，指一个国家存在三个或三个以上政党，各政党通过竞选角逐执政地位。在多党制国家中，既存在多个政党联合形成多数党联盟来执掌政权的情况，也存在某个政党凭借自身优势，实现单独执政。法国、德国、意大利和俄罗斯等国均实行多党制。

（四）行政制度

发达资本主义国家的行政制度是按照一国宪法和法律规定的中央和地方行政机关的地位、职能、权限以及活动原则的总称。从中央一级政府来说，大致可以分为四种：内阁制、总统制、委员会制、半总统制。

内阁制：又称议会内阁制，在采用内阁制的政府架构里，行政职能主要由内阁持有，内阁对议会负全责。议会内阁制政府具有以下几个显著特点：第一，议会作为国家最高权力机构，具备制定法律、组建内阁以及监督政府的权力，很多国家的首脑只扮演象征性角色。第二，政府的组建通常是由在议会中拥有多数席位的政党或政党联盟的领导人，在国家元首的授权下进行，这显示了政府对议会多数派的依赖。第三，内阁的领导和相关部门的负责人需要定期向议会汇报工作进展，并在国家元首发布的法律和命令上签字，以体现内阁对议会的责任。第四，内阁的成员往往同时担任议会的职务，他们在政府内部执行行政职责，并在议会中参与立法活动，议会的关键法律提案通常都是由内阁提出的，实际上，议会的立法工作都是在内阁的监督和指导下进行的。第五，内阁需要对其实施的政策承担集体责任。如果议会通过了"不信任案"，内阁必须辞去职务，或者可以请求国家元首解散议会，并重新选举，以决定原内阁的去留。

总统制：总统制是一种总统作为国家的元首和政府首脑，负责行使国家最高级别行政权力的政治体制。总统制的政府遵循立法、行政和司法三权分立以及权力平衡的原则。它的显著特性包括：总统是独立于议会的，不是由议会选出的，通常是通过公民的直接或间接选举产生，总统的选举和议会的选举是分开进行的。因此，总统仅对选民负责，而对议会则没有责任；总统不仅是国家的首脑，还是政府的领导者，这类领导者拥有由宪法和法律所授予的实际权力；政府和议会是完全独立的。政府的成员不应同时担任议员职务，并且不应参与议会的立法讨论和投票；政府并不需要对议会承担任何连带责任，政府的成员仅需对总统承担政治责任，而总统则需对选民负有政治责任。议会在投票时不应对总统表示不信任，同时总统也没有权力解散议会。

委员会制：在这一制度中，国家的最高行政权力不是由国家元首或政府首脑单独掌握，而是由议会选举产生的委员会共同管理。在委员会制的政府结构中，存在以下几个显著特点：议会作为国家的最高决策机构，不仅拥有制定法律的权力，还拥有决定行政政策的权力，并对委员会的各项工作进行监督，同时也有权对委员会的决策和行为进行修改或废止；国家元首角色具有象征意义，由委员会的成员依次承担；国家的最高行政权由委员会共同行使，并且必须遵守集体负责的基本原则；在涉及宪法修订和国家的关键决策时，常采用直接民主的方式，即通过全体公民投票来决定。

半总统制：半总统制的核心是总统制，但在结构上仍然维持了议会制。此外，总统拥有行政权力，而内阁的地位相对稳定，议会的权力则相对较小。该体制具有几个显著的特性：它采用了半总统制的政府行政体制，其中总统和总理的权力和地位是由宪法规定的。这两位领导人是国家的元首和政府的首脑，他们共同行使行政权力。然而，他们的权力并不是完全平衡的，这一体制的特点是总统权力较强，而总理权力相对较弱；总理的职位通常由议会的多数党或多党联盟的领导人担任，并由总统进行任命。总理主导着政府的各项事务，主管国防，确保法律得到恰当的实施，并对议会负责；总统是通过全体公民的选举选出的，他代表了国家真正的权力核心。

（五）司法制度

西方国家的司法原则主要包括：司法公正原则，在西方国家，公平正义作为司法活动的总原则，其内容非常丰富，通过司法独立、审判公开等具体原则，以及公正的司法机构、规范的诉讼程序、公平的案件处理结果和完善的法律援助制度等；司法独立原则，在西方国家中，司法独立的核心思想是确保法院和法官能够独立履行司法职责，审判行为严格按照法律进行，不能受到外部的干预；法律平等原则，是指在法律面前人人平等；审判公开原则，它包含两个主要方面，一是审判和裁决必须公开，二是与案件相关的证据应在合理范围内公开，以监督审判活动，制约司法权力，防止司法专横，保障公民合法权益。

第二节　发达资本主义国家的领头羊——美国

　　美国，全称美利坚合众国，是一个联邦共和制国家，由华盛顿哥伦比亚特区、五十个州以及关岛等众多海外领土构成。该国主体位于北美洲中部，总面积约为 937 万平方公里。作为世界上最发达的国家，美国在政治和经济制度上集中体现了资本主义的核心。美国的政治制度、经济制度集资本主义之大成。在与苏联长达 40 余年的"冷战"期间，两国展开了全面而激烈的竞争。1991 年，苏联解体标志着冷战的结束。美国因此成为世界上唯一的超级大国，其国际地位达到了前所未有的高度。即便冷战结束，美国也并未放弃对全球霸权的追求，而是持续努力保持其在世界格局中的领导地位。美国在全球政治、经济和国际关系中扮演着至关重要的角色，其影响力无处不在。在当前的国际舞台上，几乎所有重大的事件都与美国有着直接或间接的联系。无论是全球政治格局的变动、经济危机的爆发，还是国际关系的紧张与缓和，美国都在其中扮演着关键性角色。因此，深入理解美国的政治经济体系及其全球战略，对于全面和准确地把握国际社会的动态，认识当代资本主义及其本质，具有极其重要的意义。

一、美国的经济发展

美国，作为当今世界上的经济强国，自由市场经济是其经济体系的核心特征，而这一实力和特征的形成，背后隐藏着一段复杂而漫长的历史进程。在北美大陆的历史上，早在美国独立之前，殖民者对当地的资源进行掠夺和开发，使得北美的经济得到初步发展。然而，随着美国的独立，南北两种截然不同的经济制度开始形成。北方地区逐渐发展成为以资本主义经济为主导，而南方则以奴隶制种植园经济为主。北方资本主义经济的蓬勃发展，迫切需要大量的自由劳动力，而南方的种植园经济却大量依赖于奴隶劳动力。

1861 年至 1865 年，美国爆发南北战争，这场战争成为美国历史的重要转折点。这场战争挫败了南方各州的叛乱，维护了国家的统一，并且废除了黑人奴隶制度，为美国资本主义经济的发展进一步扫清障碍。这场战争不仅在政治上巩固了国家的统一，也为美国经济的迅猛发展铺平了道路。

从 1877 年到 1898 年，美国经历了一个经济高速增长的阶段。在这个阶段，美国开启了标志着电力和内燃机革命的科技变革。在此过程中，美国成功地完成了近代工业化进程，并迅速超越了德国和英国，确立了其作为全球最大工业国家的地位。在此背景下，自由资本主义逐步演变为现代企业的标志性组织形态，托拉斯和控股公司等现代机构的出现，则标志着美国步入了现代资本主义，也就是垄断资本主义阶段。

1898 年，美国为了夺取西班牙在美洲和亚洲的殖民地而发动的美西战争不仅是美国历史上的一个重要转折点，而且标志着美国从自由资本主义向现代资本主义的过渡。这场战争成为美国近代与现代历史的分水岭，具有深远的历史意义。美西战争不仅使美国在国际舞台上崭露头角，更使其真正跻身于世界经济强国的行列。这场战争的胜利为美国打开了对外经济扩张的大门，尤其是在远东地区，美国制定了著名的"门户开放"政策，旨在承认列强在华商业利益机会平等的基础上，谋求美国的在华利益，进而扩张其经济实力。

随着第一次世界大战的爆发，美国通过向交战各国出售军需物资和提供贷款，积累了巨额财富。到 1916 年，美国已经超越了英国和其他欧洲列强，成为世界上最大的资本输出国。第一次世界大战结束后，美国经济在 20 世纪 20

年代达到了一个新的高峰，展现出前所未有的繁荣景象。美国的经济崛起得益于一系列政策和运动的推动。西奥多·罗斯福总统推行的"公平交易"政策，旨在打击垄断和维护市场竞争；伍德罗·威尔逊总统提出的"新自由"政策，强调政府对经济的适度干预，以保护消费者和劳工的利益；进步主义运动则致力于社会改革和清除政治腐败。此外，20世纪20年代的美国经济在很大程度上依赖于自由放任的市场原则，这些因素共同巩固了现代资本主义的经济和政治统治。

然而，尽管美国在经济和政治上取得了显著的成就，但这一时期也孕育着潜在的严重危机。经济的过度繁荣和市场的无序扩张，为后来的经济大萧条埋下了隐患。这种繁荣与危机并存的局面，预示着美国在接下来的几十年中将面临一系列挑战和调整。1929年至1933年，美国经历了空前严重的经济和政治危机。1933年3月，富兰克林·罗斯福上台执政，奉行凯恩斯主义，实行罗斯福新政。他顺应了历史发展的潮流，通过强化国家全面干预金融财政、工业、农业、公共工程、社会保障等领域，缓解了自由资本主义个体发展无序和总体发展失衡的矛盾，保护了劳动生产力，并为美国在第二次世界大战中的胜利准备了物质条件。

富兰克林·罗斯福总统所推行的新政，其改革措施在很大程度上推动了现代化进程的发展，被视为具有前瞻性的进步改革。新政的核心在于全面强化国家对经济的干预，这一政策的实施使得资本主义经济从传统的垄断资本主义阶段迈向了国家垄断资本主义的新时期。这一转变不仅标志着现代资本主义发展的成熟，而且在公共工程和社会保障方面的改革有效地保障了民众的基本生活，提高了民众的购买力，这种稳定的购买力为生产力的持续发展提供了强劲的内在动力。罗斯福新政对现代美国历史的发展产生了多方面的深远影响，为美国经济的复苏和社会的稳定奠定了坚实的基础。

在第二次世界大战期间，美国最初保持中立立场，但随着1941年12月7日珍珠港事件的爆发，美国加入了全球反法西斯战争的行列。在经济领域，美国扮演了民主国家"兵工厂"的角色，为盟国提供了大量的物资和装备，极大地支持了盟军战斗的进行。在军事领域，美国通过组织和参与一系列重大战役，如诺曼底登陆和太平洋战场的战斗，为战争的胜利做出了不可磨灭的贡献。在政治领域，美国积极推动国际反法西斯联盟的建立和发展，为世界反法西斯战争的最终胜利提供了重要的政治保障。第二次世界大战的结果使得美国成为受益最大的国家，美国不仅在经济上取得了巨大的发展，而且在政治和军事上确立了其作为超级大国之一的地位。这一地位为美国在战后称霸资本主义世界奠定了坚实的基础，使美国在全球事务中扮演了至关重要的角色。

相对于二战结束初期的辉煌，战后美国的政治和经济霸权经历了一个由盛而衰的过程。但凭借二战后积累的雄厚实力，加上苏联的解体，还是造就了如今美国在世界上的霸权地位。作为当今世界唯一的超级大国，美国的一举一动都对世界格局的走向产生着深远影响。

回顾战后 80 年的经济发展历程，我们可以观察到美国经济在 20 世纪五六十年代经历了繁荣时期，七八十年代面临了危机和通货膨胀，九十年代经济再次蓬勃发展，但到了 21 世纪初又遭遇了经济衰退，这充分展现了美国经济发展的周期性特点。随着西欧和日本的崛起，再加上发展中国家的发展，战后初期美国经济的绝对优势已经消失，美国从世界最大的债权国变成了最大的债务国，国内生产总值占世界的比重逐渐减少，在国际贸易中的地位也逐年下降，绝对优势不复存在。尽管如此，美国经济地位的下降应被视为相对而非绝对的。从经济实力和地位来看，尽管美国经济发展遭遇了一些挫折，但其经济地位仍然未出现绝对的衰退，而是呈现出相对下滑的态势。美国经济同时呈现出繁荣与衰退的双重特征，预计在未来，美国仍将继续对全球经济产生重大影响。

二、美国的政治体制及其特点

（一）严格的三权分立制度

美国政治制度的发展是一个曲折的演化过程。1776 年美国的《独立宣言》体现了美国政治制度的一些基本原则，美国建国以后就采取代议制形式，既为了能够保障人民民主的政治制度，也为了限制政府的权力，使得不同部门之间相互牵制和平衡，从而保障人民权力，完善国家制度。正是出于这一目的，美国建立了严格的三权分立制度，即立法权、行政权和司法权分别属于国会、总统和法院。它们之间并不是从属关系，美国的宪法规定三权之间的地位是平等的。从美国的权力运行来看，美国的制衡原则更强调行使过程的制衡，每一个机关行使权力时，在一定程度上都需要其他国家机关的协助。

三权分立制度的特点非常明显：三大部门在政治上相互独立，并且相互之间没有政治上的连带责任，三个部门在执行自己的权力时相互依赖，这也使得三权分立出现了很多弊端，三个部门在面对利益时，会相互争夺部门利益；在面对责任时，三个部门可能推卸责任。三权分立在保障权力的民主运行时确实发挥了重要作用，但也导致了权力分散，重要的决策往往很难快速通过，降低了行政效率，难以对重大决策做出快速且强有力的回应。

（二）两党之间竞争激烈

美国的政党制度是两党制，民主党和共和党通过竞争的方式轮流执政，执政党和在野党角色分明。美国是总统制的国家，总统的选举结果和其政党是否在国会选举中获得胜利并非存在必然联系，但会影响总统提出的法案是否顺利在国会通过，当然在野党也经常积极配合总统。两党都赞同资本主义的国家制度，并没有明显的意识形态差异。而且，两党内部都存在保守派和激进派，只是在具体政策上代表的利益集团不同。两党领袖的权力有限，美国的国家权力主要集中于国会和总统。

作为国家元首，总统掌握着重大的行政权和重要的外交权，因此两党的竞争主要是赢得选民的支持，进而角逐总统之位。美国政府的更迭不取决于国会的选举，而取决于总统的选举，总统直接对法律和人民负责，而并不对国会负责。美国虽然是一个三权分立的国家，但是在立法、行政和司法中，总统权力才是三权的中心。总统具有国家元首、最高行政首脑、军队最高统帅、对外政策最高决策者、政党领袖等身份。就总统权力的性质而言，他不仅拥有行政权，而且拥有立法权、军事权、外交权和政党权等权力。总统权力的争夺才是美国民主党和共和党争夺的核心，在法律允许的范围内，两党在选举中都会竭尽全力，使用各种手段竞争总统职位，所以美国两党激烈的竞争主要表现在总统的选举中。

（三）"超强"的总统权力

在美国政治制度中，三权分立是重要特征之一。在美国的政治舞台上，总统占据着突出的地位，拥有相当大的权力。美国宪法明确规定，总统行使美国的行政权，拥有指挥和领导全部行政部门的大权。在多数西方国家中，国家元首和行政首脑是分开的，一般而言，国家元首并没有实权，只是一个象征性职位。但是美国总统兼任国家元首和行政首脑，这实际上增加了美国总统的权力。美国与英国不同，英国内阁掌握着国家实权，而美国内阁是总统的顾问团体，内阁成员作用的大小以及何时召开内阁会议等问题，都取决于总统自身的需要，内阁的任务就是协助总统做出科学决策，它本身并不是一个独立决策机构。美国法律规定，所有行政机关在法律上都要对总统负责，政府的任何机关都必须效忠于总统，不能违背总统的意志，否则总统就可以对其进行罢免。美国的副总统和总统同时产生，副总统在政府机构中发挥作用的大小取决于总统对他的重视程度。美国的总统享有广泛的任免权，总统可以任命联邦行政官员、法官和军事官员，并可以直接罢免他们而不需要国会的同意。美国宪法规定，总统负责执行法律，有权发布具有法律效力的行政命令且有权使用武装力量，还可以宣布国家处于紧急状态。此外，美国总统还有准立法权、军事指挥权、外交权等其他的一些重大权力。

总的来说，美国作为一个典型的资本主义国家，其政治制度随着国内外形势的发展而持续调整完善。然而，无论这些变化如何，其核心目的始终是维护资产阶级的利益，并确保资本主义私有制不被破坏。冷战结束后，美国成为世界上唯一的超级大国。在未来相当长的一段时间内，美国的经济和政治影响力将继续对全球的政治和经济发展产生深远的影响，并在国际形势的发展中扮演着至关重要的角色。

三、美国全球战略的演变

（一）从战后初期到 20 世纪 60 年代末：全球扩张阶段

美国以强大的经济、军事力量为后盾，妄图称霸整个世界，其全球战略具有鲜明的进攻性、侵略性。从杜鲁门到肯尼迪、约翰逊基本一脉相承。杜鲁门时期（1945—1953 年），美国把苏联和社会主义国家视为自己独霸全球的最大障碍，制定了以反苏、反共为中心的遏制战略。肯尼迪、约翰逊时期（1961—1969 年），由于苏联实力增长，西欧和日本等新的经济中心出现，以及第三世界力量的不断壮大，美国的霸权地位受到挑战。肯尼迪一上任便提出了"一手抓箭，一手抓橄榄枝"的"和平战略"，其核心思想是运用战争与和平相结合的方式，在社会主义国家中推动和平演变，并在亚非拉地区实施新殖民主义。

（二）从 20 世纪 60 年代末到 70 年代末：全球战略调整阶段

为了保持美国在全球的领导地位，1969 年上任的尼克松总统提出了一个新的外交策略——"尼克松主义"。这一战略的核心思想是对局部战略进行调整，确保战略焦点的稳定；改善与中国的外交关系，以此平衡苏联的影响力；调整与欧洲和日本的同盟关系，持续与苏联展开全球竞争。尼克松主义的核心思想包括：与同盟国的"伙伴关系"作为美国外交策略的基石，呼吁同盟国在政策层面与美国保持同步，共同应对苏联的各种挑战。为了帮助美国渡过经济上的难关，双方在经济上达成了妥协。在军事方面，双方需要分担军费和防卫责任；以军事力量作为基础，采用谈判的方式来制约苏联，维持美国和苏联之间的力量均衡；利用中国的实力来制衡苏联，积极推动与中国外交关系的发展；在第三世界减少军事介入，将力量集中于关键区域。在亚洲实施战略收缩，推行"亚洲人解决亚洲问题"的新亚洲政策；在中东和波斯湾地区加强军事部署，遏制苏联的渗透和扩张；尼克松政府提出"一个半战争"战略。尼克松主义反映了美国霸权地位的相对衰落，是美国统治阶层为了维持其全球领导地位而采取的一种策略。1977 年，吉米·卡特就任美国总统。美国当时正从越南战争和水门事件的阴影中恢复，同时面临经济危机。国际上，日本和欧洲经济崛起，与美国的摩擦增多，苏联实力增强，美国对第三世界的政策导致其在这些国家受到更多反对。卡特重视外交中的意识形态因素，致力于恢复美国对第三世界的影响力，加强与日本和欧洲的合作，推动西方国家共同体的建设。他提倡南北对话，旨在减少第三世界的反抗和苏联的影响，同时重视中美关系。此外，他通过加强与日本、西欧和中东的战略合作，在军事上遏制苏联，并开始对苏联实施经济制裁。

（三）从 20 世纪 80 年代初到 90 年代初：战略推进时期

里根于 1981 年就任总统后，他认为美国综合国力的下滑主要是美国自身问题，提出了"以实力求和平"的外交战略。该战略主要是通过恢复美国国内经济、大规模扩充美国军备、对苏联采取强硬措施等手段来实现美国复兴，其间适当缓和了中美关系，目的是牵制苏联。1982 年，美国与中国发表《中华人民共和国和美利坚合众国联合公报》（八一七公报），两国在经贸、技术等领域加强了合作，但在政治上的根本障碍并没有消除。1984 年，里根总统访华，进一步推动两国关系的交流与互动。这一系列战略调整的最终目的是，里根总统希望恢复美国在经济、军事、科技领域的全球优势，重新建立美国的霸权地位。里根总统采取一系列措施，希望从根本上打破美苏的战略平衡：首先提出了"星球大战"计划，给苏联本不富裕的经济带来了更大压力，从经济上加速拖垮苏联；其次，使用经济和宣传的手段，削弱苏联的影响力；最后，实行遏制和谈判双管齐下的手段牵制苏联。

在布什总统任期内（1989—1993 年），美国赢得了冷战和海湾战争的胜利，取得了一定的外交成就。面对变化的国际形势，布什总统很快对外交政策进行了调整，布什政府提出了"超越遏制"战略。该战略加强了对苏联进行"和平演变"的攻势，全力把苏联和东欧等一些社会主义国家引导走向西方政治道路。与以往各届政府相比，布什政府的战略更具有进攻性、主动性。美国与西方国家盟友建立了更加亲密的关系，确保美国对西方世界的领导。在面对第三世界的问题上，由于苏联和东欧出现的问题，美国提高了第三世界国家在美国战略中的地位，对于与美国利益不相符的国家给予了积极的打击，并尽可能把第三世界纳入自己设计的世界秩序之中。

（四）从克林顿到小布什（1993—2001 年）：冷战后，寻求主导世界的战略调整

1993 年，克林顿在总统选举中胜出，任美国第四十二任总统。其竞选口号主要围绕振兴国内经济展开。在国际舞台上，随着冷战格局的瓦解，美国跃升

为唯一的超级大国。与此同时，日本和欧洲的经济复苏，使得这些地区急切希望摆脱美国的影响力。由于苏联的解体，第三世界国家也开始出现分化。中国成功抵御了外部的"颜色革命"压力。克林顿总统在前任总统的外交政策基础上，对美国的全球战略进行了调整。1993年，他提出了国家的战略安全目标，在经济上，确保美国的经济安全，并保持对外经济发展的独立性和竞争力；在国家安全方面，尽管美国已是世界超级大国，但仍面临诸多安全挑战，包括恐怖主义和宗教极端主义等问题，美国需调整其应对各种危机的能力；在文化安全层面，美国致力于在全球推广西方的"民主"和"人权"理念，以及西方的价值观。克林顿总统的执政策略旨在以经济、军事和意识形态为支柱，构建战后美国领导下的世界新秩序。克林顿的战略框架在1994年美国政府发布的《国家参与和扩展安全战略》报告中得到了基本确立。

2000年11月的选举中，布什的儿子小布什获得了胜利，当选为美国总统。小布什上台初期，基本继承了其父亲老布什的对外战略，表现出强硬的战略外交风格，在其施政期间开始大搞军备扩张，对第三世界的反美势力推行打击性政策。小布什政府在中东地区推行"大中东民主计划"，在全球范围内打击国际恐怖主义；把中国定义为战略竞争对手，并出言要"武装保护台湾"，加大遏制中国的力度。2001年中美局势紧张，出现了中美南海撞机事件。小布什上台以后，采取强硬的手段在全世界到处"惹是生非"，美国的全球战略四处树敌，小布什强硬的外交政策让美国与很多反美势力的矛盾加剧，也促使国际恐怖势力、宗教势力、国际反美势力开始采取极端行动，对美国的打压进行报复。恐怖势力在美国制造了"9·11"恐怖袭击事件，造成了美国自二战以来最大的伤亡，据统计有2996人遇难和失踪，这一事件迫使美国当局重新思考对外战略。

（五）美国战略思想的转变：非传统安全的威胁（2001—2009年）

随着新的国际安全问题出现，美国社会各界得出了一些对外战略的新认识：彻底消灭恐怖主义成为美国安全政策的首要目标，美国根据反恐战争的需求重新划分敌友关系。美国把防止本土受到袭击确定为国家安全战略的首要任务。恐怖袭击促使美国重新调整对外战略，美国开始改变以中俄为主要对手的传统地缘战略。美国默认了俄国对车臣问题自行处理；在中美关系方面，中国支持美国全球反恐。然后，美国还对全球战略重点地区进行了调整，美国加大了对欧亚大陆以外其他地方的关注，进一步加强在亚太地区的战略部署。美国的结盟政策也发生转变，反恐成为美国当时划分敌友的重要考量因素。

美国 2004 年总统选举中，小布什获得连任。小布什连任后，其外交政策在"9·11"事件以后以非传统安全为主要目标的安全政策发生了变化，以崇尚武力和单边主义为特征的新保守主义色彩更加明显。一方面，美国加紧推进"颜色革命"。在全世界范围内推行西方价值理念，其主要目标是西化从苏联分裂出来的国家，在格鲁吉亚和乌克兰首先取得了成功，在之后的一年里，美国又把目标转到吉尔吉斯斯坦和白俄罗斯。另一方面，美国开始改善与盟国的关系，其主要目的是想利用盟国解决当时的伊朗和朝鲜的核问题。由于美国重视中国的巨大市场，客观上也很难阻挡中国的发展，所以对中国采取了比较务实的政策，并将中国定义为"利益攸关方"。随着俄罗斯经济的复苏，综合实力有所增强。面对美国不断地在俄罗斯周边进行"颜色革命"，普京开始对美国的政策进行反击。2008 年北京奥运会开幕式当天，俄罗斯与格鲁吉亚爆发战争，俄罗斯取得了战争的胜利，这一举动让俄美关系一度十分紧张。

（六）2009 年至今：美国霸权主义政策的调整

2009 年，奥巴马在美国总统选举中胜出。在经历了 2008 年的全球金融危机，以及乔治·布什时期强硬外交政策所带来的不利影响之后，美国政府面临着巨大压力。奥巴马指出，布什政府所奉行的单边主义外交政策以及先发制人的战略，导致美国在国际社会中的信誉受损。针对新的挑战，奥巴马对美国的外交政策进行了大幅度的调整。在反恐问题上，他摒弃了小布什时期的"全面出击"策略，转而采取重点区域的反恐措施，并在措辞上也趋向温和，用"打击极端暴力主义"等中性词语取代了先前带有广泛打击意味和宗教色彩的"反恐""伊斯兰恐怖主义"等表述。奥巴马还表现出强烈的愿望，希望改善与伊斯兰国家的关系。他有意识地减少了军事手段在外交策略中的比重，转而强化软实力在对外战略中的作用。同时，鉴于美俄关系的紧张局势，奥巴马开启了与俄罗斯重新对话的大门，以避免新冷战的出现。值得注意的是，随着中国改革开放的深入，中国实现了全面的发展。奥巴马总统上任后，调整了与中国的务实对话政策，并加强了对中国的防范。在战略、外交和经济领域，美国将中国视为潜在的竞争对手，中美之间形成了一种既竞争又合作的新型大国关系。

特朗普上台以来，秉持"美国优先"理念，对国际事务的关注有所下降，且不愿意承担更多国际义务，新孤立主义和单边主义倾向抬头。为了实现"让美国再次伟大"的目标，特朗普政府推行贸易保护主义、建设强大军事力量、回归大国竞争思路。特朗普政府执政使美国的全球战略发生了一些颠覆性的变化，损害了美国的国际形象，但归根到底还是为了维护美国的霸权地位。特朗普政府以"美国优先"为政策导向，拒绝履行国际责任。自特朗普执政以来，美国相继退出了《跨太平洋伙伴关系协定》《巴黎协定》以及联合国教科文组织等国际协议和组织。特朗普政府的这一系列行为严重削弱了美国长期以来作为自由国际秩序领导者和维护者的形象，对美国的软实力造成了重大损害。同时，美国与盟友之间关系充满利益算计，导致同盟体系出现了明显的裂痕。特朗普，一位商人出身的政治人物，在处理国际政治、经济与安全议题时，采取了强硬立场。在对中国发起贸易战的同时，美国认为欧盟、日本、加拿大等主要西方盟友和贸易伙伴也利用了美国，因此频繁对它们施加关税制裁。此外，美国回归了大国竞争的传统战略思维，将中国和俄罗斯视为主要的战略竞争对手。

第三节　联合与分化并存的欧洲

欧洲是现代西方资本主义国家的集中地。在 20 世纪前，欧洲是国际体系的中心，欧洲列强左右了世界政治的基本格局。那时的欧洲拥有绝对的政治、经济、军事和科技优势。然而，在 20 世纪中叶以后，欧洲已经失去了以往的中心地位，取而代之的是美国和苏联的强势崛起。美苏甚至将欧洲划分为各自的势力范围，开始主宰欧洲的命运。

欧洲政治家们吸取欧洲冲突和战争的历史教训，达成新的欧洲共识：只有联合，才能自强。欧洲只有走共同联合、共同发展之路，才能找回往日的地位。欧洲一体化的主要倡导者、联邦德国首任总理康拉德·阿登纳指出："欧洲的联合是绝对迫切需要的，没有政治上的一致，欧洲各国人民将会沦为超级大国的附庸。"[①] 英国前首相丘吉尔也认为："如果所有欧洲国家能联合起来，它的三四亿居民就会通过一个共同遗产带来的成果而获得任何界限、任何边界都无法限制的繁荣昌盛、灿烂光辉和幸福的生活。"[②] 于是，欧洲共同体在各方博弈下应运而生，体现了欧洲对外政策的重大转折。然而，在多重危机的冲击下，

---

① ［西德］康拉德·阿登纳：《阿登纳回忆录（第三卷）》，上海外国语学院德法语系德语组译，上海人民出版社，1973，第 7 页。

② ［法］皮埃尔·热尔贝：《欧洲统一的历史与现实》，丁一凡等译，中国社会科学出版社，1989，第49 页。

欧洲一体化进程面临着严峻的挑战。

一、欧洲联合的背景

二战后，欧洲国家之所以联合自强，主要受当时的背景影响。在政治领域，经历两次世界大战的欧洲大陆深刻认识到，只有通过国家间的紧密联合，才能确保欧洲和平的长久延续和欧洲文明的传承。这种联合并非仅限于外交合作，而是建立在相互依存与和谐稳定的基础上，旨在共同抵御外部威胁，促进内部繁荣。当时，防止法西斯主义和军国主义的复苏成为欧洲政治家们的重要任务。德国，这个曾使欧洲大陆陷入战火与混乱的国家，其问题一直是欧洲安全体系中的重大隐患。然而，二战结束后，德国在经济和军事力量遭受毁灭性打击后，国际地位大幅下降，逐渐从过去的对手转变为西方世界的坚定盟友。这一转变不仅为欧洲的复兴提供了机遇，也为西欧国家的联合奠定了坚实基础。各国逐渐意识到，只有通过合作，才能有效遏制极端主义的兴起，维护欧洲乃至全球的和平与稳定。当时，另一个背景是冷战的阴影笼罩全球，美苏之间的激烈对抗使西欧国家感受到了前所未有的压力。面对苏联的威胁和共产主义的扩张，西欧国家深刻认识到，只有团结一致，才能有效抵御外部势力的侵扰。这种共同的危机感促使西欧国家在内部加强防务合作，共同抵御共产主义思想的渗透；在外部则加强外交协调，共同应对苏联的军事威胁。此外，作为当时世界超级大国之一的美国，其战略考量也对西欧的联合产生了深远影响。为了对抗苏联、控制西欧并维护自身全球利益，美国积极支持西欧的复兴与联合。通过提供经济援助、加强军事合作等手段，美国推动了西欧国家之间的紧密联系与协作，为西欧的联合进程注入了强大的动力。

在经济领域，西欧各国之间的经济联系愈发紧密，相互依赖程度日益加深。为了减少交易成本并满足资源市场与资金流动的需求，西欧各国迫切需要突破民族国家的界限，实现更为自由和开放的经济合作。这种需求不仅促进了西欧内部市场的构建与发展，也为欧洲经济一体化的进一步深化奠定了坚实的基础。同时，面对日益激烈的国际竞争，西欧各国深刻意识到，唯有深化内部合作、增强创新能力，方能在全球市场中保持竞争力。因此，各国纷纷加强在科技、教育、文化等领域的交流与合作，共同推动欧洲经济的转型升级与高质量发展。

值得注意的是，西欧各国经济发展水平的相对均衡，也是实现经济联合的重要条件之一。这种均衡性不仅有利于各国在经济合作中保持相对平等的地位与话语权，也为各国经济利益的交汇融合提供了可能。在此基础上，西欧各国通过加强政策协调、推动贸易自由化等措施，不断深化经济一体化进程，实现了互利共赢的良好局面。此外，西欧各国垄断资本主义的发展也为政府出面加强成员国之间经济联系与协调提供了有力支撑。随着垄断资本在全球范围内的扩张与渗透，西欧各国政府逐渐认识到加强经济联合对于维护本国经济利益与提升国际竞争力的重要性。因此，各国政府纷纷加强在宏观经济政策、金融监管、贸易规则等方面的协调与合作，共同推动欧洲经济一体化向更高层次发展。

二、欧洲一体化的概念与进程

（一）欧洲一体化的概念

作为区域一体化的先行者，欧洲共同体在欧洲这个国家间关系纷繁复杂的地区已走过数十年的发展历程，正朝着深度与广度两个方向持续推进。一体化作为一种复杂过程，为学术界提供了丰富的研究材料，学者们希望从中归纳出解释这一现象的普遍性理论范式。美国学者卡尔·多伊奇认为："一体化通常意味着由部分组成整体，即将原来互相分离的单位转变成为一个紧密系统的复合体。一体化既可以指原来同一单位内部之间的一种关系，也可以被用来描述原先相互分离的单位达到这种关系或状态的一体化过程。"[1]伍贻康指出："一个地区中若干国家通过条约组成集团，建立一整套国际或超国家的组织机构，实行一定程度的政策协调和紧密合作，甚至制定和执行共同政策，人们称之为'一体化'。"[2]雅克·德洛尔，曾是欧洲共同体委员会主席，他对欧洲一体化的概念进行了相对权威的阐述，并提出了被广泛认知的"同心圆"构想，即构建一个以欧洲共同体为中心，涵盖整个欧洲国家的多层次一体化框架。更具体地说，欧洲的"同心圆"被划分为三个部分：其中，内环由欧共体的12个

---

[1]［美］卡尔·多伊奇：《国际关系分析》，周启朋等译，世界知识出版社，1992，第276页。
[2]伍贻康、周建平、戴炳然、蒋三铭：《欧洲经济共同体》，人民出版社，1983，第1页。

成员国组成，他们的目标是创建一个统一的市场，并进一步建立经济、货币和政治的联盟；中环作为欧洲自由贸易联盟的 6 个成员国，其目标是与欧共体紧密合作，旨在在欧共体建立统一市场的基础上，发展欧洲经济区，并努力成为全球最大的自由贸易区域；外环包括东欧的各个国家，以及位于欧洲边界的土耳其、马耳他和塞浦路斯，目标是通过加强经济和贸易合作来构建一个联系国的制度。经过数十年的努力与发展，设想中的"同心圆"三环相互融合，欧洲联盟成为欧洲一体化的化身和代言。它既拥有一定的自主行动能力，又有通过集体的决策形成公共政策的合法性，是当今世界上发展程度最高、综合实力最强的区域一体化组织。

欧洲联盟（European Union），简称欧盟（EU），总部设在比利时首都布鲁塞尔，由比荷卢经济联盟、欧洲共同体（1952 年成立的欧洲煤钢共同体和 1958 年成立的欧洲经济共同体与欧洲原子能共同体的总称）逐渐发展而来，是一个集政治实体和经济实体于一身、在世界上具有重要影响的区域一体化组织，在世界经济和政治事务中发挥了重要作用。1993 年 11 月，《欧洲联盟条约》（又称《马斯特里赫特条约》）生效，欧盟正式诞生。2009 年 12 月，由欧盟各国首脑签署的《里斯本条约》生效，该条约对欧盟的发展起到了承前启后的作用，由此开启了欧盟发展的新纪元，使欧盟作为具有国际法合法身份的政治实体正式出现在国际政治舞台。

欧盟现有 27 个成员国，人口 4.5 亿，总面积 414 万平方公里，GDP 达 17.94 万亿欧元（2024 年），是世界上第一大经济实体。欧盟的宗旨是通过建立无内部边界的空间，加强经济、社会的协调发展和建立最终实行统一货币的经济货币联盟，促进成员国经济和社会的均衡发展，并通过实行共同外交和安全政策，在国际舞台上弘扬联盟的个性。在经济贸易领域，作为一个政治与经济的共同体，欧盟建立了欧洲统一市场，并通过统一的法律体系确保所有成员国都能享有货物、服务和资本的自由流动。在国际关系领域，代表其成员国在世界贸易组织和联合国的集会上进行发言，以保护其成员国的利益。在处理内部事务时，众多成员国签署了《关于逐步取消共同边界检查》（又称《申根协定》）并取消了护照的管理。值得一提的是，在某些特定领域，整合策略是基于成员国间的共识而制定的。

（二）欧洲一体化的进程

1.欧洲一体化的早期发展

70 多年来，欧洲一体化进程逐渐构建了一种新的欧洲政治、经济、安全、社会、外交秩序，基本实现了成员国间商品、人员、资本和服务的自由流通；欧洲大陆列强间数百年来持续不断的战争不再重现，国家间关系处于相对稳定和有序状态，欧洲人享受了前所未有的持久和平；内部实行共同的对外政策，改变了国际传统的力量与角色的结构，构建了新型国际秩序。

欧洲一体化的理念在欧洲的历史进程中起到了核心作用，它为欧洲社会的进步指明了方向，并被视为欧洲各国发展的关键。从法兰克王国的历史时期开始，欧洲在封建制度的框架下，以基督教为精神维系，构建社会秩序。近代以来，欧洲战争带来的恐怖让许多知识分子开始撰写著作来表达欧洲联合的思想，欧洲统一的想法在西欧逐渐萌发。代表作有法国作家圣·皮埃尔的《欧洲永久和平方案》和德国古典哲学创始人康德的《永久和平论》等。1775 年，美国独立战争爆发，法国的拉法耶特侯爵等人设想欧洲效仿美利坚合众国，建立欧洲合众国。19 世纪初，拿破仑曾在欧洲大陆实行关税同盟。

第二次世界大战是全球国际政治的一个分水岭，它终结了欧洲列强对国际政治长达数百年的主宰。美国、苏联两个超级大国凭借广袤的疆域和强大的经济和军事力量，一跃成为战后新的权力中心，出现了两国严重对峙的局面。国际政治的结构性转变呼唤欧洲国家放弃相互斗争，走联合自强之路，以有效地维护自身利益。

1946 年 9 月，英国首相丘吉尔在瑞士苏黎世大学发表演说，有力地号召欧洲树立一种建设未来的理想，提议建立"欧洲合众国"，倡导欧洲共同发展，支持欧洲统一。这场演讲不仅为欧洲未来发展指明了方向，其倡导的共同发展理念更是为建立新的欧洲秩序奠定了思想基础。丘吉尔的影响，使欧洲领导人不得不认真考虑欧洲的未来，他们的共同努力最终促成 1948 年海牙欧洲大会的召开。在这个非政府论坛性质的会议上，担任会议主席的丘吉尔积极斡旋，协调各欧洲一体化运动组织的分歧，最后大会以决议形式提出了一系列倡议，例如建立欧洲委员会、制定人权宪章、设立欧洲法院等。事实表明，这次大会为欧洲一体化的正式开始做了充分的舆论准备，会上提出的各项主张和任务勾画出了未来欧洲一体化的基本蓝图，后来的欧洲一体化实践基本上是沿着海牙欧洲大会指出的方向进行的。海牙欧洲大会的倡议很快变成了现实。1949 年 5 月 5 日，爱尔兰、比利时、丹麦、法国、荷兰、卢森堡、挪威、瑞典、意大利和英国在伦敦签订《欧洲委员会法规》，并正式成立欧洲委员会。这个西欧 10 国成立的政治性组织是第一个泛欧组织，陆续通过了《欧洲人权公约》等重要的法律文件，是欧洲一体化的前奏。

2. 西欧的联合

1950 年 5 月，法国外长罗伯特·舒曼提出了建立欧洲煤钢共同市场的计划，即"舒曼计划"。1951 年 4 月，法国、意大利、联邦德国、荷兰、比利时和卢森堡六国正式签署了为期 50 年的《欧洲煤钢联营条约》。该条约于 1952 年 7 月生效，欧洲煤钢联营（或称欧洲煤钢共同体）正式成立。1957 年 3 月，上述六国在罗马签订《欧洲经济共同体条约》和《欧洲原子能共同体条约》，史称《罗马条约》。该条约于 1958 年 1 月 1 日生效，欧洲经济共同体和欧洲原子能共同体正式成立。1967 年，上述六国决定将欧洲煤钢共同体、欧洲经济共同体和欧洲原子能共同体三个组织合并，建立统一的组织机构，欧洲共同体正式成立。

3. 欧洲共同体的发展

1973 年，英国与爱尔兰、丹麦加入欧洲共同体，欧洲共同体由 6 国扩大到 9 国。1981 年，希腊加入欧洲共同体。1985 年 6 月，德国、法国、荷兰、比利时和卢森堡五国在卢森堡的边境小镇申根签署了《关于逐步取消共同边界检查》（也称为《申根协定》），目的是取消各成员国之间边境，自由通行，无限期居住。随后，逐渐有新的国家加入这个行列。1995 年 3 月 26 日，《申根协定》正式生效，使得成员国间的人员得以自由流动，使人们在众多领域受益于一体化成果，增强了欧洲内部的团结、信任和透明，是欧洲一体化道路上迈出的重要一步。

1986 年，西班牙和葡萄牙同时加入，使欧洲共同体成员国扩大为 12 个。欧洲共同体在经济一体化方面取得了一系列重大成就：建立关税同盟；实施共同贸易政策；创立欧洲货币体系，建立欧洲统一市场。1985 年 12 月，欧洲共同体的各成员国领导人签署了一份对《罗马条约》进行修订的《单一欧洲文件》（也称《欧洲一体化文件》）。《单一欧洲文件》的一个显著特点是它明确要求逐渐消除各种非关税障碍，这包括实体障碍（如海关检查站、过境程序、卫生检疫标准等）、技术障碍（如法律、技术标准等）和财务障碍（如税别、税率差异等）。到 1993 年 1 月 1 日，基本完成了欧洲内部商品、人员、资本和劳务自由流通的统一大市场建设。另一个显著特点是将外交领域的政治合作正式纳入欧洲共同体条约，并建立了政治合作秘书处，定期组织成员国外交部长参与的政治合作会议，对欧洲共同体在各类国际议题上的观点进行了讨论和决策。此外，《单一欧洲文件》还扩大了欧洲共同体在技术合作和环境保护等领域采取有效措施的权限，增加了强化"欧洲意识"的内容。集欧洲经济和政治联盟文件于一身的《单一欧洲文件》的通过和批准，标志着欧洲一体化进入一个新阶段。

4. 欧洲联盟的诞生和发展

欧洲共同体在 20 世纪 90 年代加快了一体化的步伐。1990 年 12 月，欧洲共同体成员国开始针对经济和货币联盟、欧共体机构改革、扩大欧共体在外交和安全问题上的能力等议题展开谈判。1992 年 2 月 7 日，欧共体 12 国外长和财政部部长在荷兰小镇马斯特里赫特正式签署了《欧洲经济与货币联盟条约》和《欧洲政治联盟条约》，统称为《欧洲联盟条约》，也被普遍称为《马斯特里赫特条约》，或简称为《马约》。该条约为欧洲共同体建立政治联盟和经济与货币联盟确立了目标与步骤，是欧洲联盟成立的基础。《马约》于 1993 年11 月 1 日正式生效，标志着欧洲共同体开始向欧洲联盟过渡，从经济实体向经济政治实体过渡。欧盟尊重欧洲主要的价值观，按照"辅助性原则"，继续保持民主和多元性，并通过设立一些超国家机构进行管理与协调，实现了成员国之间商品、资本、劳务和人员的自由流动，使欧洲一体化跨入一个新的阶段。

1999 年 1 月 1 日，欧盟启动具有法定货币地位的欧洲单一货币——欧元，经过三年的过渡，于 2002 年 1 月 1 日开始正式在欧元区范围内流通，同年 3月 1 日，欧元区成员国原货币全面退出流通领域。欧元由欧洲中央银行和各欧元区国家的中央银行组成的欧洲中央银行系统负责管理，它不仅仅是一种超国家性质的货币单位，也是欧洲经济和政治一体化的象征。欧元的启动与使用，既代表了一体化的思维，加强了欧洲人的共同意识，又使欧元区国家间自由贸易方便快捷，推动欧洲单一市场的完善，对保持欧洲的稳定、和平与繁荣做出贡献，是欧洲一体化进程的重要组成部分。

面对欧洲一体化建设和东扩进程等各方面的新问题，欧盟 15 国于 2000 年 12 月在法国尼斯召开首脑会议，审议并通过了"修改《欧洲联盟条约》、建立欧洲各共同体诸条约和某些附件的尼斯条约"，简称《尼斯条约》。2003 年 2 月 1 日，《尼斯条约》获得欧盟所有成员国审议批准，正式生效。《尼斯条约》的主要内容包括确认了欧盟内部"强化合作机制"的原则、欧盟内部机构改革、接纳中东欧国家为新成员国需要解决的问题、规定了按成员国人口数目分配表决票数的基本原则，此外还修改了"有效多数制"的应用范围，以提高欧盟决策效率。

为解决欧盟制宪危机，2007 年 6 月，欧盟首脑会议决定以一部新条约取代已经失败的《欧盟宪法条约》。同年 12 月 13 日，欧盟各国领导人在里斯本正式签署《里斯本条约》，随后交由各成员国批准。可是，各国批准进程比预想困难许多，一直到 2009 年 11 月 3 日，捷克才批准了《里斯本条约》，成为 27 个成员国中最后一个签署国，至此欧盟 27 个成员国已全部批准该条约。作为六年"制宪"进程的成果，《里斯本条约》基于原先的《欧盟宪法条约》进行了修订，成为"简化版的《欧盟宪法条约》"。尽管去除了所有带有宪法色彩的条款，但它仍然保留了条约的核心内容，并为欧盟的整合和高效运作制定了标准。该条约明确了欧盟的地位、各成员国的参与方式以及各自的权利和义务，并通过加强欧洲议会的职能、调整欧盟理事会的投票权（采用"双重多数表决制"以提高其运作效率）、设立常任主席和欧盟外交与安全政策的高级代表等措施，对欧盟的决策机制和组织结构进行了深刻的改革，旨在使欧盟更为高效地运作，更加顺利地推动欧洲一体化进程。

三、欧洲一体化面临的挑战

（一）面临经济政治等挑战

欧洲一体化作为区域经济合作与政治融合的典范，一直以来都是国际舞台上的重要力量。然而，近年来，随着一系列内外因素的交织影响，欧洲一体化进程遭遇了前所未有的挑战。

首先是来自经济层面的挑战，欧洲国家面临增长乏力与债务危机。自 2008 年全球金融危机以来，欧洲经济持续低迷，多国面临高失业率、低增长率的困境。尤其是希腊、意大利等国爆发的债务危机，更是对欧元区的稳定性构成了严峻考验。这些经济问题不仅加剧了成员国之间的经济差异，也削弱了欧盟整体的凝聚力和行动力。为了应对这些挑战，欧盟推出了包括欧洲稳定机制（ESM）在内的多项救助措施，但治标不治本的问题依然存在。如何在保持财政纪律的同时促进经济增长，成为摆在欧盟面前的一道难题。

其次是面临制度层面的挑战，欧洲一体化进程遭遇了机构决策效率低下的问题，并且改革进程面临困境。在欧洲一体化的推进中，一个关键性的挑战是其决策机制的复杂性。作为超国家机构的欧盟，其决策过程通常需要在多个层面上进行协商与妥协，这直接导致了决策效率的降低。尤其在应对重大危机时，欧盟往往难以迅速采取有效的应对措施，这在一定程度上削弱了其作为国际行为体的影响力。此外，欧盟内部对于改革的呼声日益强烈。然而，由于成员国之间存在显著的利益分歧，改革进程往往进展缓慢。如何在尊重成员国主权的前提下推进欧盟层面的改革，已成为一个亟须解决的问题。

最后是政治层面的挑战，欧洲正面临难民危机与民粹主义兴起的双重挑战。难民危机已成为近年来欧洲政治领域最为显著的挑战之一。大量难民的涌入不仅加剧了成员国的社会负担，还引发了关于国家身份认同、文化融合以及安全议题的广泛争议。这些争议进一步加深了欧盟内部的分歧，导致部分成员国质疑欧盟的开放政策，并寻求"脱欧"之路。与此同时，民粹主义在多个欧洲国家迅速崛起，其利用民众对经济现状的不满以及对难民问题的忧虑，煽动民族主义情绪，反对欧洲一体化进程。民粹主义的兴起不仅削弱了传统政党的支持基础，也动摇了欧洲一体化的政治基础。民粹主义给经济全球化带来了沉重的负担，同时也是欧洲一体化过程中需要面对的关键挑战之一。在欧洲一体化的发展过程中，"疑欧"主义和"反欧"主义势力一直存在，一体化和反一体化的对立是一个长期存在的现象。虽然在某些特定领域或问题上，有些国家曾显示出反对一体化的态度，但长时间以来，"疑欧"和"反欧"的力量在国家中都没有取得主导地位。因此，英国的脱欧给欧洲一体化进程带来了巨大冲击。

（二）英国脱欧及其影响

2013年1月23日，英国首相卡梅伦就英国与欧盟关系前景发表讲话，首次提及"脱欧公投"，让人民选择继续留在或退出欧盟。脱欧公投于2016年6月23日进行，统计结果显示，脱欧派以52%的支持率胜出。2016年11月3日，英国高等法院裁定，政府在正式启动脱欧程序前需经议会批准。2017年2月1日，英国议会下议院投票决定支持政府提交的脱欧法案。2017年3月16日，英国女王伊丽莎白二世批准脱欧法案，授权首相特蕾莎·梅启动脱欧程序。2017年3月29日，英国首相特蕾莎·梅致函欧盟，正式开启英国脱欧程序。2018年3月19日，欧盟与英国就2019年3月英国彻底脱离欧盟后为期两年的过渡期条款达成广泛协议，英国在2020年前将继续执行欧盟的所有规章，但在未来决策中并无话语权。英国脱欧为欧盟的发展前景蒙上了一层阴影，改变了欧洲半个多世纪的一体化进程，特别是对欧洲区域内政治经济秩序的重塑以及对国际格局的走向产生了重大影响。

英国脱欧对欧盟及其一体化进程造成了重大打击。自1973年成为欧洲共同体成员国以来，英国与德国、法国共同被誉为欧洲一体化的"三驾马车"，它们共同推动了欧洲一体化的进程。英国在欧盟的核心地位是显而易见的。在政治方面，英国不仅是联合国安全理事会的常任理事国和拥有核武器的国家，还是欧盟外交和安全政策的核心组成部分之一。从经济角度看，英国在欧盟所有成员国中的经济实力排名第二，仅次于德国。在对欧盟预算的贡献方面，英国仅次于德国和法国。伦敦，作为欧洲的金融枢纽，成功地吸引了超过200万来自其他欧盟国家的市民来此工作。在科技与文化领域，英国作为全球工业革命的诞生地，其在基本理论研究和文化观念传播方面的影响明显超过了其他欧洲国家。

英国脱离欧盟对欧盟及其成员国在政治与安全领域的影响是深远且广泛的。英国的退出显著削弱了欧盟在国际事务中的影响力。欧盟过去能在国际事务中发声，部分原因得益于英国和法国作为联合国安全理事会常任理事国以及核武器国家的地位。英国退出欧盟后，无疑导致欧盟的国际话语权和地位遭受重大折损。尽管德国在欧洲拥有强大的综合国力，但其受到不发展核武器的政策限制，以及在军队装备和防务范围上的约束，意味着德国短期内难以填补英国留下的空缺，欧洲共同外交与安全政策的实施效果亦受到影响。在经济贸易和投资领域，英国的离去削弱了欧盟在全球经济中的地位和作用，进而影响欧元与美元抗衡的能力，导致欧元在全球货币体系中的地位相对下降。更为严重的是，英国脱欧给欧洲一体化进程带来了巨大的冲击，这不仅削弱了欧盟的政治团结，还加速了欧洲政治结构的碎片化，并可能促使其他欧盟成员国效仿英国进行脱欧公投。自从冷战终结以后，欧共体逐渐演变成了欧盟，并成功建立了一个统一的欧洲大市场，同时也创造了欧元和欧元区，实现了人员、商品、资本和服务的无障碍流通，并通过向东部地区的扩张，显著提升了其影响力和实力。然而，在欧盟正面临欧洲债务危机、难民危机和恐怖袭击危机的关键时刻，英国选择不与欧盟共同应对这些困难，而是坚持退出，这可能在欧洲大陆引发一系列政治动荡。目前，有半数欧洲公民希望拥有举行脱欧公投的权利。英国的脱欧显著增加了欧洲未来的不确定性。在金融危机、难民问题、恐怖主义威胁等多重危机的冲击下，欧洲一体化在短期内难以取得实质性进展。然而，根据欧洲一体化过往的发展规律，欧盟在经过政策反思和自我调整后，将继续在差异性一体化的道路上艰难前行。

英国脱欧给全球的政治和经济结构带来了深刻的变革。虽然以中国为代表的新兴经济体正在努力塑造一个新的国际秩序，但以美国为代表的西方国家团体依然坚持维护现有的国际秩序。在此过程当中，英国起到了不可或缺的作用。英国不仅在美欧跨大西洋的战略伙伴关系中扮演了桥梁的角色，而且在北约和欧盟的共同外交和安全防务政策中发挥了显著的影响，美国和欧洲都认为英国的参与是不可或缺的。但是，当英国决定退出欧盟时，美国和英国之间的独特合作关系可能会受到影响，与此同时，欧盟在全球事务中的作用预计会大幅度减弱。除此之外，英国脱欧给全球经济结构带来了巨大的冲击，全球的金融市场以及欧洲的经济都受到了不小的波动。从长期的角度看，英国脱欧带来的影响将会逐步显现。在经济全球化的背景下，各国及各地区之间的经贸联系紧密相连。英国的退出将对美国、欧盟、日本以及中国的 GDP 产生影响；英欧之间的贸易关系重构可能会对现有的国际贸易体系造成冲击，进而对欧洲乃至全球经济造成一定程度的损害。

第四节　争当政治大国的日本

日本是位于亚洲东部、太平洋西岸的岛国，由北海道、本州、四国、九州及6800多个小岛组成，面积37.8万平方公里，人口约1亿2344万（2025年3月）。明治维新后，日本通过"脱亚入欧"等战略走上资本主义道路，成为军事封建帝国主义国家。19世纪末到20世纪上半叶，日本多次发动战争。1945年战败投降，战后日本经济快速恢复，一度成为世界第二经济大国，并提出"政治大国"战略。冷战结束后，日本国内外形势发生变化，其发展动向备受国际社会关注。

一、战后日本的经济与政治

日本，作为面积有限的岛国，国内资源相对匮乏，其能源和矿产资源主要依赖进口。第二次世界大战使日本经济受到了沉重打击，到了1950年，它的工业总产值只占资本主义全球总量的1.4%。但是，日本在经历了短暂的国民经济恢复阶段后，其国民生产总值（GNP）和人均国民生产总值在1952年和1955年分别恢复到了战前水平。据统计，从1946年至1975年，日本国民生产总值增长了11倍，年均增长率保持在10%以上。其间，从1960年至1970年，GNP年均增长率达11.3%，工业生产年均增长率达16%。1968年，日本GNP

超过联邦德国，成为仅次于美国的资本主义世界第二经济大国。至 1972 年，日本 GNP 占资本主义世界的 9.4%，至 1974 年，出口总额占资本主义世界的 7%。[①]第一次石油危机后，日本经济由高速增长转入稳定增长，但增长速度仍明显高于其他发达国家。1956—1970 年，日本实际国内生产总值 (GDP) 年均增长率为9.7%，日本成为东亚地区经济发展的"领头雁"。[②]

　　二战结束后，日本经济的迅猛发展受到了帝国主义政治经济发展不平衡规律的制约，同时也得益于一系列具体的、特定的国内外条件。从国际环境的角度来看，从 20 世纪 50 年代中期至 70 年代中期，全球资本主义经济经历了一个显著的增长阶段。在这段时间里，全球市场上的石油、工业原料和农产品的产量都有了显著增长，供应也变得充裕，同时价格也相对更为亲民。同时，战后新独立的国家和其他一些发展中国家，为了发展自身的民族工业，迫切需要从国际市场购买各种机械设备，这为日本的工业产品提供了一个宽广的全球市场。日本抓住了其他资本主义发达国家无法分心的机会，率先在东南亚市场取得了主导地位，并在此基础上逐渐增加了其在全球市场的份额。美国的支持是国际有利环境的另一种体现。战争结束后的初期，美国通过各种方式的"援助"和"贷款"为日本的经济增长提供了关键的资金支持。另外，由于朝鲜战争和印度支那战争的爆发，美国对日本的军事订单急剧增加，这对日本经济的快速恢复和发展起到了极其重要的推动作用。日本通过战争中的财富积累，为其经济的持续增长打下了坚实的基础。战后的第三次科技革命浪潮也为日本创造了有利的国际环境。虽然在二战中，日本的工业设备遭受了损坏或变得过时，但二战结束后，日本积极地从欧美国家引进了尖端技术，并迅速地进行了设备更新。

　　但是，日本经济之所以能够顺畅发展，主要得益于国内多种条件的支撑。首先，日本战后经济的发展是在战前和战时的经济基础上实现的。日本早在明治维新时期就开始了工业革命，国内有一定的工业基础，在战争时期又大力发展了重化学工业。二战中，日本经济虽然受到打击，但生产设备能力并未下降，这为战后日本经济的迅速恢复与发展提供了必要的条件。其次，日本政府采取了强有力的国家经济干预策略。战争结束后，日本政府坚定地实施了集中领导，

---

① 杨伯江：《战后 70 年日本国家战略的发展演变》，《日本学刊》2015 年第 5 期。
② 徐梅：《战后 70 年日本经济发展轨迹与思考》，《日本学刊》2015 年第 6 期。

并采纳了国家对经济进行干预的垄断管理策略，这使得日本不仅有能力制定有助于经济快速增长的战略方针，还能在政治、军事、文化教育、外交等多个领域针对经济发展进行全面工作。再次，日本巧妙地利用了其独特的地理位置和环境优势，尤其是其作为岛国的地理位置和太平洋沿岸的优质港口。通过填海造陆、新建大型工厂、挖掘深水港和建设专业码头等措施，使得大型船舶能够直接进入日本，为日本这个以加工贸易为主的国家提供了以较低运费从国外大量运入所需原材料和燃料，输出工业制成品的有利条件，这对日本经济的发展至关重要。最后，国内政治稳定促进了日本政府有效干预经济和实施经济计划。资产阶级民主制度缓解了战前尖锐的阶级矛盾。自 1955 年至 1993 年，日本实行一党优位制，自民党长期执政，保证了政策连续性，为经济的快速发展提供了政治支持，这些都为日本经济的迅速发展提供了有力的推动。

二、战后日本对外战略的演变

在战后七十余载的历程中，日本的外交战略理念经历了从"追随外交""经济中心主义"向"正常国家论"转变，以及追求大国化政治诉求的多个阶段。步入 21 世纪，日本启动了战略性外交和价值观导向的外交活动，这一过程是基于"大国化"政治目标的"自我实现"。

（一）二战后至 20 世纪 50 年代中期的"追随外交"阶段

在第二次世界大战结束后，日本被美国占领，失去了自主的外交权长达六年半，日本不得不实施一种偏向美国的外交策略。直到 1952 年 4 月 28 日，《旧金山和约》《日美安全保障条约》和《日美行政协定》同时开始生效，日本的占领时期才得以结束。尽管如此，在努力恢复其主权国家身份并重新回到国际舞台的过程中，日本依然作为一个与美国关系并不平等的盟友存在。在很大的范围内，日本外交政策依然受到对美国的"偏向性"追随外交的影响。

为了更快地重新融入国际社群，日本实施了多项策略。第一，日本完全采纳了美国在日本实施的一系列改革措施。第二，日本积极响应美国的遏制策略，加入了对社会主义国家的物资禁运行动，并大力地支持了对朝鲜的侵略战争。

第三，1951 年和 1954 年，日本分别与美国签署了《日美安全保障条约》和《日美共同防御援助协定》，从而确认了驻日美军的合法性。第四，日本对新中国实施了对抗性的策略。1952 年 4 月 28 日，蒋介石集团与日本政府签署了一份和平协议。与此同时，日本也成了巴黎统筹委员会的一员，并参与了对中国实施的封锁行动。第五，日本已与相关国家在战争赔偿问题上达成共识，并正在努力恢复与东南亚各国的贸易往来，这为经济的复苏提供了有益的环境。1951 年，《旧金山和约》签订，1952 年，日本正式成为国际货币基金组织的一员；1955 年 9 月，日本加入了关贸总协定；1956 年 10 月 19 日，日本和苏联正式签署了《日苏共同宣言》，标志着两国关系的正常化。1956 年 12 月 18 日，日本成功加入了联合国。

（二）20 世纪 50 年代中期至 60 年代的"经济外交"阶段

为了确保日本经济的持续发展和稳定获取必要的资源，1957 年，时任日本首相的岸信介发布了战后首次外交蓝皮书，正式提出了"经济外交"的战略口号。这一战略的核心思想在于，在日本尚未能够在政治和军事上完全独立于美国的情况下，利用所谓的"和平的经济力量"作为主要手段，积极向外拓展，以实现经济的快速发展和国家实力的增强。所谓的"经济外交"实际上是一种务实的对外政策，旨在通过经济手段来弥补日本在政治和军事上的不足。具体而言，日本的经济外交战略重点放在了东南亚地区。为了实现这一目标，日本政府采取了战争赔偿作为主要手段。通过这种方式，日本不仅在一定程度上缓解了与东南亚国家的历史矛盾，还为日本企业进入这些市场铺平了道路。随着时间的推移，日本对东南亚的出口和投资规模不断扩大，逐步确立了在该地区的经济影响力。与此同时，日本政府和企业并没有忽视其他重要的国际市场。他们积极开拓美国和欧洲市场，通过出口和投资等方式，逐步扩大了日本产品在这些地区的市场份额。这种全方位的经济外交策略，使得日本在全球经济中的地位迅速提升，为其经济的高速增长奠定了坚实的基础。

（三）20 世纪 70 年代的"多边自主外交"阶段

战后日本经济实现腾飞，到 20 世纪 70 年代，日本确立了在世界的经济大国地位。随着经济地位的提高，日本开始更多地探索自主化的多元外交。这一时期日本外交的基本特点是追求自主化与多元化。

日本追求的独立外交策略，在其"多元化"的外交中得到了展现。首先，1972年中日关系的正常化象征着日本在外交策略上从依赖外部转向更加自主的努力。其次，中东的石油危机为日本深化与中东地区的外交往来创造了宝贵的机会。在第四次中东战争时，为了对抗以色列和其西方盟友，石油输出国组织显著提升了油价。因此，日本放弃了支持美国和以色列的外交政策，转而采取行动，以换取石油输出国组织对日本石油出口限制的放宽。这意味着，在中东的外交策略中，与日本的国家利益紧密相连的能源外交和日美联盟外交之间产生了明显的矛盾，这揭示了日本在追求国家利益时的独立外交策略。这种观点在某种程度上揭示了日本对与美国关系平等化的政治追求。最后，日本通过成为西方七国集团的一员，进一步证明了其作为一个经济强国的重要地位。1975年，日本首度出席了该集团的峰会，并赢得了西方国家对其作为经济强国地位的肯定。日本，作为当时亚洲发达国家，在众多的国际活动中都强调自己是亚洲的代表，并努力展示其坚定的独立外交立场。

（四）冷战结束前后日本对外战略："正常国家论"与"国际国家"诉求

在20世纪80年代，日本国内对其成为"正常国家"的诉求日益强烈。1983年，日本首相中曾根康弘在一次演讲中提出，日本不仅要成为经济大国，还应成为政治大国。随后，曾任日本内阁官房副长官的小泽一郎在其著作《日本改造计划》中提出了"普通国家论"。该理论的核心在于摆脱二战后由美国主导的和平宪法体制，以使日本能够充分展现其国际贡献。冷战前后，日本的对外战略主要体现在以下几个方面：作为"国际国家"的日本外交。日本期望其国际政治地位与其经济实力相匹配，并积极参与国际事务。在日美关系方面，正式确立了"日美同盟关系"的概念，强调日美两国共同承担全球责任；以"战后政治总决算"为名，追求政治战略目标。1983年7月，中曾根康弘首次明确提出了从经济大国向政治大国转变的目标。20世纪80年代，中曾根康弘首相提出"战后政治总决算""政治大国化论""不沉航空母舰论""从战后解脱出来"等新保守主义理念，以期彻底清算日本二战后的历史。在这一时期，日本的对外关系也取得了积极的进展，在对华、对美、对苏关系方面均取得了良好的成效。

在 20 世纪 90 年代初，东欧地区经历了剧烈的政治变革，苏联随之解体，这一系列事件促使日本对外战略做出相应的调整。冷战结束后，日本的外交政策出现了分化，形成两种不同的立场。有观点主张，通过和平的国际协作和以经济国家主义为核心来持续推进；还有一种看法主张加强与美国的盟友关系，促进宪法的修订以确保集体的自卫权，并与美国携手维护全球的稳定秩序。前一种观点基于自由主义的国际政治思想，它主张和平发展，并主张冷战结束后的日本应当成为"全球民生大国"；后一种观点则坚持现实主义的观点，认为为了维护日本的安全和全球的秩序，日本应该在安全问题上起到更加主动的作用，打破"和平主义"的限制，并致力于成为"正常国家"。冷战结束后，后一种观点逐步占据优势，成为日本外交战略的核心思想。

随着冷战时代的终结，"55 年体制"也随之崩溃，这进一步引发了改革性政党的衰退和保守派政党的崛起。在日本的政治舞台上，"正常国家论"与"总体保守化"的发展方向，对日本的国际关系和外交策略带来了深刻变革。在这一时期，日本对外战略的核心目标是积极追求成为"正常国家"，这包括在国内努力修改"和平宪法"，以及在国际上实现这一目标，使之成为日本对外关系的焦点。

三、当代日本的对外政策

在美国"9·11"事件之后，日本对其国家战略进行了重新审视和调整。在小泉纯一郎担任首相期间，日本采取了倾向于美国而相对忽视亚洲的策略。由于小泉首相参拜靖国神社、推动历史教科书的修改以及在东海油气田争议中的立场，日本与亚洲邻国的关系趋于冷淡，特别是中日之间的政治关系降至历史低点。随后，在小泉政权结束后，自民党继续执政。安倍晋三于 2006 年提出了"价值观外交"和"自由繁荣之弧"的对外战略。2007 年，福田康夫接任首相，他提出了与安倍内阁不同的"共鸣外交"，强调重视亚洲，并寻求亚洲与美国之间的平衡。2008 年，麻生太郎组建内阁，继承并发展了福田的"积极亚洲外交"，提出了"新亚洲主义"，特别强调与中国等亚洲邻国的关系。

2009年民主党上台后，鸠山由纪夫提出了"友爱外交"，对安倍晋三的"价值观外交"持否定态度。继任的菅直人在一定程度上继承了鸠山的外交方针，重视与亚洲各国的关系，并试图在亚洲外交与日美同盟之间寻求平衡，但菅直人放弃了鸠山的理想主义外交策略，转而采取更为现实的外交政策，专注于修复与美国的关系。安倍晋三在2012年重新执政至2020年。安倍在任期间，试图突破战后体制：在安全方面，他首先改革安全体系，增强了日本军事行动的能力，并努力修改宪法、解除集体自卫权的限制，以摆脱战后制度的限制，全方位提升日本的国际行动能力；在外交领域，他遵循"积极的和平主义"原则，深化了与美国的盟友关系以及与周边国家的外交往来，并从全球的角度和价值观出发，进行了策略性的外交行动；在经济方面，通过明确的国际经济合作和政府的开发援助来推动地缘政治战略；在战略领导结构方面，推行内阁集权化的改革措施，以进一步稳固对外战略的主导地位。

21世纪初期，日本的对外政策展现出以下特点：首先，日本积极致力于加强与美国的同盟关系。与美国维持同盟关系，长期以来一直是日本外交政策的核心。日本若欲提升至政治大国地位，首要条件是获得美国的支持。日本在国际政治舞台上的地位，在很大程度上依赖于美国的支持。日本渴望成为联合国安全理事会常任理事国，若无美国的认同与支持，则此愿望难以实现。此外，美国在科索沃战争、阿富汗战争及伊拉克战争中展现了其军事力量的优越性，日本因此认为，为了发展自身的军事实力，必须紧密跟随美国的步伐，并与美国的战略部署保持一致。日方认为，日美同盟为日本扩展政治影响力及增强军事力量提供了坚实的后盾。

其次，日本积极致力于成为联合国安全理事会常任理事国，并将其视为实现政治大国地位的关键。随着冷战的结束，联合国展现出强大的生机与活力，日本深刻认识到这一政治资源的重要性，并形成了国家层面的共识。因此，自20世纪90年代以来，日本开始在联合国内部积极提升其地位和影响力，开展了一系列广泛的外交活动。其战略目标包括：废除《联合国宪章》中针对日本及其他国家的"敌国条款"，派遣日本自卫队参与联合国的和平维护行动，以及争取成为联合国安全理事会的常任理事国。

再次，日本重视在亚洲的外交活动，力图在地区事务中发挥主导作用。日本开始"重返亚洲"，强化与邻近国家的外交关系，同时加快宪法修正进程，提升军事实力，并寻求与共享相同价值观的"民主国家"建立联盟，以增强其在东亚地区的影响力。自二战结束以来，日本的外交政策主要聚焦于美国与欧洲。自20世纪90年代起，为顺应其政治大国战略的推进，日本的外交重心逐渐向亚洲转移。一方面，日本为争取成为联合国安全理事会常任理事国，必须获得亚洲国家的广泛支持；另一方面，日本通过积极的外交活动，旨在增强其在亚洲的影响力，塑造"亚洲代言人"的形象，并以此与欧美国家共同分享全球领导权。

最后，日本对华外交策略呈现出双重性。从21世纪初开始，日本既期待从中国经济的飞速增长中受益，同时也对可能与中国在区域领导地位上的竞争表示担忧，并担心中国未来可能在军事方面对日本形成威胁。安倍晋三的"战略外交"策略无疑充满了与中国的对抗和策略博弈。自从安倍晋三上任后，他所进行的外交行动被公众形象地描述为"包围外交"或"环绕外交"。日本在最近的几年里仍然持续针对中国，显然是为了制衡和包围中国，对中国施加"外部压力"，迫使中国在接受日本观点的基础上进行对话和谈判。

总之，进入21世纪后，日本的外交趋向于多元化和多边化，并在一定程度上实现了外交重点向亚洲倾斜的外交模式。但其外交也存在着诸多问题：日本一边与美国结成同盟，一边又与中俄等国对抗，在这种背景下，东亚、东南亚很难建立一个政治经济安全共同体。日本正在考虑将印度、澳大利亚、新西兰等太平洋地区的国家纳入此圈子，目的是减弱中国日益增长的影响力。这种做法显然是把中国与日本视为对立面，并在各个方面都展示了其与中国对立的思维模式。日本也倡导与邻近海洋的亚洲国家建立合作关系，利用美国的力量，与东南亚各国共同创建一个以海洋为主的亚太联盟，以此来制衡中国和俄罗斯这两个庞大的陆地大国。通过这些措施，日本期望在亚太联盟中扮演关键角色，这体现了日本外交策略中"追求亚洲主导地位"的显著特点。

思考题

1. 发达资本主义国家促进经济发展的方式有哪些？

2. 战后美国全球战略的演变过程是怎样的？

3. 日本加快实施政治大国战略对国际关系产生了哪些影响？

4. 二战后日本经济快速发展的原因是什么？

5. 欧洲一体化面临的新问题是什么？前景如何？

第五章
世界的角色之二：发展中国家

第二次世界大战结束后，众多曾经遭受殖民统治和剥削的国家与地区，纷纷掀起了民族解放运动的浪潮，以摆脱殖民与半殖民的束缚，争取国家的独立与主权。这些国家一度被称为民族独立国家、亚非拉国家以及南方国家，其后统称为"第三世界"或发展中国家。尽管帝国主义、霸权主义以及强权政治的存在给发展中国家追求平等与发展之路布满了障碍，但随着各国政治与经济的不断进步以及相互间合作的加强，发展中国家逐渐在国际舞台上崭露头角，成为世界政治经济格局中不可忽视的重要力量。在新时代背景下，发展中国家继续在世界政治经济舞台上扮演着重要角色，成为不容小觑的重要参与者。

第一节　"第三世界"的形成与地位

随着第二次世界大战的结束，大批原本被西方国家统治的亚洲和非洲殖民地获得独立，并在主权国家社会中成为新的成员。现代国际社会的影响逐渐向全球扩展，其中非西方国家占据了国际社会的大部分席位。伴随着新兴国家数量的持续增长和独立政治观念的加强，被称为"第三世界"的非西方国家群体逐渐走上了国际政治舞台。"第三世界"是一种新兴的政治力量，在受到全球政治格局制约的同时，也对全球政治格局的变迁产生了显著的影响。

一、"第三世界"的概念

法国经济史学家阿尔弗雷德·索维被认为是最早提出"第三世界"这个概念的学者，这一概念用来指不同于西方资本主义发达工业国家和苏联东欧社会主义国家的受压迫和被蔑视的落后世界。[①]1974 年 2 月，毛泽东主席在会见赞比亚总统卡翁达时提出了"三个世界划分"的观点，毛泽东指出："我看美国、苏联是第一世界。中间派，日本、欧洲、澳大利亚、加拿大，是第二世界，咱们是第三世界。"他又说："第三世界人口很多，亚洲除了日本都是第三世界。

---

① Peter Worsley, The Three Worlds: Culture and World Development（London: Weidenfeld and Nicolson, 1984）, p.312.

整个非洲都是第三世界，拉丁美洲是第三世界""美国、苏联原子弹多，也比较富。第二世界，欧洲、日本、澳大利亚、加拿大，原子弹没有那么多，也没有那么富，但是比第三世界要富。"①所以，这时的"第三世界"是一个更具有经济色彩的概念。

第三世界，泛指历史上遭受过旧殖民统治，后来取得民族独立，经济相对落后的亚非拉和其他地区的广大发展中国家，也称作"第三世界国家""欠发达国家""民族独立国家""南部国家""亚非拉国家"等。在两极格局对立的情况下，"第三世界国家"较"发展中国家"更多地被使用。20世纪70年代，"第三世界"这个术语开始被广泛应用。这些不同的叫法从使用的领域看，既有共同处又有侧重点。其共同之处是，除"发展中的民族主义国家"这一概念外，它们所指代的是同一类国家群体，即国际政治经济中处于不平等、受剥削地位的亚非拉国家。其不同点是，第三世界，侧重于从国际地位和作用上概括；发展中国家和欠发达国家，侧重于从经济、政治上概括；民族独立国家，侧重于从主权和政治上概括；南方国家和亚非拉国家，则侧重于从地域上概括。

目前，"第三世界"人口约占世界人口的73%，土地面积约占世界陆地面积的60%，一共有130多个国家和地区。二战以来，广大发展中国家和地区走过的道路虽然复杂多样，但均经历了努力争取民族独立、团结一致奋起维护民主的阶段；寻找适合国情的现代化道路、进行经济体制和政治体制改革阶段；经济全球化背景下经济政治发展整体升级、内部分层、对外经济政治变革的新阶段。崛起中的发展中国家作为世界经济政治舞台的重要角色，其经济、政治及对外关系都很值得关注。

二、"第三世界"形成的三个重要事件

第二次世界大战结束后，帝国主义的殖民体系遭受了重大打击。在反法西斯战争的洗礼中，亚洲和非洲人民的民族自觉显著提升，民族解放运动迎来了高潮，众多国家赢得了独立。然而，帝国主义势力并未完全放弃其侵占的领土，战后，旧有的殖民主义者重新活跃，运用多种策略，试图维护其在这些地区的

①中华人民共和国外交部、中共中央文献研究室编《毛泽东外交文选》，中央文献出版社，1994，第600页。

影响力和利益。因此，许多国家仍然面临着种族歧视和殖民统治的严峻挑战。已经取得独立的国家，仍然肩负着争取和巩固政治独立、发展民族经济的艰巨任务，这促使发展中国家有意识地加强团结与合作，努力在国际舞台上发挥其应有的影响力。

（一）亚非会议

亚非会议开启了第三世界国家团结一致的序幕，也开启了发展中国家携手对抗帝国主义、殖民主义及霸权主义的新篇章。1955 年 4 月 18 日至 24 日，第一届亚非会议（亦称万隆会议）在印度尼西亚的万隆举行，共有来自 29 个国家和地区的 340 名代表出席。此次会议是亚非国家历史上首次举办的国际会议，其特点是排除了殖民国家的参与，让发展中国家得以自主讨论自身关切的问题，并且标志着第三世界作为一个独立的政治力量在国际舞台上崭露头角。会议一致通过的《关于促进世界和平与合作的宣言》，确认了亚非人民共同反对侵略战争、维护世界和平的愿望。宣言中提出的"万隆十项原则"，包括尊重主权和领土完整、遵守《联合国宪章》、承认各国平等、不干涉内政、促进互利合作、尊重正义和国际义务等，为各国和平共处和友好合作奠定了基础，象征着帝国主义和殖民主义操控亚非人民命运的时代已成为过去。此次会议不仅提升了亚非民族独立国家的自信心，加深了彼此间的了解，还激发了全球被压迫民族争取民族解放的斗志，它沉重打击了帝国主义企图维持殖民统治的图谋，并向世界宣告自由、独立、和平是不可阻挡的历史趋势。此外，会议还孕育了具有深远影响的"万隆精神"，即各国人民共同反对帝国主义和殖民主义，争取和维护民族独立，追求友好、团结、合作以及为世界和平而奋斗的精神。

（二）不结盟运动

在冷战时期，以美国和苏联为首的北约与华约两大军事政治集团形成对峙局面，第三世界国家普遍表达了希望避免卷入美苏冷战对抗的愿望，致力于奉行独立自主、和平中立的外交政策，以巩固自身的民族独立并积极维护世界和平。一些具有全球影响力的第三世界国家民族运动领袖开始相互联系，共同致力于建立自己的组织。1956 年 7 月，南斯拉夫总统铁托、印度总理尼赫鲁和埃及总统纳赛尔共同发表声明，倡导新兴国家加强经济和文化合作，建立平等友好的关系。三国一致支持和平共处原则，坚持民族独立，反对加入任何对立的军事集团。这一倡议在第三世界国家中产生了深远的影响，印度尼西亚总统苏加诺和加纳总统恩克鲁玛随后与他们进行了磋商，共同推动了倡议的实施。第三世界国家领导人的频繁往来，使得建立发展中国家自己的国际组织的条件逐渐成熟。1961 年 2 月起，铁托总统访问了非洲九国，并提议召开一次由奉行不结盟政策的国家首脑参加的国际会议，这一提议得到了广泛的支持。同年 6 月，在开罗举行了筹备会议，为即将召开的首脑会议做准备。9 月，第一次不结盟国家首脑会议在南斯拉夫首都贝尔格莱德举行，有 25 个国家参与。会议通过的宣言强调了在和平共处和不结盟基础上的独立政策，支持民族解放运动，反对加入大国军事集团，不缔结双边军事同盟，不向外国提供军事基地等原则。不结盟运动从 1970 年开始制度化，每三年举行一次首脑会议，根据国际形势的发展和中小国家的共同要求确定会议内容和议题。此外，还包括外长会议和特别外长会议。不结盟运动从最初的 25 个国家发展到现在有 120 个成员。成员主要来自亚洲、非洲和拉丁美洲的发展中国家，在国际社会中具有广泛的代表性。中国于 1992 年正式成为不结盟运动的观察员国。2019 年 10 月，第 18 次首脑会议在阿塞拜疆首都巴库举行，来自 160 多个国家和国际组织的代表出席了峰会。峰会通过了指导不结盟运动未来发展的《巴库宣言》，强调将努力增强该组织的活力和效率，推动多边主义，促进地区和平与发展。

不结盟运动的兴起，深刻地反映了在第二次世界大战结束后，一大批新兴独立国家的崛起。这些国家渴望以一种新兴的政治力量登上国际政治的舞台，打破长期以来由少数大国垄断国际事务的局面，从而改变世界格局，不再让这些大国独霸全球事务。这一运动不仅仅是一个政治口号，更是一种实际行动，它在反对帝国主义、殖民主义、霸权主义以及维护世界和平的斗争中，发挥了极其重要的作用。同时，不结盟运动还积极推动建立一个更加公正合理的国际政治经济新秩序，以期实现全球各国的共同发展和繁荣。

（三）七十七国集团

七十七国集团是发展中国家在经济领域维护自身利益的斗争中逐渐形成和

发展起来的。亚非国家在制定独立外交政策和维护政治独立的同时，开始重视民族经济发展以巩固政治独立。它们在发展过程中感受到旧国际经济秩序的压制，尽管摆脱了帝国主义和殖民主义统治，但在经济上仍受剥削。改变旧秩序和抵制经济霸权的共同愿望使发展中国家团结，开始与发达国家进行接触、谈判和斗争。在不结盟首脑会议上，它们主张在国际经济领域采取联合行动，要求废除不等价交换和稳定原料价格。

1963 年，第 18 届联合国大会就召开联合国贸易和发展会议的问题进行讨论，发展中国家在会上发挥了积极作用。73 个亚非拉国家与南斯拉夫、新西兰发表联合宣言，大力支持召开贸易与发展会议的设想，被称为七十五国集团。在其一致要求下，联合国大会最终决定由联合国经济及社会理事会负责于次年组织召开联合国贸易和发展会议。1964 年，首届联合国贸易和发展会议在日内瓦召开，吸引了 120 个国家的参与。在此次会议上，发展中国家重新掌握了主导权。亚非拉国家的代表在会上对西方发达国家对发展中国家自然资源的控制和掠夺进行了尖锐的批评，指责这些国家在国际贸易中坚持维护不公正的价格体系，以高价的工业制成品交换发展中国家的廉价初级产品，导致发展中国家难以摆脱在世界贸易中的不利地位。为了增强与发达国家抗衡的力量，并扩大发展中国家正义主张的影响力，基于原有的七十五国集团，77 个发展中国家通过立场协调，达成了《77 个发展中国家联合宣言》。在宣言中，这些国家主张发展中国家应迅速摆脱帝国主义和殖民主义的压迫、剥削和掠夺，追求自身的经济发展，并表达了联合起来与西方发达国家进行交涉、维护自身合法经济权益的决心。这标志着七十七国集团的正式成立。尽管七十七国集团在此后的规模不断扩大，成员数量已超过 100 个，但该集团仍沿用其名称。它成为广大发展中国家运用集体力量维护自身在国际经济交往中权益的重要机构。

三、"第三世界"在世界舞台的地位与作用

自从第三世界国家崛起以来，这些发展中国家在全球舞台上经历了几十年的起伏，其在国际舞台上的地位得到了明显的提升。虽然冷战终结之后，由于全球政治格局的剧变，发展中国家的影响力开始分散，总体影响力也有所减弱，

但这些国家仍然在国际政治舞台上扮演着不容忽视的角色。目前，发展中国家在全球范围内的影响和作用可以总结为以下几点：

首先，第三世界国家的崛起彻底改变了以欧洲为中心的国际政治格局，显著推动了战后国际政治格局从两极向多极化的转变。在第二次世界大战前，欧洲是全球经济和政治的中心。然而，第二次世界大战给整个欧洲带来了巨大的冲击和衰退，与此同时，亚洲、非洲和拉丁美洲的广大地区都经历了民族解放运动的高潮，许多独立的民族国家相继建立。欧洲已经丧失了其在全球的领导地位，其在国际政治体系中的中心地位也不复存在。在战争结束后的两极政治环境中，许多新兴的民族独立国家紧密地团结在一起，展示了他们独立的政治立场，并致力于摆脱这种两极结构的束缚。这批新兴的国家集结为一个独立的国际政治实体，它们在推动全球走向多极化的道路上起到了决定性的作用并带来了长远的影响。它们对美苏两大超级大国的霸权行为发起了挑战，加深了美苏及其盟友间的对立，并助推了欧洲和日本走向自主独立的道路。

其次，第二次世界大战后，发展中国家在反抗霸权主义、反抗强权政治和维护全球和平方面起到了至关重要的作用。这些国家始终在努力确保其民族的独立性并促进经济增长。它们追求一个和平且稳定的国际环境，以增强其独立性并推动经济的增长。许多发展中国家普遍选择了不结盟的策略，避免参与大国之间的军事联盟，倡导和平共处的思想，并反对武器竞赛。对于发展中国家来说，维护全球和平、反对霸权主义以及维护民族独立始终是其核心追求。从万隆会议发布的声明到不结盟运动首脑会议的公开声明，都清晰地展示了这些国家对全球和平的共同追求。在二战结束后的 80 年时间里，全球性的战争得以避免，在很大程度上是因为发展中国家及其人民的反抗行为。这些国家在推动全球和平力量的壮大和发展上做出了突出贡献，并在反抗霸权主义和强权政治的战斗中展示了显著的影响力。

再次，众多新兴发展中国家的参与，对联合国的本质和功能带来了深远影响，并改变了该国际机构的角色和地位。在联合国初创时期，由于受到美国的影响，实施了一系列与其宪章原则相违背的措施。自 20 世纪 60 年代起，众多发展中国家逐步加入了联合国，从而引发了联合国的深刻变革。此外，联合国在多个场合都通过了决议，对帝国主义、殖民主义、霸权主义和种族主义表示谴责和反对，这对于维护全球和平和推动发展起到了积极作用。

最后，在全球经济结构中，发展中国家的角色和影响日益凸显，它们的崛起正在重塑世界经济格局，并逐渐成为打破国际经济传统秩序的关键驱动力。这批国家拥有广袤的土地、丰富的资源以及庞大的人口规模，因此具有极大的经济增长潜能。在 20 世纪 80 年代之前，发展中国家的经济增速往往超越了发达国家。在推动本国经济增长的过程中，众多国家都在努力发展其工业。经过多年的持续努力，新加坡、韩国等新兴的工业化国家和地区逐渐发展起来，现已步入发达国家行列。同时，巴西、墨西哥、阿根廷、委内瑞拉等拉美国家也相继崭露头角。随着发展中国家的经济持续增长，它们在全球贸易中所占的份额也逐步增加，这有助于加强与发达国家之间的经济往来，从而进一步促进了全球经济的全面发展。自 20 世纪 90 年代起，发展中国家在全球经济中的地位和影响力都有所上升，它们的综合实力也随之增强。

第二节　发展中国家的经济与政治

发展中国家的经济与政治发展是在国际社会谋求打破旧的国际秩序和建立新的国际秩序过程中进行的。发展中国家为发展民族经济，以经济独立巩固政治独立，探索和制定了经济发展战略，取得了一些成就，同时也遇到了一些困难和问题。

一、发展中国家的经济发展阶段

积极发展国内经济是发展中国家战后的重要任务，发展中国家的经济发展受到多种因素的影响和制约，发展中国家的经济经历了以下几个发展阶段：

准备阶段（20 世纪 40 年代到 50 年代）。许多新独立的国家面临着起步的重重困难。这一阶段，这些国家采取了一系列正确的战略、政策和措施，为未来的经济发展奠定了坚实的基础。这些措施包括收回经济主权，确保国家能够自主决定其经济事务，不受外部势力的干涉。此外，进行土地改革，打破了封建地主对土地的垄断，使得广大农民能够获得土地，提高了农业生产力。同时，这些国家还将国家的重要经济部门和企业收归国有，确保了国家对关键经济资源的控制，促进了国家经济的稳定和发展。在东亚和南亚地区，许多国家采取了初级产品出口战略，通过出口农产品、矿产等初级产品，积累了宝贵的外汇储备，为后续的工业化和现代化进程提供了资金支持。这些举措虽然在短期内可能面临诸多挑战，但从长远来看，为这些新独立国家的经济发展奠定了坚实的基础。

快速发展阶段（20世纪50年代到60年代）。众多发展中国家依据具体国情，实行进口替代战略。该战略的核心在于国家通过执行一系列保护性政策，充分利用国内劳动力资源、原材料供应以及技术能力，致力于发展那些能够满足国内市场所需之工业部门。通过这种方式，这些国家得以生产出满足国内需求的各类产品，从而降低对进口的依赖。在这一时期，发展中国家的经济增长速度显著提高，甚至在某些方面超过了发达国家。特别是在中东和拉美地区，部分国家的经济发展速度更是显著领先。这些国家通过实施进口替代战略，成功实现了经济的跨越式发展。其中，制造业部门的快速发展尤为引人瞩目，成为推动经济增长的重要动力。

高速增长阶段（20世纪60年代到80年代）。这一阶段，发展中国家国内生产总值的年均实际增长率达6%，高于发达国家同时期4.7%的增长率。主要原因是：一些国家如韩国、新加坡、泰国、菲律宾等，逐步从进口替代战略转向出口替代战略；石油输出国两次提高油价；进行了破旧立新、建立国际经济新秩序的斗争。

发展困难阶段（20世纪80年代到90年代）。20世纪80年代，发展中国家的经济遇到了前所未有的困难，通货膨胀、外债增加、国际收支不平衡等，极大地制约了发展中国家经济的发展，整个发展中国家年均经济增长率仅为1.5%。这个时期与发达国家已经缩小的差距又开始拉大，经济困难使发展中国家开始进行经济调整和经济改革。

发展调整与改革阶段（20世纪90年代至今）。进入20世纪90年代后，由于国际市场上初级产品的价格趋于平稳，国际形势趋于缓和，发展经济成为全球共同的呼声，跨国公司增加了对发展中国家的投资，发展中国家面对经济发展的困难进行了经济战略的调整和改革，发展中国家经济发展态势逐渐好转。东南亚经济高速增长，非洲经济走出泥潭，拉美经济走出阴影。1997年爆发的亚洲金融危机又使发展中国家经济转入低迷状态，但非洲的经济受影响较小，

2008 年的世界性金融危机使发展中国家的经济又处于不稳定状态。

经过长期的努力，发展中国家的经济发展虽然起起伏伏，发展的速度和质量还很不平衡，但总的趋势是经济总量不断增加，取得了巨大的成就。

二、经济发展面临的问题

（一）债务危机和资金短缺

在发展中国家迈向工业化的过程中，它们面临着一个巨大的挑战，那就是缺乏足够的资金来推动这一进程。由于这些国家内部的资本积累相对较少，因此，他们不得不寻求外部资金来源，以填补这一缺口。在这种情况下，吸引外国直接投资和借入外债成为这些国家获取资金的重要手段。自 20 世纪五六十年代以来，许多发展中国家就已经积累了相当数量的外债。随着时间的推移，这些债务的规模更是迅速膨胀。到了 1980 年底，发展中国家的债务总额已经从 1970 年的 661.8 亿美元飙升至 6390 亿美元。而到了 1999 年，这一数字更是达到了惊人的 2.5 万亿美元。为了偿还这些债务，发展中国家不得不支付巨额资金。在许多情况下，这些国家用于偿还债务的资金甚至占到了其出口收入的一半。更糟糕的是，由于旧债务的利息负担沉重，许多国家发现自己陷入了债务的恶性循环。尽管它们努力偿还债务，但高额的利息使得债务总额不减反增。在 1980 年至 1989 年的十年间，发展中国家支付的长期债务利息总额接近 5000 亿美元。这种沉重的债务负担严重阻碍了发展中国家的经济发展，使得它们在前进的道路上步履维艰。

（二）人口增长过快和生态环境恶化

当前，全球人口正以每年约一亿人的速率快速增长，而大约八成的世界人口居住于发展中国家。20 世纪 80 年代，全球人口平均年增长率为 1.7%，而发展中国家的增长率为 2%。至 1990 年，发展中国家约有 82% 的人口集中在低收入国家最为密集的区域。2022 年 11 月 15 日，全球人口总数攀升至 80 亿。在这一数字中，发展中国家的人口约为 68.7 亿，占 2022 年世界人口的 85.88%。根据联合国最新的预测数据（2024 年），世界人口预计在 21 世纪 80 年代中期达到 103 亿的峰值。值得注意的是，新增的 90% 以上的人口将主要分布在发展中国家。这种迅速的人口增长对发展中国家和地区产生了严重的负面影响。它严重阻碍了这些国家和地区的经济发展。随着人口的急剧增加，粮食供应变得日益紧张，粮食短缺问题愈发严重。此外，人均自然资源量也在持续减少，这使得原本脆弱的生态系统面临更大的压力。生存环境的不断恶化进一步加剧了贫困和不平等现象，使得发展中国家在实现可持续发展目标的道路上面临更大挑战。

（三）经济稳定性弱

经济稳定性受跨国资本流动和国际局势动荡影响。全球化和国际贸易使资本跨国流动频繁，对发展中国家既是机遇也是挑战。这些国家在金融信息和体系方面处于劣势，易受世界经济周期和国际短期资本冲击，导致金融风险。信息技术和金融衍生工具降低了资金流动成本，提高了效率，但全球化生产活动加剧了资金流动，导致经济泡沫以及虚拟经济与实体经济脱节。东南亚金融危机就是开放金融市场后国际热钱涌入的结果。国内局势不稳定，如武装冲突、宗教民族矛盾和大国政治控制，也是发展中国家经济稳定性弱的重要原因，部分中东国家就是典型例子。

（四）在国际贸易中处于不利地位

经济全球化长期由发达国家主导，尽管发展中国家实力增强，但其在国际贸易中的弱势地位未根本改变。发展中国家在经济上依赖发达国家，仍处于从属地位。它们在国际分工中主要扮演原料供应、市场和投资场所的角色。发达国家通过援助、贷款、投资、贸易和技术手段控制发展中国家经济。现有的国际经济秩序和主要国际经济组织，如国际货币基金组织、世界银行、世界贸易组织和联合国相关机构，主要由发达国家控制，给予发展中国家的发言权有限。

三、发展中国家的政治制度

（一）独立后发展中国家的政治制度选择

二战结束后，争取民族自决和国家独立的斗争在殖民地与半殖民地广泛兴起，导致了旧有的资本主义殖民体系的瓦解。经过数十年的奋斗，如今，大多数发展中国家已经获得独立，并建立了自己的政治体系，开始走向自主发展的道路。

发展中国家政治体制包括以下几种基本类型：

一是西方式的共和制政体。这些政体主要分为两大类：议会共和制政体和总统共和制政体。议会共和制政体的核心特征是将国家的政治活动中心置于议会，政府的运作和决策必须对议会负责。这种政体在印度等国家得到了实施。印度作为一个拥有庞大人口和多元文化的国家，其议会共和制政体确保了政府的决策必须经过议会的审议和批准，从而在一定程度上保证了政策的民主性和透明度。总统共和制政体则是以总统作为国家的最高领导人，同时兼任政府的首脑，掌握着行政权力。这种政体在菲律宾、斯里兰卡、叙利亚、也门、阿根廷、玻利维亚、巴西、哥伦比亚、墨西哥、委内瑞拉、埃及、突尼斯、塞内加尔、科特迪瓦、喀麦隆、肯尼亚以及赞比亚等国家中得到了广泛的应用。例如，菲律宾作为一个东南亚国家，其总统共和制政体使得总统是国家元首、政府首脑兼武装部队总司令，确保了行政权力的集中和效率。

这两种共和制政体各有其特点和优势，发展中国家在选择适合自己的政治体制时，往往会根据自身的国情、历史背景和文化传统进行综合考量。议会共和制更强调立法与行政之间的制衡与合作，而总统共和制则更注重行政权力的集中和效率。

二是君主制。一般而言，君主制分为两大基本类型：君主专制政体与君主立宪政体。君主专制政体是一种以君主作为国家最高领导人的政权形式，其核心特征在于国家的最高权力完全集中于君主一人之手，君主拥有不受任何限制的绝对权力。此类政体的典型代表为沙特阿拉伯，其国家元首拥有广泛的权力，能够对国家的各个领域进行直接控制。

君主立宪政体则是一种将君主与议会结合的政权组织形式。在这种政体中，尽管君主仍为国家的象征性元首，但其权力受到宪法不同程度的限制。君主立宪政体可细分为二元君主制与议会君主制两种形式。在二元君主制中，君主作为国家元首，拥有一定的实权，而议会则作为立法机构存在。内阁既要向君主负责，也要向议会负责，君主的权力虽然受到宪法和议会的制约，但实际上仍然掌握着国家的重要决策权。约旦、科威特、巴林、摩洛哥等国家即为采用此种政体的典型例子。

议会君主制则是一种更为现代和民主的政体形式，在这种制度下，议会成为国家的最高立法机关，拥有制定和修改法律的权力。内阁由议会选举产生，并向议会负责，掌握国家的行政权。在这种政体中，作为国家元首的君主通常仅作为国家的象征，不再拥有实际的行政权力。

三是军统制。军统制指的是国家武装力量掌握或通过长期武装斗争夺取国家政权，或通过军事政变实现政权更迭。历史上，多数发展中国家在不同程度上经历了军统制。在君主制背景下，可能发生武装政变，政变成功后废除君主政体，建立新的政权组织形式；在共和制背景下，也可能发生武装政变，政变成功后废除原有宪法和政治体制，通过军事委员会等特殊机构行使国家权力。此外，国家武装力量掌权后，也可能在确保军人执政的同时，建立某种形式的代议制度，并制定宪法。

四是教权制。教权制，也被称为政教合一制，是一种将宗教领袖和国家领袖融合在一起的政治架构。根据1980年伊朗发布的宪法规定，伊朗作为一个教权制的国家，其现有的体制已经变得相当罕见。宗教领袖所拥有的权力具有主导性。国民咨询会议有权对政府进行监管，而法院也有权对国民咨询会议进行监督。在护法院里，宗教领袖拥有巨大的权力。尽管总统在名义上拥有执行权和至高无上的权力，但在实际操作中，他的地位是在宗教领袖的指导下，受到其主导。

（二）发展中国家政治发展中存在的问题

一是政治局势不稳定。政局不稳通常表现为政权不稳、政治活动混乱，以及政府政策难以执行。在冷战期间，据英国政治学家塞缪尔·E·芬纳统计，从1962年到1975年世界上发生的政变共达104起，除个别例子外，几乎全在发展中国家。另据统计，1950 年到 2021 年，非洲共发生 217 起政变。[①]冷战后，民主化运动导致政治动荡，如巴基斯坦、乌克兰、泰国和中东、北非国家的动荡。叙利亚自 2011 年起政府与反对派冲突，导致大量人员流离失所和死亡。泰国在 2013 年和 2014 年也发生了反政府集会和军事政变。

二是民族矛盾复杂。冷战时期，发展中国家面临的主要民族问题是西方新殖民主义与民族独立国家间的利益冲突。冷战结束后，泛民族主义和国内民族矛盾显现，有时演变为冲突或战争。欧亚大陆边缘地带的国家，从土耳其到斯里兰卡，民族问题频发，影响政治稳定。这包括阿拉伯民族与犹太民族的生存权斗争、库尔德问题、印巴克什米尔冲突、斯里兰卡泰米尔人的独立斗争等。非洲的民族问题则表现为复杂的部族矛盾和冲突。

三是宗教冲突不断。在历史的长河中，不同宗教派别之间存在着深刻的矛盾与冲突。殖民势力的侵入进一步加剧了这些矛盾，殖民者采取了分而治之的策略，煽动教派间的对立，为这些国家获得独立后的关系留下了严重的隐患。中东地区作为基督教、犹太教和伊斯兰教的发源地，宗教内部派系林立，伊斯兰教派系尤为错综复杂。南亚地区同样面临着教派关系的复杂性，仅在印度一国之内，就存在着多种宗教信仰。一些主要的宗教派别在历史上不断发生冲突和仇视行为。此外，宗教冲突还可能激发民族内部的极端民族主义情绪，成为恐怖主义活动增长的一个重要因素。阿拉伯地区的某些国家至今仍处于动荡之中，这与不同宗教及教派间的矛盾有着不可分割的联系。

（三）发展中国家政治发展的历史进步性

在探讨发展中国家政治发展的道路和政治体制的多样性时，我们可以观察到这些国家在政治发展方面存在着显著的差异。这些差异体现在它们各自的发展速度、面临的冲突和矛盾的多寡上。然而，尽管存在这些差异，我们不能忽视这些国家在历史进步性方面所取得的成就。具体而言，这些发展中国家在政治上成功摆脱了殖民地和半殖民地时期所遭受的压迫和奴役，赢得了民族的独立和解放，从而在国际舞台上确立了自己作为主权独立国家的地位。这些国家还在不断探索和尝试与本国国情相契合的发展模式和道路，经济持续增长，政

---

① 张春、周琼：《非洲地区发展的体系性转型》，《现代国际关系》2022 年第 3 期。

治民主化的水平也在逐步提升，集权体制正在逐步向民主体制过渡和演变。此外，大多数发展中国家实施了相对合理的民族政策，正在努力化解种族和部族之间的矛盾，从而为形成和平稳定的发展环境奠定基础。最后，这些国家中的大多数保持了政治局势的稳定，维护了良好的政治环境，这为国家的持续发展创造了有利条件。

第三节　发展中国家的对外关系

发展中国家以和平、中立、不结盟为原则，坚持不懈地进行反帝、反殖、反霸的斗争，维护了世界和平；进行南南合作，推动南北对话，为建立国际新秩序做出巨大的努力，在当今世界产生了广泛而深刻的影响。

一、发展中国家对外关系的基本原则

二战后，亚非地区经历了重大变革，帝国主义殖民体系衰落。亚非人民在反法西斯战争中增强了民族意识，推动了民族解放运动，促进了众多新独立国家的诞生。到 1955 年，独立的亚非国家总数接近 30 个。这些国家致力于保护和发展民族独立成果，并在国际舞台上寻求影响力。为了抵御外来侵略、促进"第三世界"团结合作，并在国际事务中发挥影响力，这些国家需要建立自己的外交原则。1954 年 4 月底至 5 月初，印度、缅甸、印度尼西亚、锡兰（现斯里兰卡）和巴基斯坦五国总理在科伦坡举行会议，讨论了包括召开亚非会议在内的国际问题。印尼提出的亚非会议建议获得积极响应。同年 6 月，周恩来总理访问印度和缅甸，中印、中缅总理重申和平共处五项原则。10 月和 12 月，中国政府邀请印、缅总理访华，三国总理强调和平共处五项原则作为国际关系准则。中国政府声明这些原则适用于所有国家关系，为亚非国家间正确处理关系树立了典范。1955 年 4 月，万隆会议在印度尼西亚举行，是首次无西方殖民国家参与的亚非国家会议，共有 29 个国家的约 340 名代表出席。会议讨论了殖民主义、世界和平与合作以及建立亚非国家间友好合作关系的原则。4 月 24 日，会议通过了包含 7 项内容的《亚非会议最后公报》，并提出了和平共处、友好合作的十项原则，成为发展中国家对外关系的基础。[1]

二、南北关系

南北关系，是指发展中国家与发达国家之间的关系，也就是大多地处南半球的发展中国家与大多地处北半球的发达国家之间的关系。

第二次世界大战的终结引发了国际格局的深刻变革。新兴的独立国家在实现政治自主之后，面临的首要任务是应对经济领域的挑战：摆脱殖民时期遗留的单一经济结构，实现国内经济的多元化，合理规划工业布局，以及摆脱对前宗主国的依赖。因此，广大发展中国家要求改革二战后形成的不公正国际经济秩序的呼声日益高涨。与此同时，新兴独立国家在国际社会中不断加强团结与合作，形成了一股不容忽视的重要政治力量。许多国家已将处理南北关系视为其外交政策的关键部分。法国前总统密特朗曾宣称："南北关系改善与否，是决定我们共同前途的关键。"[2]

（一）战后南北关系的发展

1. 第一阶段（1945 年—20 世纪 50 年代），在 20 世纪中叶，许多南方国家纷纷崛起，展开了激烈的反对帝国主义和殖民主义的民族解放运动。这些国家通过艰苦卓绝的斗争，成功摆脱了殖民统治，建立了自己的民族独立国家。这些新兴国家在获得政治独立后，面临着新的挑战，那就是如何争取经济独立，巩固已经取得的政治独立成果。为了应对这些挑战，南方国家开始寻求合作，共同争取自身利益。1955 年，亚洲和非洲的新兴独立国家在印度尼西亚的万隆

① 方连庆等主编《国际关系史（战后卷）》，北京大学出版社，2008，第 253 页。
② 陈必达：《南北关系的历程和趋势》，《武汉大学学报（哲学科学社会版）》1994 年第 2 期。

召开了具有历史意义的会议，这次会议通过了一系列重要决议，明确提出大小国家一律平等的原则。会议强调，在相互尊重国家主权和互惠互利的基础上，各国应加强经济合作，共同应对全球经济挑战。万隆会议还提出了一系列具体的合作原则和措施，旨在促进南方国家之间的团结与合作。会议决议强调采取集体行动，以稳定原料价格，防止国际市场价格波动对南方国家经济的不利影响。通过这种方式，南方国家希望能够减少对北方发达国家的经济依赖，增强自身的经济自主权。万隆会议的成功召开，标志着南方国家在国际舞台上崭露头角，开始为自身的发展和利益发声。

2. 第二阶段（20世纪60年代），第三世界国家开始通过不结盟国家首脑会议以及联合国贸易和发展会议，组织和发动变革国际经济旧秩序、建立国际经济新秩序的斗争。这些国家主张从掌握自然资源主权和确定原料价格入手，发展民族经济，要求发达国家从第三世界国家增加进口，并给予特殊的关税优惠，从而为"南北对话"拉开了序幕。20世纪60年代，南方国家逐步组织起来，先后建立了石油、咖啡、花生、可可等输出国组织，南方国家在国际原料贸易领域中，逐步展开了反控制、反剥削、维护本国经济权益的斗争。1964年在首届联合国贸易和发展会议上成立的七十七国集团，在"南北对话"中发挥了先锋作用。

3. 第三阶段（20世纪70年代），南方国家在国际经济领域的斗争进入新阶段。1973年，阿拉伯产油国的联合行动推动了发展中国家在经济领域的合作，挑战了北方发达国家主导的国际经济旧秩序，促使它们改变对南北对话的态度，并开始关注南方国家在国际经济交往中提出的改革要求。通过持续努力，南北关系取得进展，例如非洲、加勒比海沿岸和太平洋地区一些发展中国家与欧洲经济共同体签署的《洛美协定》。1974年，第六届特别联大通过了《建立新的国际经济秩序宣言》和《建立新的国际经济秩序行动纲领》，将南北关系问题正式提上国际议程。南北对话覆盖了原料、贸易、技术转让、国际货币金融等多个领域，第三世界国家提出全面改革国际经济关系的纲领和原则，拓展了"南北对话"的范围和深度。1975年和1977年，巴黎举行了两次国际经济合作会议，共有19个南方国家和8个北方国家或国家集团参与。

第四阶段（20世纪80年代以后），南方国家在贸易、债务和国际金融方面遭遇重大挑战，为了继续推动南北对话，联合国通过了《支援最不发达国家的 1980 年代新的实质性行动纲领》，欧洲经济共同体和日本等承诺援助。1981 年坎昆会议虽有南北国家参与，但未达成实质性成果。南南会议强调集体自力更生和合作。20 世纪 80 年代末至 90 年代初，苏联和东欧国家经历经济混乱和社会变革，国际经济旧秩序问题未解，发展中国家与发达国家间的经济差异和不平等依旧。

总的来说，南北关系改善缓慢，成果有限，主要受发达国家的阻碍。自 20 世纪 80 年代以来，南北差距扩大，贸易条件恶化，保护主义兴起，资金和技术转让条件严苛，加上通货膨胀和转嫁经济危机和债务问题，这些都严重阻碍了南方国家的经济发展。若持续下去，发达国家经济也会受损，甚至可能引发全球经济大危机。南北关系发展的关键在于改革国际经济旧秩序，建立基于平等互利的国际经济新秩序，这是世界经济发展的趋势。

（二）南北关系的展望

随着全球化的深入，世界各国彼此间的关系具有更多的相互依赖，因此发展中国家经济增长不仅事关自身利益，同时也关系到全球经济稳定增长，当然也关系到发达国家经济稳定增长，因此是世界各国应该共同面对的问题。随着发展中国家同发达国家之间的差异趋于显著化，并由此引发了一系列的社会问题，甚至发生动荡，所以，切实解决发展中国家的问题成为国际社会的基本共识。然而解决南北合作问题，不仅仅需要发达国家提供援助，提供资金和技术，帮助发展中国家发展工业化，提高发展中国家出口层次，克服贫困，还需要为南北合作制定一种可行的、有效的国际制度，以保证双方能在相互依存的轨道上深入开展合作，以达到共赢的新局面。如果想要南北关系可持续健康发展，就需要在以下三个方面进行加强：

1. 以机制促进发展中国家与发达国家之间的合作

全球面临的许多问题，如环境问题、可持续发展问题、安全和稳定问题等，都需要国家之间携手合作，共同应对。种种问题的解决，都需要一种机制化的方式，保证有关政策措施得到长期贯彻实施并取得预期效果。

2. 重视经济全球化趋势对落后国家的负面影响

在跨国公司的推进下，通过商品资本、金融资本，特别是生产资本和全球市场的形式，发达国家正在全球进行经济扩张。经济全球化正迅速成为世界经济的主要特征，一方面，经济全球化加强了各国间的联系，促进了市场开放和生产要素的广泛流动；另一方面，发达国家利用技术优势设置贸易壁垒，限制了发展中国家在国际贸易中的参与，加剧了南北差距。

3. 突破制约，联合自强

发展中国家要想在经济全球化中获益，除了获得发达国家的一定援助外，更大程度上还取决于自身的努力，以及发展中国家的共同努力。发展中国家应将经济发展的立足点放在本国力量之上，同时寻求比较优势，发展民族经济。

三、南南关系

南南关系通常指发展中国家之间的政治、经济、技术、社会和文化关系。随着第二次世界大战的结束，全球的政治和经济格局发生了显著变化，去殖民化的浪潮推动了许多殖民地国家走向民族自决的道路。这场潮流不仅是西方国家在进步思想的推动下形成的，同时也反映了殖民地人民的期望与努力斗争成果。在这一演变过程中，新兴的发展中国家不仅继承了殖民历史的遗产，同时也与历史上的殖民强国产生了深刻的分歧。这些从殖民地独立出来的国家与前宗主国之间的冲突，已经成为去殖民化初期全球地缘政治和经济的一个突出特点。正是在这种特定的历史环境中，南方国家这一概念应势而起。

（一）南南关系发展的演变

1. 起始阶段

一般来说，万隆会议是南南合作的开端。此会议之所以具有里程碑意义，在于其为首次无殖民势力参与的国际会议，亦是亚非国家首次共同阐述对政治自主与国家发展诉求的场合。在这一历史时期，南南关系呈现出三个主要特征：

一是坚持中立性原则和不介入内部事务准则。在《亚非会议最后公报》（以下简称《公报》）的十大原则中，明确强调了中立性和不介入内部事务的准则。在冷战的背景下，南方国家为了维护其政治和经济的自主性，应当避免选择站在与美国或苏联有意识形态冲突的任何一方。正如参加万隆会议的一位缅甸代表所言，"被西方大国统治可怕，被亚洲大国统治会更加可怕"。因此，保持中立和不介入他国内政已经变成了南南合作的核心理念，并在南南合作的整个过程中起到了关键作用。

二是重视国与国之间的发展协作。也就是说，通过国与国之间的援助与合作，达到经济自主。《公报》明确了在经济、文化、政治等多个领域的合作方向。

三是强烈的民族主义。民族主义促进了亚非地区的民族认同，推动了亚非地区摆脱殖民地的处境，走向民族国家独立的道路。虽然强烈的民族主义完成了民族国家独立的任务，但是在新成立的亚非民族国家如何合作的问题上，民族主义造成了南方国家之间不小的干扰与分歧。

2. 曲折发展阶段

随着第二次万隆会议被搁置，很多亚非国家都陷入了政局动乱之中。1962年缅甸总理吴努被监禁，后流亡国外；1962年中印边境爆发短期战争，1964年印度总理尼赫鲁逝世；1974年埃塞俄比亚发生军事政变，亚非国家陷入合作的低潮。与之相反，拉美国家由于取得独立的时间长，积累了近100年的发展经验，在民族独立和应对经济危机方面都比万隆会议时期才成立不久的亚非国家要成熟得多。这些新成立的拉美民族国家，除了巴西外，都确立了现代资产阶级民主共和制，这为拉美国家的经济发展打下了基础。拉美各国获得独立后，主要依赖北美和欧洲市场对原材料的高需求来推动其以出口为导向的经济发展，这一模式成为拉美经济增长的传统方式。但是，1929年的世界经济大危机导致了欧洲和北美地区的需求急剧减少，这对拉美各国的经济造成了巨大冲击。尽管如此，拉美各国实施的出口替代策略确保了经济危机后，它们的经济仍然可以持续增长。墨西哥、阿根廷、巴西和智利由此成为全球新兴的工业化国家，这也为拉美国家先于亚非国家向发达国家提出南方国家的全球贸易与经济新秩序的具体诉求奠定了基础，所以这一阶段南南合作与拉美国家的推动密不可分。

1964 年第一届联合国贸易和发展会议上，77 个发展中国家和地区发表《77个发展中国家联合宣言》，成立"七十七国集团"。《77 个发展中国家联合宣言》的主旨呼应了联合国贸发会议所倡导的建立国际贸易新秩序和发展中国家发展工业化的需求，认同联合国贸发会议肩负建设公平国际经济秩序的责任，并提出关于国际贸易发展新秩序的主题。

3. 复苏与转型阶段

经过了上一阶段的曲折发展，南南合作于 20 世纪 80 年代开始步入复苏与转型阶段。这一阶段南南合作的特点有：一是目标从经济增长转向减贫与技术合作，二是开始建立发展知识生产和经验分享的平台。

南南合作的目标从经济增长转向减贫与技术合作，意味着南方国家开始向全球发展议程的时代叙事融合。2005 年，时隔 50 年之后亚非国家在万隆再聚首——亚非峰会召开，会议发表了《重振亚非新型战略伙伴关系宣言》，明确指出，亚非新型战略伙伴关系将注重亚洲与非洲大陆之间在贸易、工业、投资、金融、旅游、信息等领域的务实合作。

联合国南南合作办公室设计了一个"三合一"的架构来支持南南合作平台的运作，这个架构包括三个支柱。第一个支柱是全球南南发展学院，相当于一个网上智库，汇集了数以百计南方发展专家的数据信息。第二个支柱是全球南南发展博览会，用来展示每年联合国系统中选定的成功发展案例，代表政府、私营部门和社会组织的合力作用。第三个支柱是南南全球融资和技术交流网络平台，促进南方国家技术转移和提供解决方案，创造安全的融资环境。由此可知，这一阶段南南合作开始向发展知识生产和经验分享的平台建设转型。

4. 创新发展阶段

2008 年的金融风暴导致了主要发达国家的经济持续衰退，但中国、印度、巴西和南非等发展中国家的经济却展现出了稳定的增长势头。金砖银行与亚投行逐步成立。南南合作，作为一种具有创新性的国际合作方式，吸引了传统援助国家的密切关注。国际合作的方式正在从北部和南部国家的"援助者与受援者"的模式，逐步转变为不同层面的行动者在资源和知识上的共享关系。这表明，在这一阶段，南南合作的一个突出特点是南方国家分享它们的发展经验。南方国家分享的发展经验与它们的崛起之路是密切相关的。第二次世界大战结束后，虽然南方国家经历了诸多起伏，但还是有几个正在发展的大国开始崭露头角，成为南方国家成功的典范。

在许多发展中国家里，中国的崛起尤其令人瞩目。自1949年新中国成立以来，中国成功地构建了一个独立的工业体系，并在仅仅50年的时间里完成了从一个以农业为主导的国家向一个制造业大国的转型。中国提出的"一带一路"倡议有望让150多个沿线国家受益。无疑，中国的策略和立场正在为南南合作的视角和框架带来前所未有的拓展，这不仅实现了南南合作的发展经验和资源共享，还为南北合作和三方合作打开了新的可能性。因此，南南合作的新阶段正式拉开了序幕。

（二）南南合作的问题与挑战

南南合作不仅在经济上开始成为全球发展的重要力量，而且也成为全球发展合作的主要组成部分，主流国际发展援助体系也越来越将南南合作作为促进全球发展的重要手段。南方国家的发展资源、发展经验和新的发展制度构成了新南南发展合作的内容，正在改变全球发展合作的格局。但是，南南合作依然存在许多问题，也面临着不小的挑战。

1. 南南合作提供国之间缺乏相互协调的机制，尚不能建立统一的标准。南南国家的合作方式主要还是以国家与国家之间的双边行为为主，多边合作的情况比较少，这无疑影响了南南合作作用的发挥，南南合作中受援国的协调程度还很不够，很容易出现资源使用重复浪费的情况。

2. 南南合作缺乏相对独立的知识体系的支持。南北合作通过发展知识体系来协调统一援助的计划和项目，这套知识体系主要基于新自由主义思想的理论支持，虽然不断有对南北合作的新自由主义意识形态提出批评的声音，但这套知识体系却能够起到援助规范化的作用，为南北发展合作体系的运行提供制度保证。相比之下，南南合作的知识体系建设仍然围绕着强调不干涉内政、平等互惠等原则，系统的南南合作知识体系和制度尚未建立，这一方面不利于南南合作在实践上的规范，另一方面也使得南南合作的系统化受到影响，同时也很难与南北合作展开交流和对话。

3. 南南合作缺乏完善的数据统计系统。由于南南合作涉及范围非常广，是南方发展中国家之间政治、经济、社会、文化、环境和技术领域合作的一个广泛框架，涉及多个发展中国家，可以是双边的和三边的。在此情况下，建立一整套数据收集机制和统计系统十分具有挑战性。虽然联合国南南合作的全球南南发展学院这一平台力图扮演南南合作的数据统计系统的角色，但是目前这一平台的数据远远不够，不能建立完善的数据系统势必会影响南南合作问责体系的建立，缺乏完善的问责体系又将阻碍南南合作体系的建立。

4. 南南合作缺乏项目监测评估的方法。南北合作的监测评估方法经过了半个多世纪的发展，已经从援助及援助有效性转变为以发展有效性为焦点的监测评估。其核心监测评估指标已经转变为对国家所有权的强调、鼓励私人部门和多边机构参与的系列评估指标。这一方面对南南合作建立自身的监测评估方法是一个机遇，另一方面又是一个挑战——南南合作是否能够在强调不干涉内政、平等互惠的原则上创造出有别于南北合作的监测评估方法。

5. 虽然中国正在努力支持将南南合作作为全球发展合作的重要组成部分，联合国也成立了南南合作办公室作为南南合作的全球平台，但是从总体上来说，南南合作缺乏系统化，缺乏固定的合作支持计划。这无疑影响了南南合作在联合国系统和世界银行系统作用的发挥。

第四节 "全球南方"的崛起与对国际秩序的挑战

　　伴随着"全球南方"的集体崛起，以西方为主导的全球经济结构正在经历深远的变革。依据国际货币基金组织发布的数据，到 2022 年，"全球南方"国家在全球经济中的份额已经近六成，这标志着"全球南方"经济的快速崛起。在这样的大背景之下，"全球南方"不愿在全球的政治和经济体系中继续成为发达国家的"依赖者"，而是基于以联合国为核心的国际规则体系，提出了一系列的政治要求。尽管如此，"全球南方"的发展仍然受到不公平和不合理的国际旧秩序的严重限制。地缘政治冲突频繁发生，各国之间的经济和社会发展差距也在不断扩大，这使得"全球南方"面临的挑战变得更加严峻。"全球南方"为了保护其核心利益并推动经济的持续增长，在国际经济旧秩序的改革上提出了多项建议。

一、"全球南方"的概念

　　作为一种国际力量，"全球南方"并非一个内涵明确的概念。"全球南方"这一表述，虽非一个界定清晰的概念，却深刻反映了新时代世界格局演进的双重特性。其"全球"二字，不仅强调了全球化浪潮中各国间日益紧密的联系，更凸显了发展中国家作为一个整体在全球舞台上的崛起与融合。"南方"则直指世界经济重心的南移趋势，特别是亚洲、非洲及拉丁美洲等发展中地区，其经济与政治影响力的显著扩张，正悄然重塑全球版图。近年来，大国间博弈的加剧，为"全球南方"注入了新的战略动力。这些国家与地区在维护自身主权、促进共同发展方面展现出越来越强的战略自主性，其战略价值也随之水涨船高，成为影响乃至决定未来世界格局走向的关键变量之一。因此，"全球南方"不仅是一个地理或经济上的概念，更是全球政治力量对比变化的重要体现，说明国际秩序正经历着深刻的调整与重塑。

"全球南方"一词最早出现在 20 世纪 60 年代。1969 年，美国学者卡尔·奥格尔斯比在一篇文章中用"全球南方"代指在"北方"国家（即欧美殖民者）压迫下的以越南为代表的广大殖民地。该词语自诞生起，便紧密缠绕于殖民化与非殖民化的历史进程之中，其内涵与当时"第三世界"的概念颇为相近。"全球南方"并非一个精确定义的概念，而是一个多维度、综合性的表述。它所涵盖的地域范围，并非一个固定不变的空间，而是随着时间和条件的变化而有所调整。迄今为止，学术界对于"全球南方"的深层含义仍未能形成一致的看法。在世界地理的版图上，"全球南方"通常被用来指代拉丁美洲、亚洲、非洲等广泛区域，这一命名源自其地理位置多处于南半球的特点。值得注意的是，"全球南方"与"第三世界""欠发达地区"等概念在所指范围上存在高度重合，它们共同指向了那些经济相对落后、政治和文化上常处于边缘地带的地区。然而，"全球南方"的意义远不止于其字面所表达的地理范畴。在全球化或全球资本主义的宏大背景下，它承载着更为复杂和深远的内涵。这一概念与地缘政治的博弈、经济发展的不均衡紧密相连，展现出一个动态、多维度的世界图景。"全球南方"是一个开放的概念，其定义和范围在历史的长河中不断演变。随着时代背景的变迁，我们需要以更加开放和包容的视角去理解和诠释这一概念，以更好地把握全球格局的变动趋势。

二、"全球南方"的经济崛起与政治觉醒

2008 年的全球金融危机标志着现代国际政治与经济发展的关键转变。众多

的新兴经济体在不断地迅速崛起。它们在全球和区域事务中的影响力逐渐增强，同时也促进了国际秩序与全球治理结构的变革。新兴经济体和大国的崛起被视为"非西方的"，这标志着南方国家作为一个整体的崛起，从而诞生了"全球南方"。

西方对于全球南方的崛起表现出复杂的态度。美国与欧洲都意识到它们正面对政治与社会的两极化问题。近几年，由于大国政治体制的重新定位和地缘战略规划的逐渐退出，美国、日本以及一些欧盟成员国开始构建一个将中国排除在外的全球南方的西方叙事模式。这样的描述意在促进新兴大国间以及这些大国与其他发展中国家之间的交流，目的是赢得某些新兴经济体和地区大国的支持。然而，新兴经济体的集体崛起也迫使北方国家面对现实，重新调整国际秩序和全球治理体系的规则和结构，以保持世界经济的增长和稳定，共同解决重大且紧迫的全球性问题。在塑造共同的认同感时，全球南方国家持续地增强了它们之间的团结和合作，从而孕育出了一种创新的南南合作方式。南方国家强调可持续发展的重要性，并认为发展与安全是紧密相连的。新时代"全球南方"的主体意识和集体身份得到了有力且有效的复兴，这是通过推动现有的国际规则和体系的改革，以及创造新的规则和体系实现的。新的南南合作的目标是推动可持续发展，这主要涉及新兴经济体，并以金砖国家的机制作为其核心平台。这一策略有助于增强南方国家之间的认同感，并进一步推动国际政治走向多极化以及国际关系走向民主化。

在全球经济"南升北降"的背景下，"全球南方"表现出在经济基础支撑之上的"政治觉醒"。近年来，"全球南方"的政治觉醒成为世界格局演变的重要表现之一。随着"全球南方"的崛起，当代国际秩序的权力结构多次发生重大变化。总体来说，国际权力分配或全球格局一直在以更快的速度走向多极化。冷战期间，世界由两个超级大国主宰。然而，冷战后，这种情况转变为一个唯一的超级大国，并辅以多个大国。而现在，在这个大国政治的时代，有更多的权力中心和有影响力的参与者。这些变化背后的根本驱动力在于世界政治和经济发展不平衡所产生的新力量和角色，其中最根本和最持久的因素是"全球南方"的崛起。

三、"全球南方"与国际秩序转型

（一）"全球南方"与世界格局演变

在冷战的背景下，美国和苏联之间的两极对抗形成了国际关系的两极格局。这一格局持续地受到第三世界国家内部和外部因素的影响，从而孕育出多极化发展趋势的长期潜能。

首先，第三世界的国家在联合国体系中迅速崭露头角，成为重要的政治力量，并在美国和苏联之间构建了一个广阔的交流平台。在政治舞台上，第三世界国家坚决反对殖民主义、帝国主义和霸权主义，它们热衷于推动非殖民化的进程，并始终坚守中立和不结盟的外交立场。在非洲去殖民化运动达到高潮的阶段，联合国中的亚洲和非洲成员国数量已经超过了欧洲和美国的成员国。在此背景下，亚洲、非洲和拉丁美洲的国家开始积极地建立和维护区域的秩序，这给全球的秩序带来了深刻变革。从 20 世纪 60 年代中期开始，第三世界的国家开始积极寻求更加紧密的团结和自给自足的生活方式。它们致力于推进区域和子区域的整合，并在不结盟运动与七十七国集团的共同努力和合作下，实现了一体化的目标。这批国家在联合国和其他国际平台上表达了对新的国际经济体系的需求，并敦促对全球政治的两极格局和布雷顿森林体系进行必要的改革。

其次，第三世界国家的崛起和两大集团内部的变革相互影响，共同催生了一个以五大权力中心为标志的多极化发展趋势。随着西欧和日本逐渐崭露头角，成为两个重要的权力枢纽，中国也逐渐成为一个关键的独立政治力量。随后，在第三世界国家中，出现了多个区域性的权力中心，例如东盟，以及中东地区的埃及、沙特阿拉伯和伊朗。这些国家和地区不仅塑造了区域的秩序，还促进了国际政治的多极化发展。第三世界的主要势力与西方阵营的地域力量之间的互动，也在某种程度上推动了多极化的发展。比如说，中国与法国和日本的关系有所改善，同时印度与美国和苏联之间的互动也变得更加频繁，这一点都得到了充分的体现。

在"一超多强"的全球背景下，南半球的国家仍然在努力推动多极化的发展。在全球化的新浪潮中，南半球的经济发展出现了明显的分化趋势。新兴经济体的持续而迅速的增长已经有效地促成了政治与经济版图的重新设计。这些新兴的大国和经济实体在以下三个领域为多极化进程做出了突出的贡献。

第一，随着国家综合实力的不断增强，新兴大国正在逐渐转变为国际和区域事务的核心力量。中国和印度，作为亚太乃至全球经济发展的两大驱动力，其军事能力不容小觑。在完成了政治和经济的转型之后，俄罗斯在一定程度上恢复了其经济能力，并维持了与之匹配的军事实力。巴西和南非在经济增长上也呈现出了正向的发展趋势。新兴大国不只在双边和多边层面上促进了世界的多极化发展，而且在处理关键的国际议题时，它们的立场与广大发展中国家更为接近，这在抑制霸权主义和强权政治方面起到了不可或缺的作用。

第二，新兴大国在其所处地区的政治和经济整合中起到了中心作用，为形成全球多极化的格局奠定了区域秩序的基础。此外，一些新兴的经济实体、区域性的强大国家和次级区域组织开始在地区事务中发挥更加主动的作用。

第三，新兴大国在关键的国际和地区议题上展开了深度的战略合作。在诸如多极化趋势、联合国安全理事会的改革、人道主义介入、全球反恐斗争以及核武器的扩散控制等核心的和平与安全议题上，它们都在全球和区域层面上努力寻找并达成共识。在全球经济增长、发展管理、减少贫困、环境保护与气候变化、极地和海洋治理，以及全球健康等多个议题上，它们之间实现了相互的协调和合作。

（二）"全球南方"的崛起带来多极化趋势

"全球南方"的崛起在三个方面带来了多极化的趋势。首先，这种现象对全球的经济方面带来了深远影响。新兴市场国家在商品和服务交易方面，已经占据了全球贸易总量的四分之一。简单地说，这些新兴的大国在促进全球经济的增长、进步和构建新的世界经济结构上，起到了不可或缺的作用。其次，全球南方国家在制造领域、技术革新和全球价值链上都取得了突出的成果。中国、印度和巴西代表了制造业的快速发展。更进一步地说，新兴大国和区域新兴经济体已经通过整合进全球化和全球价值链，变成了全球价值链和产业链的核心节点和交汇点。在全球价值链的持续重塑和再全球化的进程中，东亚的中国、南亚的印度、南美的巴西、东盟的印度尼西亚、中东的沙特阿拉伯和土耳其都占据了不可或缺的地位。另外，"全球南方"在推进现代国际秩序和全球治理结构的改革上，已经从主动制定规范和原则，转向了积极的制度建设和实际执行。全球的南部地区，尤其是新兴的大国和其他新兴的经济实体，正日益参与到全球的经济管理中，致力于对现行制度进行改革，并在制定对南方国家有益的规章和政策方面做出了积极贡献。

（三）"全球南方"与国际规则和制度的变化

随着全球机构在改革、创新和发展方面的持续努力，全球南方地区已经崭露头角，成为现代国际秩序转型的核心动力。这一地区以创新的方式提出了一套完整的规范、准则和条例，并成功地建立了大量的区域、子区域以及跨区域的组织、论坛和活动。

发展中国家在推进联合国安全理事会的机构改革上起到了非常积极的作用。1965 年，联合国安全理事会的非常任理事国数量从原先的 6 个增加到了10 个。从 2005 年开始，秘书长与各相关国家和国际组织共同推出了一套安理会的改革计划，在这些计划中，发展中国家都在努力争取更广的代表权和更多的发言机会。南方国家在联合国安全理事会维和行动特别委员会和建设和平委员会的指导下，在维护国际和地区安全方面发挥了关键作用，并做出了显著贡献。

全球南方国家已经推动了联合国经济及社会理事会以及其下属机构的改革和发展，例如，1964 年，联合国贸易和发展会议成立，其主要目的是研究南方国家的未来发展并推进南北之间的对话。

（四）构建新的合作平台

在全球南方国家中，区域和次区域的一体化进程都得到了同步的推动。在冷战期间，亚洲、非洲和拉丁美洲的国家纷纷在其各自地区建立了特定的政治和经济合作机构。随着冷战的结束，非洲和拉丁美洲在区域和次区域一体化方面呈现出逐渐重叠和整合的趋势。比如说，非洲联盟与非洲的八个次区域组织已经达成了关于协同其发展策略的共识。同时，南美洲国家联盟和拉美和加勒比国家共同体也陆续成立。这推动了区域主义的发展。

全球南方国家也在积极参与推动区域间的合作，这种合作是开放的区域主义的直接结果，主要受到南方新兴经济体的推动。开放的区域主义注重经济和贸易的合作，并在政治、安全、社会和文化等多个领域产生影响。东亚峰会、区域全面经济伙伴关系协定，以及亚太经济合作组织和环孟加拉湾多领域经济技术合作倡议都是具有代表性的例子。在区域和全球两个层面上，跨区域主义都得到了体现，其通常是由两个特定地区主导，并在"区域＋"的机制下进行了进一步的拓展和构建。此外，全球的南方国家正在积极尝试"区域＋"和"三角合作"模式，这不仅代表了"全球南方"区域主义的最新发展方向，也预示着当前和未来新型南南合作的可能发展路径。

总的来说，全球南方国家在全球秩序的变革中起到了不可或缺的作用，并在若干核心领域取得了显著的成果。但是，从一个更广泛和长期的角度来看，这些成果仍然显示出某些局限和阶段性的特点。尽管全球的南方国家长时间处于"南升北降"的发展趋势，并处于一个有利的位置，但南方与北方之间的权力格局仍然存在明显的不均衡和不对称，这对南方国家是不利的。多极化的发展趋势依然受到强权政治和霸权主义的威胁，外部力量不时地干预地区的安全和国家的内政。另外，随着全球南部，尤其是新兴经济体的逐渐崛起，它们在联合国安全理事会、布雷顿森林体系等国际组织中的代表性还没有得到足够体现。在全球治理的多个核心领域，尚未取得对"全球南方"有益的实质性进展。因为能力的局限性和其他限制，全球南方国家在某些关键的谈判环节中很难有所参与。从宏观角度看，考虑到全球政治和经济发展的不均衡性、南北之间力量的不平衡，以及内部存在的多样性和差异性，"全球南方"在努力构建一个公正合理的国际政治经济新秩序以及实现广泛的协商过程中，仍然面临着许多挑战。为了实现全球治理的未来，"全球南方"和北方需要携手合作，以达到共同分享利益的目标。

思考题

1.如何认识发展中国家在经济发展中面临的机遇和挑战？

2.如何认识加强南南合作、改善南北关系的重要性？

3.简述"全球南方"与国际秩序转型之间的关系。

4.简述"第三世界"崛起的三个重要事件。

第六章
世界的角色之三：新兴经济体

2008 年金融危机对世界产生了重要影响，全球经济普遍遭受损失，美欧日等发达资本主义国家损失严重，但是新兴国家尤其是"金砖国家"在金融危机下经济发展却表现良好。以"金砖国家"为代表的新兴经济体在推动世界经济复苏以及拉动国际经济增长方面起到了不可估量的作用，改变了长期以来由西方发达资本主义国家引领全球经济发展的传统。随着新兴经济体经济实力的总体飞速上升，新兴经济体开始积极主动地融入国际政治事务中，在推动国际政治秩序改革，以及全球治理等方面展现出越来越重要的作用。

第一节 "新兴经济体"的内涵与发展历程

第二次世界大战结束后,全球治理和世界秩序的重心已经从欧洲转移,美国成为世界舞台的中心。经过两次世界大战和民族解放运动,全球性的殖民体系崩溃,为亚非拉地区的政治崛起创造了条件。进入 21 世纪以来,世界正面临百年未有之大变局,西方衰落的迹象日益明显,多极化进程加速,以中国、印度等新兴经济体为代表的群体性崛起趋势愈发显著。

一、"新兴经济体"的内涵

第二次世界大战结束后至今,一大批曾经极度落后贫穷的国家摆脱了殖民束缚,走上了独立道路。经过数十年的不懈努力和各种探索,一批国家和地区紧跟先进工业化国家的步伐,从众多后起国家中脱颖而出,经济进入持续增长轨道,国力显著攀升,一举成为世界瞩目的新兴经济体。如冷战时期,有亚洲的韩国和新加坡以及拉丁美洲的墨西哥、巴西和阿根廷;冷战结束后,有俄罗斯、中国、印度、巴西、南非、印尼、越南等。这些国家正在成为国际政治经济舞台上的新角色和新明星,无时无刻不在冲击着现有的以西方发达国家为主导的国际政治经济格局。

在过去的几十年中，新兴经济体在全球舞台上的地位逐渐上升，但至今学术界对于新兴经济体的具体定义和分类仍未形成统一看法。人们经常将"新兴市场"与"新兴市场经济体"等概念混为一谈。英国的《经济学家》杂志曾经把新兴经济体划分为两个不同的梯队：第一梯队包括中国、巴西、印度、俄罗斯和南非，这些国家也被称为"金砖国家"；第二梯队涵盖了墨西哥、韩国、波兰、土耳其、哈萨克斯坦、埃及等被称为"新钻"的国家。一般来说，新兴经济体是指在第二次世界大战后经济呈现出相对快速的增长、拥有较大的经济规模和人口总数、当前人均收入相对偏低、经济开放度较高，并且具有广泛代表性的发展中经济体。根据这一准则，他们评估 G20 中的 11 个发展中国家（E11）[1]"新钻"最能达到新兴经济体的标准。这批国家作为一个统一体，不仅在整体经济规模上，还在国际贸易、国际资本流动以及关键产品产出等多个方面，都展现出全球性的影响力，并逐渐崭露头角，成为国际舞台上不可或缺的重要力量。但同时，他们也强调 E11 存在的问题还很多。事实上，对于新兴经济体的定义无须太过精确，大抵也就是近年来经济增长较快的一些大型或中等国家，除了经济发展潜力大，它们在领土面积和人口数量方面也在世界上居于靠前位置，因而有希望在未来成长为地区或全球性的大国，E11 成员都符合这一标准。但是，韩国属于美国的同盟国家，墨西哥属于北美自由贸易协定成员，沙特以能源输出为主的经济结构过于单一，土耳其世俗化仍不时面临挑战，因此金砖国家以及东盟国家中的印尼和越南等将更能代表新兴经济体的崛起，也将是本章的主要考察对象。

从 21 世纪初开始，全球经济经历了翻天覆地的变化，特别是新兴市场国家的集体崛起，它们已经成为推动全球经济发展的关键力量。尤其是像中国、印度、俄罗斯和巴西这样的新兴大国，它们正在逐渐成为全球经济的核心动力，加速了国际力量结构的转型，并推动了多极化的发展趋势，使得新兴市场国家逐步成为全球经济的新焦点。相较于历史上其他国家的经济崛起，金砖国家的崛起呈现出新的特点：首先是集体性，这些国家遍布亚洲、非洲、拉丁美洲和欧洲；其次是经济的快速增长，在过去的十九年中，金砖国家的年均经济增速几乎达到了全球平均水平的两倍之多，远远超越了发达国家的经济增速，在赶

① 2010年发布的《博鳌亚洲论坛新兴经济体发展2009年度报告》首次提出了"E11"（新 11 国）的概念。

超的过程中存在明显的不均衡性，各个国家在不同的时间段里，赶超的速度并不总是一致的；尽管金砖国家在赶超方面已经取得了一些进展，但与发达国家相比，它们的发展仍然存在明显的差距。

二、"新兴经济体"的发展历程与"金砖国家"

（一）"新兴经济体"的发展历程

过去的 30 多年，是新兴国家整体崛起的时期。据世界银行数据显示，自1995 年起，新兴市场和发展中国家在国际贸易中的份额从 30% 激增至 2010 年的约 45%；这些国家在国际直接投资领域对全球总投资的贡献达到了 1/3；同时，新兴市场国家的财富和金融资产也显著增长，其外汇储备占据了全球官方外汇储备的 2/3，它们的主权财富基金及其他资产形式已经成为国际资本市场的重要力量。随着经济实力的增强，新兴国家在国际体系中的话语权、国际影响力等方面都有了显著增强。然而，新兴国家的崛起并非一帆风顺，其中也经历了颇多挫折。本节以"金砖五国"为核心，将新兴国家崛起的历程大致分为以下阶段。

1. 初始阶段：自 20 世纪 80 年代起，东南亚和拉美部分国家开始经济发展，东亚新兴经济体如泰国、印尼、菲律宾和马来西亚实现了快速经济增长。与此同时，拉美国家如巴西、阿根廷和墨西哥在经历高速增长后遭遇债务危机，导致经济萧条。OECD（经济合作与发展组织）在 1979 年提出的"新兴工业化经济体"概念，其最初划定的 10 个经济体中多数已不再属于新兴经济体。20 世纪 90 年代初，苏联解体使得俄罗斯和东欧国家走上了漫长的经济转型之路，但俄罗斯等国采用的"休克疗法"经济效果并不明显；1991 年印度总理纳拉辛哈·拉奥上台后，开始推行经济自由化、积极参与全球化；中国自 1978 年实行改革开放后，经济整体上保持了平稳较快发展。然而，20 世纪 90 年代的改革未能确保新兴经济体的持续繁荣和稳定增长。华盛顿共识导致新兴经济体在金融自由化面前过于急躁，结果遭受了一系列打击，包括墨西哥、韩国、马来西亚、印度尼西亚、俄罗斯、土耳其和阿根廷等国，都在发展上遭遇了不小的挫折，大多数新兴经济体都未能阻止下滑趋势，除了中国和印度。在整个 20

世纪 90 年代，发展中国家的人均 GDP 增长率为 2%，发达国家则为 2.1%。[①]

2. 发展阶段：2002—2008 年。这一时期，新兴国家终于迎来了强劲的增长势头，中国继续保持经济的快速增长，印度也表现出持续增长的态势，两国是发展中国家的佼佼者。而且，20 世纪 90 年代经济低迷的拉美国家也开始走出经济泥潭，经济开始复苏，人均 GDP 连续多年增长幅度超过 3%。亚洲地区也不甘落后，表现最为抢眼，经济增长在全球也是首屈一指。俄罗斯经济在国际能源价格上扬的经济形势下也有所振作。金砖四国成为新兴国家的代表，在 2000—2008 年期间，全球经济增长中金砖四国贡献率达到了 30%，金砖国家占全球贸易总额的比例也显著增长，而七国集团的贡献率则从 70% 下降为 40%，金砖国家占全球贸易总额的比例也显著增加，如今已达到 13%。[②] 国际货币基金组织的数据显示，2006—2008 年，金砖四国（南非除外）的经济平均增长率达到 10.7%。南非近 10 年的年均增长率则在 3% 左右，多数年份高于发达国家平均水平。[③]

3. 走向崛起阶段：从 2008 年美国的次贷危机触发的全球金融危机开始，新兴经济体在全球经济下滑的背景下展现出了较为显著的增长势头。在 2009 年，新兴经济体的平均增长率达到 1.5%，这一数字大大超过了发达国家。新兴经济体对全球经济的增长做出了高达 80% 的贡献，而发达国家的贡献仅为 20%。G20 替代了七国集团，成为国际经济政策调整的核心平台，这也意味着新兴经济体在全球经济格局中的地位逐渐上升。

三、"新兴经济体"的影响及面临的挑战

（一）"新兴经济体"的影响

1. 地区层面的影响。在新兴经济体中，有相当数量的国家互为邻国，这就使得新兴国家尤其在亚洲、美洲的一些地区呈现突出的块状分布，于是以其中

---

① WORLD BANK, Economic Growth in the 1990s:Learning from a Decade of Reforms（Washington: DC, 2005）.

② Jim O' Neill, Anna Stupnytska, "The Long-Term Outlook for the BRICS and N-11 Post Crisis," Goldman Sachs Global Economics, Commodities and Strategy research, December 4, 2009.

③ 彭红利：《新兴经济体的崛起及其影响》，河北美术出版社，2015，第 25-28 页。

的一个或几个大国为龙头的区域或一体化合作，就成了新兴经济体崛起的一条重要路径，彼此的经济贸易往来与政治安全的合作也日益频繁与紧密。[①]

在经济层面，新兴大国的崛起促进了地区经济一体化深入发展。随着俄罗斯经济实力的相对衰落，俄罗斯在东欧地区影响力不断下降，北约则不断借机"东扩"，但有关欧盟艰难消化东扩成果的报道不时见诸报端。再者，近年来，欧洲经济受到欧债危机以及 2016 年的英国脱欧事件影响，欧洲一体化能否深入推进，值得存疑。相反，以新兴国家为主的地区经济合作则不断深入发展。中国不断加强与东盟国家的经济合作。在拉美地区，以巴西、阿根廷等国为主的南方共同市场作为南美地区最大的经济一体化组织不断深化合作。

在地区安全及防务方面，新兴国家的整体崛起需要一个良好的外部环境，因此它们在加强地区及周边安全等领域有着广泛的合作。以中国和中亚国家为主的上海合作组织成立以来，在促进并深化成员国之间睦邻互信与友好关系、巩固地区安全和稳定、促进联合发展方面发挥了积极作用。东盟于 2007 年通过了首部具有法律约束力的国际公约——《东盟反恐公约》，该公约在促进东盟各国情报共享，合作打击恐怖主义方面发挥了重要作用。2018 年 6 月，中国举办上合组织青岛峰会，继续推进地区防务及安全合作。

2. 全球层面的影响。新兴经济体崛起加速世界经济的多极化进程。全球经济正在经历自工业革命以来规模最大的一次转型：经济增长重心正在从发达国家向亚洲、东欧、拉美等地的新兴市场国家转移，战后多年形成的美国经济"伤风"，世界经济就"感冒"的单极时代正在发生变化，这些新兴经济体以其经济政治、全球治理参与等方面日益增长的影响力，推动着去中心全球化向前发展。[②]国际货币基金组织（IMF）在 2024 年 7 月更新的《世界经济展望报告》中预计 2024 年中国经济增长 5%。IMF 首席经济学家皮埃尔－奥利维耶·古兰沙表示，中国等亚洲新兴经济体仍是全球经济主要引擎。近年来，亚洲经济欣欣向荣，地区经济快速发展，成为世界经济发展中的佼佼者。新兴国家大多分布在不同的地区，而且一些新兴国家处于同一地区，大大促进了世界经济中心的多元化，经济多元化必将有利于世界政治的多极化与民主化发展。

---

① 高祖贵、魏宗雷、刘钰：《新兴经济体的崛起及其影响》，《国际研究参考》2009 年第 8 期。
② 李佳、徐鹏博：《论新兴经济体对去中心全球化的驱动力》，《国际关系研究》2020 年第 4 期。

新兴国家如"金砖四国"推动国际经济秩序变革。2010 年 IMF 和世界银行改革后，新兴国家获得了更多发言权和投票权。2010 年 G20 峰会协议将 IMF 份额向新兴经济体转移 6%，中国份额提升至第三位，印度、俄罗斯、巴西的份额也显著上升。截至 2024 年，四国跻身 IMF 前十大份额持有国，新兴经济体话语权增强，发达经济体地位相对下降。

新兴经济体崛起促进国际政治格局演变。2008 年爆发的美国金融危机，深刻影响了世界政治格局的演变。如何认识 2008 年以来的国际政治格局的变化？美国学术界影响较大的观点主要有以法里德·扎卡利亚为代表的"转移说"和以理查德·哈斯为代表的"分散说"，前者认为世界权力的中心正在从西方向东方位移，后者认为世界权力正在从西方向新兴力量扩散。不论是"转移说"还是"分散说"，都在一定程度上反映了一个现实：新兴力量已整体崛起。新兴国家的群体崛起，也必将在世界政治中出现新的利益与政治诉求，从长期看将对国际政治格局产生深远影响。

新兴经济体崛起推动全球治理机制的改革。自 21 世纪起，尽管现行的全球治理结构在处理全球问题方面已取得不少成就，但因大国间合作推进迟缓、全球化的不平衡发展、各国利益的冲突以及治理结构的合法性不足等问题，全球治理的有效性仍面临重大挑战。同时，这些问题也凸显了现行全球治理结构的不足之处，国际社会对于加强和改善全球治理的需求变得更为迫切。从当今国际权力转移趋势看，非西方国家的崛起是权力转移的最大特征。公正合理的全球治理机制反映国际权力的分布特征。国际权力分布发生了很大变化，但当今的国际治理机制改革明显呈现出滞后性。2008 年美国金融危机以来，新兴国家整体崛起，并开始呼吁与努力推动全球治理机制的改革。例如在全球经济治理机制中，G7 在全球治理中的作用明显下降，以新兴国家为代表的 G20 扮演着越来越重要的角色；金砖国家也积极参与全球经济治理，推动金砖组织机制化，成立金砖银行；中国近年来不断提出"中国方案"，如人类命运共同体意识、正确的义利观等。

（二）"新兴经济体"面临的挑战

1.新兴经济体综合实力不足，发展模式需要转变。新兴国家经济发展迅速，主要集中在制造业，尤其是产业链下端，但在高新科技、人才、教育、资金、技术等方面与发达资本主义国家尚存在较大差距。另外，发达资本主义国家在全球政治经济中处于主导地位仍然是不争的事实，如果发达资本主义国家经济出现波动，新兴经济体经济很容易受到影响。

新兴经济体自身状况尚存在不少问题，如贫富差距较大、地区或城乡发展不平衡、经济体制不成熟等。如中国在经济发展过程中出现了老龄化问题、经济过热问题、贫富差距问题、环境污染问题等；俄罗斯经济模式建立在高能源价格基础上，经济增长对国际能源价格依赖过大等；印度面临基础设施落后、财政赤字过高等问题。

2. 西方主导的国际政治经济秩序短期内不会改变。当今世界的政治经济秩序是二战后按美国原则建立的、由美国主导的国际秩序。虽然在 20 世纪战后美国经历过经济衰退与"滞胀危机"，美国的实力有所下降，但美国在世界经济政治中的主导地位从没有发生根本性变化。2008 年美国金融危机爆发前的 2006 年，美元在国际储备货币中所占的比重为 64.1%，而在外汇交易市场上，80% 左右的份额依然是美元交易。金融危机后，美元在国际储备货币中所占比重虽有下降，但降幅不大。从短期来看，西方主导的世界秩序不会发生巨变。

近年来，尽管随着整体实力的上升，新兴国家在国际经济政治中的话语权、影响力等有所上升，但尚不足以撼动西方的主导地位。目前新兴国家的努力尚处于量变阶段，实现质变的条件尚不具备。

3. 新兴国家集体身份认同的困境。新兴国家在全球治理中面临的挑战还体现在集体身份的认同问题上。换言之，这些国家在多大程度上能够合作并形成统一的力量。尽管新兴国家之间存在诸多相似之处，但这并不保证它们会以集体形式参与全球治理，也不代表它们之间的合作能够一帆风顺。实际上，它们的合作还遭遇着众多难题。新兴国家的共同利益并不完全一致，导致彼此之间时有冲突。它们之间不仅是合作关系，同时也存在竞争关系。以中国与印度的关系为例，印度对于中国日益增长的国际影响力持有复杂态度。面对中国推进的"一带一路"倡议，印度既表现出搭乘中国经济增长快车的意愿，又对中国在南亚地区经济影响力的增强感到忧虑。再如，俄罗斯与巴西倾向于国际能源价格的上涨，而对能源需求巨大的中国与印度则倾向于能源价格的稳定或下降。

4.新兴国家尚缺乏一个统一的合作机制与平台，在正崛起的国家间，其合作关系并不那么紧密。现阶段，这些国家间的合作架构主要由"金砖国家"的"基础四国"以及印度、巴西、南非的对话平台组成，但这些合作机制仍然相对有限，无法充分满足新兴国家的全方位需求。虽然这些平台涵盖了所有的新兴国家，但它们在本质上构成了新兴国家与已经发展起来的国家之间的沟通渠道。因此，为了加强新兴国家之间的合作，构建一个统一的合作机制和平台显得尤为关键。

（三）"新兴经济体"的出路

1.转变经济发展模式，增强综合国力。无论是提高自身的国际地位，还是变革国际政治经济秩序，抑或是更主动地参与全球治理，这一切都需要以本国经济实力作为基础。因此，对于新兴大国来说，大力发展本国经济，处理好经济发展过程中的问题至关重要。具体来说，主要有以下对策：

第一，扩大内需，逐步减轻对发达国家经济的依赖。新兴国家往往人口相对较多，也就意味着新兴国家国内本身就是庞大的市场。但是新兴国家在经济发展过程中经常伴随着一系列问题，如贫富差距过大、城乡或地区发展不平衡等，这严重制约了本国人民的消费水平。因此，新兴国家处理好经济发展与社会公正的关系、统筹好国内国外两个大局显得格外重要。

第二，推动经济增长方式的转变。新兴国家的经济发展往往是建立在资源消耗的基础之上，这种粗放型的经济发展方式往往带来环境污染与生态破坏，不利于经济的可持续发展。因此，新兴国家要逐步转变经济增长方式，大力发展新兴产业，提高创新能力。同时，新兴国家也要优化经济产业结构，在稳固第一产业、提升第二产业竞争力的基础上，加速第三产业的发展，实现产业结构的协调发展。

2.新兴国家间要加强合作。新兴国家要实现成功崛起，除了挖掘内生动力外，还必须加强彼此的合作，借力发展与互动促变。首先，新兴国家要处理好因文化差异所带来的经贸冲突。新兴国家遍布全球各地区，许多新兴国家文化价值观等存在一定的差异，但新兴国家应在尊重彼此文化的基础上，进行积极良性的竞争，寻求利益融合点，加强新兴国家间的合作。尽管新兴国家实力上升，但相对发达国家依然处于弱势地位。因此，新兴国家间加强协调与合作，以整体的姿态出现，才能更好地提升自身实力。其次，新兴国家之间的合作要机制化、制度化，一个稳定的合作与协调的对话机制或者说平台，对于反映其整体利益诉求，加强彼此之间的沟通乃至建立互信，协调其在全球治理中的行动都具有十分重要的意义。

另外，政治稳定是新兴国家经济持续发展的关键因素。选举顺利、党派和谐、法律公正，均对经济有积极影响。诺斯的研究表明，发达国家如英美之所以能持续增长，得益于长期的和平、稳定的产权制度和高效的经济组织，这些是其经济崛起和持续增长的重要外部条件。[①] 因此，新兴国家能否处理好本国政治稳定问题，也是其能否持续崛起的重要条件。

3. 新兴国家应积极参与全球治理的进程。新兴国家在全球治理中应增强意识，助力建立更公正、平等的国际秩序。这将有助于它们改善自身在全球治理中的地位，并引导其向有利于自己的方向发展。面对治理挑战，新兴国家应通过设定议题和建立新结构来争取主导地位。它们的主要任务是作为合作者推动现有结构的改革，而非颠覆现有机制。鉴于实力限制，新兴国家应遵守现有机制，并以合作方式促进其改革，避免与发达国家对抗。同时，它们还应在新机制创建中积极争取主导权，以更好地反映其利益与诉求。

---

① ［美］道格拉斯·诺斯、罗伯斯·托马斯：《西方世界的兴起》，华夏出版社，1999，第5页。

第二节　重振大国地位的俄罗斯

俄罗斯，全名俄罗斯联邦，面积 1709.82 万平方公里，人口 1.46 亿人（截至 2023 年 4 月），民族 194 个，其中俄罗斯族占总人口的 77.7%。俄语是俄罗斯联邦全境内的官方语言。主要宗教为东正教，其次为伊斯兰教。俄罗斯横跨欧亚大陆，东西最长 9000 公里，南北最宽 4000 公里。邻国西北面有挪威、芬兰，西面有爱沙尼亚、拉脱维亚、立陶宛、波兰、白俄罗斯，西南面是乌克兰，南面有格鲁吉亚、阿塞拜疆、哈萨克斯坦，东南面有中国、蒙古和朝鲜。东面与日本和美国隔海相望。俄罗斯的首都是莫斯科，面积约为 2560 平方公里，常住人口约 1310 万（截至 2025 年 4 月）。

苏联解体后，俄罗斯联邦继承了苏联在国际法中的主体地位，成为国际社会一个重要的独立主权国家。俄罗斯自独立以来，经过叶利钦时代的转轨、普京时期的调整、梅普组合时期以及新普京时代的变革和发展，在经济上建立以注重效率、兼顾公平为基本特征的市场经济，在政治上形成稳定高效、开放灵活的主权民主制度，在外交上奉行务实平衡、积极主动的全方位外交政策，并以从未中断的帝国历史和苏联超级大国地位的情怀为现实奋斗的基础，努力实现俄罗斯民族的复兴之梦。

一、叶利钦时代的俄罗斯经济与政治

1992—1999 年的 8 年为"叶利钦时代"。这个时代被称为俄罗斯民族近 300 年历史中最黯淡的时期之一。[①] 在经济领域，相较于苏联解体前的俄罗斯，1999 年俄罗斯国内生产总值下降了近一半，这一跌幅甚至超过了 20 世纪 20 年代末至 30 年代初资本主义世界所遭遇的大萧条。这种经济衰退的严重程度，与第二次世界大战期间苏联所遭受的破坏相当。在这样的背景下，俄罗斯民众的生活普遍陷入了极度贫困之中。自 1992 年起，在叶利钦的领导下，俄罗斯开始了一场政治多元化和经济私有化的市场化制度转型。这场转型的核心内容是所谓的"休克疗法"，其主要措施包括放开价格和大规模私有化国有企业。这种疗法的初衷是希望通过短期的经济衰退，换取资本主义经济制度的建立。然而，实际的实施结果却与预期大相径庭。休克疗法不仅没有带来预期的经济繁荣，反而严重损害了俄罗斯的经济基础。长期的经济衰退、国力的持续下降、国有资产的大量流失以及社会贫富分化的加剧，都成为这一时期的显著特征。此外，在经济私有化过程中，寡头势力迅速膨胀，进一步加剧了社会的不平等。这种情况一直持续到 1999 年，普京上台执政后，俄罗斯的经济和社会状况才开始逐渐有所改善。普京采取了一系列措施，试图扭转经济衰退的趋势，恢复国家的经济实力，并逐步减缓社会贫富分化，遏制寡头势力的过度膨胀。

在政治领域，叶利钦在担任俄罗斯联邦总统期间，积极倡导并宣扬西方的民主价值观念。他主张俄罗斯联邦应当采纳并实施一种类似西方的政治制度，即所谓的"叶利钦西方式"的政治体制。为了实现这一目标，叶利钦推动了一系列以西方模式为蓝本的政治体制改革。这些改革的核心在于为俄罗斯联邦构建一个新的政治体制框架，其主要特征包括总统制、多党制、议会民主、三权分立以及自由选举。通过这些改革，俄罗斯联邦确立了一种以西方政治体制为模板的政治模式。然而，在这一过程中，俄罗斯联邦总统的权力被极大地扩大，导致在许多方面实行了所谓的"总统集权制"。在这种体制下，许多重要的政策决策往往由叶利钦个人做出，这在一定程度上带有总统独裁的色彩。此外，俄罗斯联邦的政党政治尚处于不成熟阶段，政党数量众多，导致政治局势复杂

---

① 李静杰、潘德礼主编《十年巨变 俄罗斯卷》，中共党史出版社，2004，第 258 页。

化。在向西方民主制度转变的过程中，俄罗斯联邦社会经历了激烈的冲突、民族纷争、权力斗争以及各种阴谋和流血事件。俄罗斯联邦社会因此变得动荡不安，成为各种政治势力角逐的大舞台。

在外交领域，俄罗斯采取了一系列措施。俄罗斯政府曾采取亲西方政策，叶利钦时期获得西方支持，苏联解体后继续执行亲西方路线。美国等西方国家试图推动俄罗斯西化。但随着民族主义抬头，叶利钦转向独立自主外交，旨在保护民族利益、促进经济发展，并强化俄罗斯在国际事务中的角色。同时，俄罗斯寻求西方尊重其利益，提升自身国际地位。

在民族和军事方面，在处理车臣问题的过程中，叶利钦采取了一系列重要的措施。他先后签署了《解除"非法"武装和在车臣境内恢复宪法法律制度》和《哈萨维尤尔特协议》，这两份文件对于解决车臣问题起到了关键性作用。1996年5月，叶利钦亲自前往车臣地区，正式宣布了第一次车臣战争的结束，并宣称俄罗斯军队在这场战争中取得胜利。

在苏联解体之后，叶利钦面临着对俄罗斯军事体系进行重大改革的压力。他决定结束长期以来实行的征兵制度，转而建立一套类似于美国和英国的职业化兵役制度。这一改革的核心在于缩减军队的规模，通过职业化军人（即合同制军人）来取代传统的征兵制度。这种改革不仅提高了军队的效率，而且在冷战结束后的国际环境中，使得俄罗斯军队更容易部署和使用，从而有助于俄罗斯在世界事务中扮演更为重要的角色。此外，职业化军人制度为军人提供了更多机会去获得必需的技能和掌握日益复杂且逐步投入使用的军事技术。这种制度的实施，不仅提升了军队的整体作战能力，还为俄罗斯在未来的国际舞台上争取更大的影响力奠定了基础。

在叶利钦执掌政权期间，社会政治领域的成就相对有限，且这一时期的剧烈社会变革伴随着极其惨痛的代价。总体而言，叶利钦时期的改革并未达到预期的效果。尽管在政治领域取得了一些成果，但这些成果并未有效地推动经济和社会的全面发展。相反，频繁的政治斗争对社会的发展产生了严重的负面影响，阻碍了国家的进步和人民的福祉。

二、普京时代的俄罗斯经济与政治

2000 年执政以来，普京致力于恢复俄罗斯超级大国地位，对内加强联邦政府的权力，整顿经济秩序，打击金融寡头，加强军队建设；对外努力改善国际环境，拓展外交空间，维护本国利益，在国际舞台上恢复了世界性强国地位。

政治上，普京以社会团结与和睦为目标，通过一系列改革措施理顺了各种重大的政治关系，如总统与国家杜马、总统与总理、中央与地方的关系，彻底改变了叶利钦执政时代以"乱"为特征的政治局面。具体而言，普京通过积极支持统一俄罗斯党并重组政府机构，基本确立了以总统为核心、政府和议会为支撑的"三位一体"政治体制架构；改革了联邦主体行政长官的选举机制，以强化国家垂直权力体系；致力于精简政府机构、打击腐败和寡头政治，旨在构建一个廉洁高效的政权体系；调整了国家杜马的选举方式，修订了政府法和政党法，以提升政党的作用并加强政党制度的建设；同时，设立公众院，以增强公民参与政治的意识和力度。

军事上，确立了俄罗斯的大国地位，部分恢复和加强了俄军的战斗力，更加震慑了整个欧洲，迫使美国在部署反导问题上做出让步，对车臣分裂分子坚决打击。车臣分裂分子滋事困扰车臣人民和联邦稳定由来已久，但一直没能够彻底解决。普京上台后采取"坚决打击、决不妥协"的强硬态度，终于使局面有所改观，而亲自前往车臣慰问官兵更使其赢得了不少支持。

经济上，普京上任后，背负起"振兴俄罗斯"的历史重任，利用有限的政治资源，依靠强力部门支持，进行了大刀阔斧的拨乱反正和"可控市场经济"改革，使俄罗斯经济逐步从严重的危机状态中摆脱出来，走向复苏，并实现了持续稳定的增长。俄罗斯经济的创新举措包括：摆脱依赖原材料的经济模式，增强国内制造业及提升在全球分工中的地位；推进创新导向型经济，增强对科技创新的政策支持；利用所有可行的资源，努力克服创新资金短缺的难题；整合优质企业资源，适度调整国有企业所占比例。

外交上，普京时期外交思想的基础是从俄罗斯本国利益出发制定外交政策。在此准则的基础上，普京在前两个总统任期里，对外战略和政策产生了巨大的变化，经历了"现实主义"到"新斯拉夫主义"的转变。第一个任期内，普京的主要任务是恢复俄罗斯的强国地位，所以必须平衡东西方的多向外交，建立广泛的伙伴关系。因此，在此阶段，普京致力于缓和与独联体国家、欧洲及美国的关系，并强化与中国的战略协作关系，为俄罗斯的社会经济发展创造一个稳定、安全的环境。而在第二个任期里，普京的外交政策更多地体现了他性格中的强人特质。随着国际形势的变化和俄罗斯国力的增强，普京政府在外交事务中的态度转向强硬。尽管和世界上各国发展伙伴、同盟和战略关系仍然是对外关系发展的大方向，但俄罗斯逐渐强调独立性，坚持自身道路的自主性与合理性，在面对冲突时，也放弃了妥协求合作的态度。2018 年，普京开启第四个总统任期，俄罗斯面临着经济结构不合理、过于依赖能源出口等问题，在国际舞台也遇到了很多挑战。自 2014 年乌克兰危机，特别是 2022 年俄乌冲突以来，欧美一直对俄罗斯进行制裁以及极限施压，俄美关系斗而不破，但是俄罗斯国内经济遭到沉重打击，如何平衡俄罗斯国内经济发展、社会稳定和对外关系，是普京要处理的难题。

第三节 印度、南非、巴西等国的经济与政治

新兴大国在当今世界政治经济舞台中发挥着积极作用。新兴大国在地理位置、人口、资源方面具有优势,进入 21 世纪后,经济发展迅速,国内生产总值快速增长且在全球 GDP 排名中位居前列,在地区以及全球事务中发挥着重要作用与影响。其中,以中国、印度、南非、巴西为代表的金砖国家是最具代表性的新兴大国。这些新兴大国展示出强劲的发展势头,对促进世界经济的增长以及国际政治经济秩序的变革起到重要作用。

一、印度的政治经济以及对外战略

印度从 1947 年独立以来,承袭了原宗主国英国的议会民主政体,几十年来,印度的政体维持了基本稳定。另外,印度经济自独立以来一直保持稳定增长,尤其是 20 世纪 90 年代后,印度经济快速发展,经济总量飞速提升,综合国力显著增强。在实力全方位提升的背景下,进入 21 世纪后,印度谋求世界大国地位的步伐不断加快。

（一）印度的基本情况

印度，全称为印度共和国，地处南亚次大陆，国土面积约为 298 万平方公里（不包括中印边境印度占领区及克什米尔印度实际控制区等），在世界各国面积排名中位居第七。印度人口众多，截至 2023 年，印度人口约 14.4 亿。根据国内生产总值的统计，印度已成为全球第五大经济体。从历史的角度来看，古印度是世界四大文明古国之一。在公元前 2500 年至公元前 1500 年期间，印度河流域孕育了印度河文明。公元前 4 世纪，孔雀王朝统一了印度，并开始推广佛教，使其传播至境外。约公元前 187 年，孔雀王朝灭亡后，印度经历了分裂和外族入侵，印度教和伊斯兰教开始兴起。1600 年，英国侵入印度，建立了东印度公司，1757 年后，印度逐渐沦为英国的殖民地。1947 年 6 月，英国颁布了"蒙巴顿方案"，实施了印巴分治。同年 8 月 15 日，印度独立。1950 年 1 月 26 日，印度宣布成立共和国。近年来，印度服务业发展迅速，2020 / 2021 财年，服务业对国民经济总增加量的贡献率达到 55.39%，成为印度创造就业、创汇和吸引外资的主要领域。同时，印度的旅游业和服务业也相当发达，在国民经济中占有重要地位。旅游业是印度政府重点发展的产业和重要的就业部门，提供了两千多万个工作岗位。同时，印度拥有世界上十分之一的可耕地，面积约 1.5 亿公顷，是世界上主要的粮食生产国之一。

（二）印度的政治

印度于 1947 年独立，英国式的议会制度被沿用下来，经过 70 多年的演变，其基本结构未变。印度共和国宪法经过多次修正，基本内容依然保留。当代印度的政治制度与西方国家相似，都是以议会民主制为核心，形成了涵盖行政制度、司法制度和政党制度的一整套体系。印度的政治制度从英国移植而来。[①]印度的政治体系与英国存在相似之处。自 1950 年印度宪法生效以来，该国被确定为联邦制国家，各邦被赋予了广泛的自治权，成为相对独立的政治实体。在政治体系上，印度采纳了英国式的议会民主制度。

联邦议会由总统和两院构成，负责行使立法权。总统作为国家的元首和武装部队的最高指挥官，由议会两院及各邦议会选出的选举团选出，任期为五年。

① 胡志勇：《印度现代政治发展进程析论》，《南亚研究季刊》2016 年第 4 期。

德劳帕迪·穆尔穆于 2022 年 7 月宣誓就任总统。然而，总统在行使职权时须遵循内阁的建议，因此其实际权力相对有限。印度的两院包括联邦院（上院）和人民院（下院）。联邦院共有 250 个席位，其中总统提名 12 名具有特定专业知识或实际经验的议员，其余席位由各邦及中央直辖区的代表担任，副总统担任主席。人民院是主要的立法机构，其核心职能包括制定法律、修改宪法、控制和调整联邦政府的财政收支、对联邦政府提出不信任动议，并拥有弹劾总统的权力。人民院共 543 个席位，由选民直接选举产生，每五年举行一次大选。

内阁是印度最高行政机构。由总理及内阁部长所组成的内阁，是印度的决策核心，总理由总统任命。依据宪法规定，总理可出自人民院或联邦院，然而在大多数情况下，印度总理来自人民院。

印度最高法院作为该国司法体系的最高机构，拥有解释宪法、裁决中央政府与各邦间争议等职能。最高法院的法官由总统任命。总检察长则由政府指派，其主要职责包括向政府提供法律事务上的咨询与建议，执行宪法和法律赋予的检察职责，以及监督宪法和法律的实施情况。此外，各邦亦设有高等法院。

印度实行多党制，依据选举委员会所定标准，依据其在人民院所占席位数目及有效选票占有率，政党可被划分为全国性政党与邦级政党。此外，各邦内部亦存在地方性政党。至 2023 年 5 月，印度共有 6 个全国性政党、54 个邦级政党，以及 2597 个小政党。已注册的政党享有保留党徽的权利、在国家电视台和广播电台免费播出时间的权利、在选举日期设定及提供选举规则和规定方面获得咨询的权利，并且有权参与选举。

在 20 世纪 90 年代之前，印度的政治格局长期由印度国民大会党（以下简称"国大党"）所主导。自 1996 年起，印度政治局势开始出现动荡，至 1999 年期间，共举行了三次大选，导致五届政府的更迭。直至 1999 年至 2004 年期间，以印度人民党为首的全国民主联盟开始执掌政权。此后，印度政治格局由单一党派主导转变为两大政党联盟的对抗，即由国大党领导的团结进步联盟与印度人民党领导的全国民主联盟在人民院的席位上展开竞争。在 2004 年至 2014 年期间，团结进步联盟重新执政。到了 2014 年，人民党在人民院赢得了过半数席位，成为第一大党，并在中央政府中独立执政。至 2019 年，人民党再次领导全国民主联盟获得过半数席位，莫迪总理得以成功连任。

（三）印度的经济

印度自近代以来一直饱受殖民主义的剥削与压迫，经济发展缓慢且经济基础非常薄弱，农业生产力低下，工业化迟滞。独立前的印度经济情况较差。独立后，印度政府在详细考察了国家的经济形势后，制定了切实可行的经济政策。印度领袖尼赫鲁在印度实行一种基本为资本主义混合社会主义计划经济成分的经济体制，仿照苏联实行五年计划，实行国有化，建立国有经济，实行温和的土改政策，废除"柴明达尔制度"，建立农业合作社，通过国家计划管理经济等。在 20 世纪 70 年代末，国家经济有了明显的起色。

进入 20 世纪 80 年代，印度出台了一系列自由化经济改革措施，经济整体保持了稳定发展。1991 年拉奥上台后，拉奥政府进行了大刀阔斧的经济改革，改革给印度带来了较快的增长。1992—2002 年，印度经济平均年增长率达到了 5.8%，2003—2010 年（除 2008 年）经济增长率都高达 8% 左右。自 2014 年起，莫迪总理及其领导的政府一贯以发展为口号，将经济发展、实施市场化改革作为其主要政治承诺。在 2014—2019 年的第一任期内，莫迪政府推出多项改革，新政府将发展战略重点从服务业转向制造业，计划将制造业贡献率从 15.0% 提高到 2022 年的 25.0%，以期每年为超过 1200 万的年轻人提供就业机会。印度经济在莫迪上台后继续保持平稳快速的发展。自 2021 年以来，印度成为世界上增速最快的大型经济体，平均经济增速保持在 7.9%，远高于全球平均水平。根据国际货币基金组织的数据，2023 年，印度 GDP 达到 3.73 万亿美元，超过英国成为全球第五大经济体，印度经济增长在全球增长最迅速的主要经济体中名列榜首。2024 年印度大选后，全国民主联盟胜出，并推举莫迪为其领导人。6 月 9 日，莫迪宣誓就任总理，开始第三个总理任期。

印度是经济大国，其经济发展主要得益于信息产业的高速发展，但另一方面，印度的制造业、农业等产业还处于相对落后的地位。经济产业发展不均衡是印度经济的重大问题，另外印度经济还面临着其他问题，虽然近年来经济高速发展下国民生产总值快速增加，但印度的人均国民生产总值仍然低下。印度经济还受到劳动力教育水平较低、劳动力素质较差等因素的影响。

（四）印度对外关系的发展演变

独立后，印度的战略目标是实现自身综合国力的发展，而非卷入大国间的争端。此后历届印度政府基本都是以做南亚领导者，进而成为世界性大国作为对外战略方针。在冷战结束后，世界多极化趋势加快，印度谋求大国地位的脚步也相应加快了，其基本目标是：领导南亚次大陆，充当印度洋地区盟主，为经济发展创造有利的国际环境和周边环境，争取成为联合国安理会常任理事国，实现世界大国地位。

第一阶段，形成南亚次大陆优势地位阶段（1947年—20世纪50年代末）。1947年8月，摆脱英国殖民统治的印度迎来了独立。在尼赫鲁的带领下，印度采取了全球和平独立、反帝国主义、反殖民主义以及不结盟的外交方针。特别是"不结盟"政策，作为尼赫鲁的四大核心国策之一，它反映了众多第三世界国家在两极格局中对世界和平、自身安全与发展的深切愿望，因此迅速成为一个具有重大影响力的运动。印度及其领导人尼赫鲁，在第二次世界大战后的全球舞台上赢得了显著的声望。但在地区层面，印度在处理与南亚邻国的关系时，采取了不同的原则和外交策略。尼赫鲁的南亚政策主要涉及：对不丹、尼泊尔等邻近小国的控制；削弱巴基斯坦；通过合作影响斯里兰卡。尼赫鲁的战略目标是主导南亚次大陆，成为南亚的领导者。

第二阶段，确立地区大国阶段（20世纪60年代至80年代）。在这一时期，印度对华政策发生了重大转变，从初期的友好合作逐渐走向对抗与冲突。这一转变的背景复杂多变，既有历史遗留问题的纠葛，也有地缘政治因素的推动。与此同时，印度对巴基斯坦的政策也趋于强硬，两国之间的紧张关系不断升级，最终导致了第二次印巴战争的爆发。这场战争不仅加剧了南亚地区的动荡不安，也促使印度在外交上寻求新的盟友和支持者。为了应对对华对巴的战略压力，印度开始积极调整其外交政策，将目光投向了当时世界超级大国之一的美国。美国出于自身外交战略的需要，对中印边境冲突表示了关注，并向印度提供了经济、军事等多方面的援助。这一举措无疑为印度提供了重要的外部支持，有助于其在地区冲突中保持一定的优势地位。然而，随着国际形势的变化和美国外交政策的调整，印度与美国之间的关系也经历了波折。20世纪70年代中期，美国恢复了对巴基斯坦的军事援助，这一举动激起了印度的强烈不满和反对。印度认为这一举动是对其国家安全和利益的严重威胁，因此开始寻求新的外交出路。在这一背景下，印度与苏联的关系逐渐升温。两国在军事、经济等多个领域展开了广泛的合作与交流，建立了坚实的军事同盟关系。戈尔巴乔夫时期，印苏关系更是达到了前所未有的密切程度。两国领导人频繁互访，签署了一系列重要协定，为两国关系的未来发展奠定了基础。在这一时期，印度在国际事务中积极支持苏联的立场和主张。无论是在联合国大会上的提案表决，还是在其他重大国际问题的处理上，印度都坚定地站在了苏联一边。另外，在20世纪80年代，印度还以强硬态度处理斯里兰卡的泰米尔人问题。

第三阶段，加快谋求世界大国地位阶段（冷战后至今）。长期以来，印度最基本的对外战略思想以及国家战略目标就是追求世界大国地位。冷战结束后，经过几年的徘徊之后，印度政治家们调整了对外战略，在维护南亚地区主导权基础上，注重亚洲外交，积极改善了与以美国为首的西方大国的关系，全面恢复和发展了与俄罗斯的传统友谊，并改善和发展与中国的关系，在大国之间左右逢源，以求本国利益最大化。印度对外战略的演变"以我为中心"，实行"全方位平衡"战略，以维护与大国关系为重点。[①]

印度将南亚作为外交的根基，格外注重与亚洲国家的关系。自冷战结束以来，印度与南亚邻邦的关系经历了显著的转变，特别是印度与南亚诸国的关系得到了显著的提升。在这一时期，平等、合作、发展构成了印度南亚外交政策的核心。1996年，印度提出了"古杰拉尔主义"[②]。"古杰拉尔主义"的睦邻外交政策改善了印度同南亚邻国的关系，进一步巩固了印度在南亚地区的主导地位。后冷战时代，印度特别注重其在亚洲的外交活动。在这一时期，印度的亚洲政策主要目标是与亚洲各国广泛发展友好合作，并将亚洲细分为南亚、东亚、中亚和西亚四个地理区域。基于各区域的特定情况以及印度的国家利益，

---

① 胡志勇：《冷战后印度对外战略观论析》，《南亚研究季刊》2014年第2期。
② "古杰拉尔主义"是1996年古杰拉尔任印度外交部长时提出的，同年9月，古杰拉尔首次对这一政策做出了表述：（一）针对尼泊尔、孟加拉国、不丹、马尔代夫和斯里兰卡这些邻国，印度并不要求互惠，而会尽可能多地给予信任和帮助；（二）绝不允许在任何一个南亚国家领土范围内发生有损该地区其他国家利益的行为；（三）互不干涉内政；（四）所有南亚国家互相尊重领土完整和主权独立；（五）所有有争议的问题均将使用和平的方式，通过双边谈判来解决。

印度采取了有针对性的策略。在东亚，印度推行了"东向政策"，旨在强化与该地区的经济合作，以推动本国经济的增长。特别是，印度着重于加强与东亚主要国家中国和日本的双边关系。在中亚，印度以抵制恐怖主义、极端主义和分裂主义这三股势力为突破口，发展与该地区国家的联系，其战略重点在于保障国家安全和能源安全。至于西亚，印度放弃了冷战时期完全倾向于伊斯兰国家的立场，转而采取一种平衡策略，既与伊斯兰国家保持良好关系，也与以色列进行外交互动，目的是加强与整个西亚地区的联系，并确保能源供应的稳定性。

印度还注重加强与美国、欧盟和俄罗斯的关系。从印度的政治战略看，印度希望借助美国加强自己的国际地位，尤其是希望在"入常"路上能够得到美国的大力支持，与美国合作遏制中国的崛起、打击恐怖主义等，同时双方在经济上可以实现互补。2010 年，印度与美国宣布印美战略关系为 21 世纪的"决定性伙伴关系"。在对欧关系上，印欧建立了首脑会晤机制。在对俄关系上，印度推行务实合作的政策，平衡与其他大国的关系，获得更多利益。2014 年 5 月，印度莫迪政府上台执政，其外交活跃强势，形成了风格鲜明独特的"莫迪主义"。莫迪主义的主要内容有：恩威并施，加强对南亚邻国的掌控；推出"东向政策"，强化与周边地区利益捆绑；积极主动，争当印太地区主导性力量；左右逢源，谋取大国互动中更加有利地位等。[①]

二、南非的政治经济以及对外战略

南非共和国地处非洲大陆的最南端，是非洲的重要国家之一。自近代起，南非不幸沦为英国的殖民地，长期遭受白人种族主义和种族隔离政策的剥削与压迫。经过南非人民不懈的斗争以及国际社会的大力支持，长达三个半世纪的白人种族主义统治终于在 1994 年宣告结束。南非实现了政治上的重大变革，并且在经济和社会领域实现了平稳过渡，新建立的种族平等的民主制度获得了全球的广泛认可。

---

① 荣鹰：《"莫迪主义"与中印关系的未来》，《国际问题研究》2017 年第 6 期。

（一）南非的基本情况

从区域位置来看，南非位于非洲大陆最南部，其纬度自南纬22°至35°，经度从东经17°至33°，面积为121.9万平方公里。东南西三面为印度洋和大西洋所环绕，两大洋交汇于好望角附近的海域，南非海岸线长约3000公里。陆地边界从西北到东南与纳米比亚、博茨瓦纳、津巴布韦、莫桑比克和斯威士兰接壤；另一邻国莱索托被南非领土围绕。值得注意的是，南非西南端的好望角航线历来是世界上最繁忙的海上通道之一。因此，其战略位置极为重要。南非矿产资源丰富，是世界五大矿产资源国之一。现已探明储量并开采的矿产有70余种。铂族金属、氟石、铬、黄金、钒、锰、锆、钛、磷酸盐矿、铀、铅、锑等储量居世界前列。南非的黄金资源相当丰富，其黄金出口额占全部对外出口额的三分之一，因此被誉为"黄金之国"。该国人口6200万（2022年南非人口普查数据），分黑人、有色人、白人和亚裔四大种族，黑人主要使用班图语。白人主要为阿非利卡人和英裔白人，语言为阿非利卡语和英语。

从历史沿革来看，南非最早的土著居民是桑人、科伊人及后来南迁的班图人。17世纪受到荷兰殖民者的入侵。19世纪初受到英国殖民者的入侵，在1899—1902年爆发了"英布战争"，南非沦为英国的殖民地。1910年，英国将部分省合并，成立了南非联邦，作为英国的自治领。南非的白人政府长期通过立法和行政措施在国内实施种族歧视和种族隔离政策。1948年南非国民党上台后，全面实施了种族隔离制度。1961年，南非脱离英联邦，成立了南非共和国。1989年，德克勒克成为国民党领袖和总统，他推动了政治改革，废除了对黑人解放组织的禁令，并释放了包括纳尔逊·曼德拉在内的黑人领袖。1991年，非洲人国民大会（简称非国大）等19个政党就政治解决南非问题进行了多党谈判，并在1993年就政治过渡方案达成了共识。1994年4月至5月，南非举行了首次不分种族的大选，以非国大党为首的三方联盟获胜，曼德拉成为南非首位黑人总统，标志着"新南非"时代的到来。

（二）南非的政治

1.种族主义时期。1993年，南非过渡时期临时宪法的制定是南非政治发展的转折点。在此之前，南非的宪法与政治制度是以维护白人种族主义统治为宗旨的。[1] 自 17 世纪中叶起，荷兰和英国开始侵略南非。1899—1902 年发生英布战争，1910 年，分散的殖民地合并为南非联邦，成为英国自治领。1961 年，南非成立共和国。1994 年，种族隔离结束，新南非成立，实施体现种族平等的宪法。

1910 年，英国议会通过的《南非法》是南非组成一个单一的政治实体后的第一部宪法。1910 年，南非联邦成立，由开普、纳塔尔殖民地，以及德兰士瓦和奥兰治自由邦组成南非联邦，采纳英国议会制度模式，实行两院制，但宪法规定只有白人才有选举权。1910 年颁布的《南非法》标志着南非白人政府初步构建了一套严格的种族隔离体系。1961 年，白人政府颁布了《南非共和国宪法》，继承了 1910 年宪法的核心框架，同时更加强化了种族歧视政策。1983 年，第三部宪法出台，试图缓和白人与有色人种、印度人之间的关系，但对黑人的种族隔离政策仍旧根深蒂固。1993 年，临时宪法的通过，废除了种族隔离制度，这为建立统一、民主的新南非，确定了制宪原则。1996 年，《南非共和国宪法》颁布，确立了南非的新型政治体制，是南非的现行宪法。该宪法在制定过程中广泛听取社会各界的意见和建议，是公认的体现民主的宪法。

2. "新南非"时期。1994 年 4 月，南非举行了历史上首次各种族平等的大选。以非国大为首的三方联盟赢得 62.65% 的选票，以绝对优势赢得大选，同年 5 月，国民议会选举曼德拉为南非历史上第一任黑人总统。1996 年 5 月，南非制宪议会通过了《南非共和国宪法法案》，这部宪法基本确立了南非的政治制度。根据新宪法，南非实行总统内阁制，行政、立法、司法三权独立。总统是国家元首和政府首脑，由国民议会选举产生，当选总统后不具备议员身份。内阁由总统、副总统和部长组成。总统领导内阁工作，和内阁成员共同行使行政权。副总统、内阁部长和副部长由总统从国民议会议员中任命。议会实行两院制，分为国民议会和全国省级事务委员会，任期均为 5 年。国民议会共设 400 个议席，其中 200 个席位根据全国选举结果分配，另 200 个席位根据省级选举结果分配。南非司法体系基本分为法院、刑事司法和检察机关三大系统。法院由宪法法院、最高上诉法院、高等法院、地方法院等组成。南非实行多党制，主要政党有非

---

[1] 冯特君主编《当代世界政治经济与国际关系（第 5 版）》，中国人民大学出版社，2012，第 362 页。

洲人国民大会（非国大）、民主联盟、经济自由斗士党、人民大会党等。

2018 年南非大选，非国大党赢得总统大选。2018 年 2 月 15 日，南非国民议会选举非国大主席西里尔·拉马福萨为南非新总统，2019 年 5 月连任总统，2022 年 12 月连任非国大主席，2024 年 6 月再次连任总统。

（三）南非的经济

南非，作为非洲大陆上的经济大国，历经约 150 年的矿产开采与工业化发展，已经构筑起世界一流的矿业、种类繁多的制造业、现代化农业，以及尖端的能源和军工产业。此外，南非还具备完善的金融体系和基础设施。作为撒哈拉沙漠以南非洲的主要制造业中心，南非在技术和管理人才方面拥有显著优势。[①]据世界银行世界发展指标数据库显示，新南非成立之前的 20 年，即 1974—1993 年种族隔离的最后时期，南非国民生产总值年均增速仅为 1.85%。南非在 1990 年 GDP 经济增长率为负增长，仅为 -0.3%，但从 2000 年开始，新南非经济增长率显著提高，2000 年经济增长率为 4.2%，2008 年经济增长率为 3.2%，随后受国际金融危机的影响，2009 年经济增长率为 -1.5%，从 2010 年南非经济开始反弹，经济增长率呈现正增长，但增长较慢，2015—2017 年连续三年经济增长率分别仅为 1.3%、0.7%、1.2%。通过这些数据可以看出，尽管近年来南非经济增长率走低，但从总体来看，新南非时期的经济保持了稳定增长。与此同时，南非的经济总量不断扩大，从 1990 年的 1260 亿美元增加到 2024 年的 4003 亿美元。

值得注意的是，据南非商务部商务数据中心数据显示，1994—1997 年，南非的失业率仅为 5% ~ 6%，但从 1998 年以来，南非的失业率长期保持在 25% 左右。相对应的是，南非的失业人口在 1994—1997 年保持在 30 万左右，但从 1998 年开始，失业人口激增至 300 多万，并且常年保持高位，并呈现出增长的趋势。通过对数据分析，可以看出，尽管南非经济不断增长，但失业率、失业人口却不断增加，普通民众收益并不多。

自新南非成立 30 多年以来，其社会经济的显著进步可归因于若干关键因素。第一，自 1994 年起，南非政府根据国际经济形势的演变及国内经济发展的实

---

① 杨立华主编《列国志·南非》，社会科学文献出版社，2010，第 236 页。

际需求，持续对财政及货币政策进行调整。该过程始于财政紧缩政策，逐步过渡至逆周期调节及危机应对，最终实现了向可持续财政政策的转变。第二，政府坚持依法治国，致力于提升黑人社群的经济地位。自新南非成立以来，政府的经济政策主要目标是改变白人统治时期形成的不合理社会经济结构，解决种族隔离制度遗留的经济问题，增加就业机会，促进经济增长，以满足人民日益增长的发展需求。第三，南非实施了以非洲大陆为基础、向东开放的国际化战略。新南非成立之初，由于长期的国际经济制裁，国内市场相对封闭。随着国际社会对南非经济制裁的解除，以及南非与南部非洲国家关系的改善，南非逐渐成为国际社会日益重视的新兴市场。

南非经济也面临着不少问题，如劳动力素质低下导致的结构性失业问题。[①]受白人统治时期种族主义的影响，大部分黑人缺乏接受教育的机会，导致黑人劳动力素质总体低下。另外，南非经济还面临着产业结构失衡的问题。白人当局时期，南非经济结构以重工业为主，例如金矿业等，导致南非服务业和制造业相对落后。除此之外，南非经济发展不平衡，收入分配制度不完善，导致南非经济深受贫富悬殊等问题困扰。

（四）南非对外关系的发展演变

第二次世界大战后，南非的对外关系基本可以划分为两个时期：种族隔离时期（第二次世界大战后至1993年12月通过《南非共和国临时宪法》）与新南非时期。在种族隔离时期，南非白人当局对外政策主要包括两个方面：一是与西方国家的关系。第二次世界大战后，南非实行亲西方的片面外交；二是处理好与非洲国家的关系，特别是南部非洲国家的关系。白人种族主义统治下的南非，虽然在地理上属于非洲，但是却在非洲地区推行地区霸权主义政策。

南非废除种族隔离制度之后，结束了其在国际上的孤立处境，开始全面重返国际舞台。南非建立各种族平等的民主政体后，其对外关系也开始做出相应的调整，使南非受到国际社会的尊重与瞩目。1994年新政府成立以来，南非确定了基本的外交政策目标：实现南非与国际社会外交关系的正常化，并不断加强；通过双边和多边关系保护和促进南非的国家利益和价值；在相互依存和全

---

① 姚桂梅：《南非经济发展的成就与挑战》，《学海》2014年第3期。

球化的世界经济中促进南非的经济发展；推动国际社会尊重人权和民主；为国际和平、安全稳定做出贡献等。其对外关系的基本思路为：处理好与周边国家的关系，立足于非洲大家庭，全方位面向国际社会。

1994 年新南非诞生以后，在经济平稳发展与政治稳定的基础上，积极调整对外关系，并取得了可喜的成就，加速迈向新兴大国的步伐。纵观新南非诞生之后的对外关系，按在任总统可分为四个时期：曼德拉政府时期、姆贝基政府时期、祖马政府时期以及拉马福萨时期。

1. 曼德拉政府时期：南非强调人权事务在多领域的重要性，主张通过全球民主化解决人类问题，坚持正义和国际法，倡导和平，强调外交政策需反映非洲利益，以及推动基于区域和国际合作的经济发展。1997 年，非国大在其公布的外交政策文件中明确指出，南非的外交政策应当遵循人权、正义和民主的原则。南非高举"民主与人权"的旗帜，获得了西方主流社会的普遍认同，这有助于南非顺利重返国际社会。紧接着，南非与美国、欧盟等西方发达国家和地区的关系迅速升温，南非加强了与发达国家的经济合作，从而增强了自身的经济实力和国际地位。但是，由于非洲国家在民主与人权方面普遍面临困境，曼德拉政府的"人权、正义、民主"外交政策使得南非在对非洲国家的外交活动中面临尴尬的境地。综合来看，南非在曼德拉政府时期的对外政策目标是：在对外关系上通过人权、正义和民主的原则，重返国际社会。

2. 姆贝基政府时期："非洲复兴"思想指导下的对外关系。姆贝基政府积极推行"非洲复兴"理念，该理念成为其执政时期外交政策的核心指导原则。所谓"非洲复兴"，意指通过团结与合作实现非洲大陆的重建。非洲已具备实现复兴的若干条件：第一，新南非的成立标志着非殖民化进程的彻底完成；非洲民众已认识到新殖民主义的失败；随着冷战的结束，大国在非洲争夺影响力的斗争已有所减弱；全球化进程正加速推进。第二，非洲需建立民主政治体系和现代市场经济体系。第三，南非有能力为非洲的复兴做出贡献。第四，国际社会亦可为非洲的复兴提供支持。因此，南非致力于推动非洲大陆的"联合与自强"，并致力于维护非洲的"和平与安全"。在国际社会中，南非积极为减轻非洲国家的外债负担而努力，并助力非洲国家实现"联合国千年发展目标"。南非在非洲所做的贡献赢得了广泛赞誉与支持，南非逐渐成为非洲国家乃至国际社会公认的"非洲代言人"。综合来看，南非在姆贝基政府时期的对外政策目标是：通过"非洲复兴"，成功融入非洲大家庭。

3. 祖马政府时期："多边外交"思想指导下的对外关系。祖马政府时期的外交政策以国家利益为驱动，实行全方位的对外交往。在发展中国家层面，加入金砖国家合作机制，积极参与南南合作，如深化在不结盟运动、中非合作论坛、七十七国集团中的参与，以及推动印度、巴西、南非的三边会谈等。在发达国家层面，加强与美国的交往，借助美国《非洲增长与机遇法案》促进南非经济发展。综合来看，祖马政府在继承前任"非洲复兴"政策的基础上，通过南南合作、南北对话等政策，加速向新兴大国迈进。

4. 拉马福萨政府时期：南非继续奉行独立自主的全方位外交政策，主张改革现行国际秩序，加强"全球南方"国家的话语权。努力促进非洲一体化和非洲联盟建设，推动南南对话和南北对话，重视与金砖国家和二十国集团的合作，2018年、2023年皆在南非约翰内斯堡主办了金砖国家领导人会晤，2024年12月，南非首次接任二十国集团轮值主席国，成为该论坛担任领导角色的第一个非洲国家。继续维持与中国最大贸易伙伴国的关系，2022年，南非与中国签署10年合作战略规划，2024年，两国签署联合声明，宣布双边关系升级为"新时代全方位战略合作伙伴关系"。

三、巴西的政治经济以及对外战略

巴西联邦共和国是南美洲最大的国家，在拉美以及世界上具有重要的地位。巴西是发展中国家独立最早的一批国家，也是最早实施现代化的一批发展中国家之一。20世纪30年代，巴西政府开始实施进口替代发展战略，这对以拉美地区为代表的一些发展中国家独立后发展战略的选择产生了重大影响；20世纪60年代末到70年代中期，经济年均增长率高达10%，被誉为"巴西奇迹"；80年代，受高通胀和债务困扰，经济陷入长期滞胀。90年代，巴西政府推行外向型经济模式，经济重拾增势。受1998年亚洲金融危及波及，1999年发生严重金融动荡，经济增速再次放缓。进入21世纪后，巴西经济总体上保持了平稳较快发展，同时巴西积极开展全方位外交，成为新兴大国之一，令国际社会为之瞩目。

（一）巴西的基本情况

从历史发展的视角来看，古代巴西曾是印第安人的聚居之地。公元 1500 年 4 月 22 日，葡萄牙的航海先驱佩德罗·卡布拉尔踏上了巴西的土地。随后，在 16 世纪 30 年代，葡萄牙派遣远征队至巴西，并在此建立了殖民地。1808 年，因拿破仑入侵葡萄牙，葡萄牙王室被迫迁移至巴西避难。然而，1821 年，葡萄牙王室重返里斯本，而王子佩德罗则留在巴西担任摄政王。在 1822 年 9 月 7 日，佩德罗王子正式宣布巴西独立，建立了巴西帝国。

巴西的历史进程在 1889 年 11 月 15 日迎来了重大转折，丰塞卡将军发动政变，成功推翻了帝制，巴西合众国由此诞生。自此以后，巴西历经了第一共和国、第二共和国以及军人政权等多个历史时期。直至 1985 年 1 月，反对党在总统的间接选举中取得胜利，从而结束了军人统治。目前，巴西实行的是总统共和制。

从地理位置来看，巴西位于南美洲的东部，赤道线和南回归线分别横跨其国土的北部和南部。北邻法属圭亚那、苏里南、圭亚那、委内瑞拉和哥伦比亚，西界秘鲁、玻利维亚，南接巴拉圭、阿根廷和乌拉圭，东濒大西洋，海岸线长约 7400 公里。国土的 80% 位于热带地区，最南端属亚热带气候。北部亚马孙平原属热带雨林气候。巴西国土面积 851.04 万平方公里，是拉丁美洲最大的国家，约占南美洲总面积的一半。

巴西是资源大国。铁矿储量占世界总储量的 9.8%，居世界第五位，产量 3 亿多吨，居世界第二位，出口量也位居世界前列，另外锰、铝矾土、铅、锡等资源也相当丰富。森林覆盖率达 62%，木材储量 658 亿立方米。水力资源丰富，拥有世界 18% 的淡水，人均淡水拥有量 29000 立方米，水利蕴藏量达 1.43 亿千瓦 / 年。再者，巴西的农业资源也相当丰富，是世界第一大咖啡生产国与出口国，大豆、蔗糖与柑橘的产量也居世界之首。

（二）巴西的政治

巴西的政治体制经历了长期的历史演变。16 世纪早期，葡萄牙殖民者到达巴西后，对巴西进行了 300 多年的殖民统治。在葡萄牙殖民统治期间，巴西在政治、经济、社会和文化方面完全受制于葡萄牙君主的统治。1822 年 9 月 7 日巴西独立后，继承了葡萄牙的君主政体，先后由佩德罗一世和佩德罗二世实施君主统治，直至 1889 年巴西建立合众国。1889—1930 年，政权掌握在大农业寡头手中，在巴西历史上被称为"旧共和时期"。[①]

20 世纪 30—60 年代中期政治状况：瓦加斯建立了民众主义的政治模式，在巴西历史上第一次用一个工业资产阶级领导、大种植园主和大资产阶级参与、以城市工人阶级为基础的多阶级联盟的政治模式，正式取代延续几个世纪之久的农村地主寡头统治的政治模式。巴西在那个时期还产生了民众主义。民众主义指的是社会转型时出现的一种政治现象，是社会政治现代化的产物。民众主义注重把民众动员起来纳入政治进程，在客观上起到了调动民众参与国家发展进程的作用。

军人政权向文人政权的转变（1964—1985 年）：1964 年，军人发动政变上台执政，巴西进入了长达 21 年的军政府时期。在这期间，巴西先后历经了五个军人政权。到 20 世纪 70 年代末，巴西社会各阶层对军人政府的威权统治日趋不满，与此同时受到国际第三波民主化浪潮的影响，巴西国内要求民主自由、加快政治体制改革的呼声高涨。于是，巴西的军人独裁统治开始出现松动。巴西军人独裁政府承受着来自国内外强大的压力，随后巴西军政府开始"还政于民"，决定开放党禁，取消新闻审查制度，赦免不同政见者。1984 年，巴西一些政党组织了百万人的集会和游行，要求直接选举总统，要求军人政府下台。1985 年 1 月举行了总统选举，结束了长达 21 年的军人政权，建立了文人政府。

1988 年颁布的巴西宪法规定联邦政府享有广泛的权力，总统和副总统通过选民两轮投票产生，任期 5 年，1994 年和 1997 年议会通过宪法修正案，将任期改为 4 年，可以连选连任一次。总统有权任命内阁成员，同时是政府首脑和国家元首。

巴西的国会作为国家最高权力机构，由参议院和众议院共同组成。参议院和众议院的议长及副议长职位每两年进行改选，且同一届议员在其任期内不得连选连任。参议院议长同时兼任国会主席。参议院共设有 81 名议员，每州均

[①] 吕银春、周俊南：《列国志·巴西》，社会科学文献出版社，2004，第 145 页。

分配有 3 名议员，任期 8 年，每 4 年改选 1/3 或 2/3。而众议院则设有 513 名议员，其任期同样为 4 年，议员名额根据各州人口比例进行分配，但各州议员名额上限为 70 名，下限为 8 名。

此外，根据 1988 年 10 月 5 日颁布的宪法，巴西的司法机构由联邦最高法院、联邦法院、高等司法法院、高等劳工法院、高等选举法院、高等军事法院以及各州法院共同构成，它们依法行使司法权。1988 年宪法规定，巴西实行多党制，允许政党自由竞选。巴西的主要政党有：自由党、巴西联盟党、巴西民主运动、民主社会党、劳工党、进步党、社会民主党等。

（三）巴西的经济

按照不同的发展时期，巴西经济发展可分为五个阶段：

1. 殖民地时期的经济。巴西殖民地时期的经济具有三大特点：其一，葡萄牙王室垄断了巴西经济，特别是对外贸易；其二，主要劳动力是当地印第安人和黑人奴隶；其三，经济发展随着国际市场对不同产品需求的变化形成了许多经济周期。在殖民地时期，巴西经济周期的形成是由国际市场需求决定的。其间，主要形成了巴西木周期、蔗糖周期、棉花周期、采金周期和咖啡周期。[①]

2. 独立后到二战前的经济。巴西虽然在 1822 年宣布了独立，随后经济也取得了一定的发展，但是独立后国家的政权还是被大地主和大种植场主控制，这严重阻碍了巴西社会经济的发展。近代以来，巴西经济被卷入资本主义世界经济体系，尤其是农业经济，咖啡、糖、烟草和棉花等农产品的产量逐年增加，农业经济得到了一定程度的发展，但相较于发达资本主义经济强国，巴西的农业也有相当的差距。另外，依靠农业去带动国家的经济现代化是难以实现的。在这一时期，巴西的民族工业也有所发展，但受制于管理经验、人才、技术等"先天不足"，难以与老牌资本主义经济强国竞争。所以，尽管巴西的经济在该时期得到了一定程度的发展，但发展缓慢。

3.20 世纪 30—80 年代的经济。20 世纪 30 年代至 80 年代初是巴西实施进口替代工业化战略时期，主要分为两个阶段：内向型进口替代工业化战略阶段

---

① 吕银春、周俊南：《列国志·巴西》，社会科学文献出版社，2004，第 263-264 页。

和外向型进口替代工业化战略阶段①。1930—1964 年为内向型进口替代工业化发展战略阶段，军政府时期实施外向型进口替代工业化政策。

1930—1980 年，巴西经济增长速度曾居于世界前列。由于进口替代工业化发展战略的实施，巴西经济出现了高速增长和繁荣。1948—1979 年，国内生产总值年平均增长达到 7.4%。1968—1973 年，被称为"巴西经济奇迹"。在这 6 年中，巴西国内生产总值年增长率分别为 9.8%、9.5%、10.4%、11.3%、11.9%、14%，年平均增长率达 11.2% 以上。

巴西经济在军人政府期间得到了快速发展，其原因是多方面的，主要是政府实施了进口替代工业化战略，充分发挥了政府在经济中的指导作用；重视吸收与利用外资；引进与消化吸收外国先进技术；威权统治使政局保持稳定，为经济发展提供了较好的政治环境。但巴西的经济奇迹也有明显的缺陷，如政治自由受到压制，民主运动受到打压；军政府时期严重的腐败问题；社会财富分配不公等。

4.1980—1994 年的经济。在 1980 年至 1994 年的这一时间段内，巴西经济经历了为期十年的迷失期。此阶段内，巴西的经济增长呈现出明显的缓慢态势与显著波动，经济陷入长期滞胀。其平均经济增长率仅维持在 2.06% 的低位水平。具体而言，该时期的经济增长率经历了多次剧烈变动：1981 年，经济陷入负增长，增长率低至 -4.3%；随后几年中，经济虽有所回暖，并于 1985 年达到 7.8% 的增长高峰；但好景不长，至 1990 年，经济再次陷入负增长，增长率回落至 -4.3% 左右；之后的几年中，经济又逐渐复苏，至 1994 年，增长率回升至约 5.9%。这种大幅度的经济增长波动，对巴西的经济发展造成了深远的影响与破坏，严重阻碍了经济的持续和谐发展进程。

5.1994 年至今。面对 20 世纪 80 年代"失去的 10 年"和 90 年代初经济停滞和衰退所导致的经济困境，巴西通过实施"雷亚尔计划"，成功抑制了通

---

① 所谓内向型进口替代工业化发展战略，是指利用出口农业的资本积累，发展民族工业，面向国内市场，大力生产工业消费品，替代原由国外进口的工业消费品，并初步建立起生产资料工业，使生产结构渐趋多样；外向型进口替代工业化发展战略，是指依靠国内积累和充分利用外资，大力发展以"增长点"工业为主的制造业和基础设施，推动工业化进程从消费品工业向耐用消费品工业和资本货币工业转移，强调发展资本密集型和技术密集型工业，鼓励出口，努力开拓国外市场，并通过宏大的发展计划和高增长指标来带动国民经济的整体发展。

货膨胀，保持了经济的发展，但巴西经济增长却一直呈现出不稳定的状况。1991—1999年，巴西年均经济增长率仅为2.4%，虽然比20世纪80年代（1981—1990年）年均经济增长率的1.7%有所恢复，但呈现出明显的起伏波动。1993—1995年曾出现高于4%的增长，接着又连续4年下滑；2000年再度出现4.4%的增长，2001年降至1.4%。随后几年，巴西经济保持低速增长，但2008年金融危机又使得巴西经济一度低迷。此后，巴西经济一直处于增长与回落的摇摆中。2003年劳工党卢拉执政以后，采取稳健务实的经济政策，巴西经济逐步走上稳定发展道路，2011年曾成为世界第六大经济体。卢拉还承诺采取措施改善贫困问题，缓解通胀压力，加强科技创新，推动"再工业化"和经济数字化、绿色化转型。2023年巴西经济增长2.9%，达2.13万亿美元，世界排名重返前十，居第九位。

（四）巴西对外关系的发展演变

第二次世界大战标志着巴西外交政策的显著转变，展现了两个不同时期的鲜明对比。自1889年巴西合众国成立以来至二战爆发，巴西的外交重心在于解决与邻国的边界争端，与阿根廷保持平衡并影响拉普拉塔河流域的其他国家，以及与美国建立联盟，支持门罗主义。在这一时期，巴西特别注重与美国的关系，积极支持美国及其全球行动。然而，二战之后，巴西的外交政策转向以促进本国经济发展为核心。这体现在与美国的联盟关系逐渐放松直至最终放弃，同时开始重视与非洲及其他地区国家的关系，推行多元化的外交策略。

自20世纪90年代起，为了适应冷战结束后国际政治新局势，巴西对其外交政策进行了相应的调整。在保持与美国和欧洲国家稳定传统关系的同时，巴西更加主动地加强与其他发展中国家，尤其是拉美邻国和新兴大国的联系。[①]具体表现为：促进南美国家联盟的建立，积极加速南美与拉美的一体化进程；提倡强化联合国效能，主动推进安理会的改革与扩展，争取成为安理会常任理事国；踊跃参与联合国的维和任务；强烈要求国际社会加大反贫困合作力度，建立全球反贫困基金；重视与大国的合作关系，提倡建立发展大国合作机制；积极加入"G8+5"对话，倡导成立"印度—巴西—南非三国论坛"，努力促进

---

① 吴志华：《巴西的"大国外交"战略》，《拉丁美洲研究》2005年4期。

金砖国家之间的对话等。

自 2019 年博索纳罗掌权以来，巴西在外交政策上进行了显著调整，减弱了其外交传统中重视地区一体化、优先考虑南南合作、强调多边主义等核心要素，转而加强了基于保守主义的意识形态外交，这极大地限制了巴西外交空间的扩展。在全球变局中的大国和多边外交中，巴西扮演了"边缘化"的角色，与新世纪初劳工党执政时期"积极且自信"的外交风格形成了鲜明对比。到了 2020 年，在特朗普总统任期的尾声，巴西的外交政策在多个方面都显现出"跟随美国"的明显倾向。然而，随着拜登的上台，巴西与美国之间的外交互动明显降温，加之博索纳罗政府与拉美邻国以及欧盟主要国家之间存在较大的政策分歧，巴西外交的"孤立"状态变得更加突出。博索纳罗总统的外交政策带有强烈的意识形态色彩。在区域层面，博索纳罗政府对左翼政权普遍持排斥态度，特别是对委内瑞拉、古巴、阿根廷等国，其敌意更为明显，这直接加剧了拉丁美洲的政治对立。在拉丁美洲一体化进程中，巴西的角色明显减弱。这一变化导致巴西在通过区域一体化机构进行跨区域对话和参与全球治理方面的能力有所下降。在美巴关系方面，拜登政府对巴西保持了一定的距离。尽管如此，拜登政府并不希望放弃特朗普时期美巴关系取得的进展，仍希望加强巴西在美国对拉丁美洲政策中的关键作用。在对欧洲政策方面，由于巴西与欧盟主要国家在环境政策上存在巨大分歧，"南方共同市场"与欧盟之间的自由贸易协定谈判陷入僵局。与此同时，博索纳罗政府与欧洲极右翼保守主义政党及政府的频繁互动，也进一步增加了巴西与欧盟合作的复杂性。在亚太地区，巴西采取了务实的经济外交策略，推进与亚太国家的贸易谈判成为巴西外交政策中较为显著的趋势。

思考题

1. "新兴经济体"面临的主要问题有哪些？

2. 为什么说印度、巴西、南非是正在崛起的地区重要力量？

3. 简述印度对外关系的发展演变过程。

第七章
新时代中国对外关系的理论与实践

　　1949年10月1日，中华人民共和国宣告成立，标志着中国历史翻开了崭新的一页，中国外交也由此开启了全新篇章。毛泽东作为新中国对外政策的主要奠基人，明确提出了与旧中国屈辱外交划清界限的坚定立场；他主张中国应坚定不移地维护国家主权和独立，不屈服于任何外来压力，坚决反对任何外部势力干涉我国内政；他积极倡导并实践了处理国与国之间关系的"和平共处五项原则"，为发展同亚非拉等广大发展中国家的友好合作关系奠定了坚实基础。改革开放后，邓小平、江泽民、胡锦涛等领导中国外交与时俱进、开拓创新，经历了国际风云变幻的考验，积累了丰富的经验，取得了伟大成就。中共十八大以来，中国特色社会主义进入新时代，在以习近平同志为核心的党中央坚强领导下，中国外交攻坚克难，开拓进取，大力推进外交理论和实践创新，提出一系列新理念新思想新举措，开创了中国特色大国外交崭新局面。

第一节　坚持独立自主的和平外交政策

坚持独立自主，就要坚持独立自主的和平外交政策，坚定不移地走和平发展道路。走和平发展道路，是中国对国际社会关注中国发展道路的回应，更是中国人民对实现自身发展目标的自信和自觉。中国坚定不移地走和平发展道路，既通过维护世界和平发展自己，又通过自身发展维护世界和平。

一、中国外交政策的宗旨、基本目标和基本准则

维护世界和平，促进共同发展是中国外交政策的基本宗旨，维护我国的独立和主权，促进世界的和平与发展，是中国外交政策的基本目标，和平共处五项原则是中国处理对外关系的基本准则。

在新中国成立的前夕，中国人民政治协商会议通过的《中国人民政治协商会议共同纲领》中，明确阐述了新中国的外交立场："拥护国际的持久和平和各国人民间的友好合作，反对帝国主义的侵略政策和战争政策。"在新中国成立初期，毛泽东庄重宣告："我们的总任务是，团结全国人民，争取一切国际朋友的支援，为了建设一个伟大的社会主义国家而奋斗，为了保卫国际和平和发展人类进步事业而奋斗。"1954 年，中国制定了首部宪法，其中明确指出：

"在国际事务中，我国坚定不移的方针是为世界和平和人类进步的崇高目的而努力。"到了 1982 年，宪法进一步丰富和完善，将促进经济发展等重要内容纳入其中，从而更加全面而准确地概括了和平与发展作为中国外交基本目标的深刻内涵。

在国际形势纷繁复杂的背景下，中国始终坚定不移地秉持独立自主的和平外交政策，并向全球庄严宣告，中国将永不与任何国家或国家集团结盟，亦不参与任何军事集团。中国坚守不称霸、不扩张的原则立场，同时，坚决抵制一切形式的霸权主义、强权政治、侵略扩张及恐怖主义活动，并反对军备竞赛的升级。在处理所有国际事务时，中国始终立足于本国人民与世界人民的根本利益，根据事情本身的是非曲直自主决定自己的立场与政策，坚决不受任何外部压力的左右，也绝不容许任何国家或势力侵害我国的尊严与主权。

和平共处五项原则，作为中国共产党和中国政府于 20 世纪 50 年代率先倡导的基本外交准则，其核心在于坚决反对侵略与扩张行为，并致力于维护国家的独立自主权益。自改革开放以来，中国始终秉持增进相互理解、扩大共识、寻求共同点并尊重差异、立足长远的方针，积极扩大与发达国家的共同利益交汇点，妥善处理中美关系、中日关系及中欧关系中的分歧与问题。同时，在处理与周边国家的关系上，中国坚定实施睦邻友好政策，秉持以邻为善、以邻为伴的原则，不断深化区域合作，努力将同周边国家的交流与合作提升至新的高度。

二、独立自主是中国对外政策的根本原则

早在新中国成立前夕，中国共产党人即明确地对外宣告：新中国将奉行独立自主的和平外交政策。独立自主，是中国对外政策的根本原则。新中国外交理论与实践的一个核心思想和主要特征就是"独立自主"。这是以毛泽东同志为核心的党的第一代中央领导集体，将新民主主义革命长期斗争实践中形成的"独立自主、自力更生"思想，运用于新中国外交工作的具体体现，是新中国外交与旧中国外交的根本性区别，它贯穿于新中国外交的各个领域。

新中国成立初期，外交面临的一个基本国际形势和国际背景，就是第二次

世界大战以后雅尔塔体系所建构的以美国为首的西方资本主义阵营与以苏联为首的东方社会主义阵营全面对立的冷战格局。如何正确处理与这两个"超级大国"的关系，是对新中国外交的最大政治考验。

以毛泽东同志为核心的党的第一代中央领导集体对于新中国外交的指导思想和基本原则是非常明确而坚定的，那就是"独立自主"，就是"要用自己的脑袋思考，要用自己的腿走路"，就是"一边倒"也不能以牺牲和放弃"独立自主"为条件、为代价。毛泽东指出："中国必须独立，中国必须解放，中国的事情必须由中国人民自己作主张，自己来处理，不容许任何帝国主义国家再有一丝一毫的干涉。"[1]新中国成立以来，中国政府始终坚持独立自主原则，正确处理与美苏两个"超级大国"的关系，使新中国在两极对立的冷战时代逐步成为一支独立于美苏两个"超级大国"之外的重要国际力量。

新中国成立以来，独立自主就是中国对外政策的根本原则，是新中国外交与旧中国投降卖国外交最本质的区别。近代中国所经历的屈辱历史给中华民族带来了深重的心灵创伤，这种经历使得中国人民格外珍视自身的独立自主权利。中国，作为世界闻名的文明古国，拥有五千年的光辉文明史，为人类文明发展做出了重要贡献，这使得中国人民深感自豪。然而，鸦片战争之后，西方资本主义列强的入侵，导致中国的领土完整受到破坏，主权逐渐丧失，租界、治外法权以及不平等条约如同沉重的枷锁束缚着中华民族。清政府卖国求荣、推行软弱的外交政策，令国家丧失独立，民族尊严被肆意践踏，国家主权被剥夺，使中国沦为半殖民地半封建社会。古代文明的辉煌与近代历史的屈辱产生了鲜明对比，也让中国人民更加珍视国家主权和民族尊严。经过数代人的不懈努力和英勇斗争，中国人民最终取得了新民主主义革命的胜利，打败了帝国主义势力，建立了中华人民共和国。这一伟大时刻标志着占世界人口四分之一的中国人民从此站起来了，宣告了中国不再是任人欺凌的国家，中国历史也由此开启了一个新的篇章。一百余年来，中国人民首次迎来了真正捍卫民族独立、维护尊严与保卫主权的历史性机遇。在此之际，中国人民必将坚定不移地粉碎一个世纪以来帝国主义、殖民主义强加于中华民族的种种束缚与枷锁，彻底清除过往屈辱外交的阴霾，以全新的姿态屹立于国际政治舞台，坚决同任何损害中国

[1] 毛泽东：《毛泽东选集（第四卷）》，人民出版社，1991，第1465页。

主权与独立的阴谋进行斗争。这就是中国外交坚持独立自主立场的根本缘由。

改革开放 40 多年来，无论国际风云如何变幻，中国始终坚持独立自主的对外政策。1982 年 9 月，邓小平在中国共产党第十二次全国代表大会开幕会上明确指出："中国的事情要按照中国的情况来办，要依靠中国人自己的力量来办。独立自主，自力更生，无论过去、现在和将来，都是我们的立足点。中国人民珍惜同其他国家和人民的友谊和合作，更加珍惜自己经过长期奋斗而得来的独立自主权利。任何外国不要指望中国做他们的附庸，不要指望中国会吞下损害我国利益的苦果。"[1] 江泽民指出，"要坚持邓小平的外交思想，始终不渝地奉行独立自主的和平外交政策。对于一切国际事务，我们都要从中国人民和世界人民的根本利益出发，根据事情本身的是非曲直，决定自己的立场和政策"[2]。胡锦涛指出："我们将继续坚持独立自主的和平外交政策，始终不渝走和平发展道路，始终不渝奉行互利共赢的开放战略，在和平共处五项原则的基础上同所有国家发展友好合作，维护发展中国家正当要求和共同利益，积极参与多边事务，推动国际政治经济秩序朝着更加公正合理的方向发展。"[3] 习近平强调："要坚持独立自主的和平外交方针，坚持把国家和民族发展放在自己力量的基点上，坚定不移走自己的路，走和平发展道路，同时决不能放弃我们的正当权益，决不能牺牲国家核心利益。"[4] 可以毫不夸张地说，独立自主外交是中国走向世界的根基，是中华民族实现伟大复兴中国梦的必然要求。

中国奉行独立自主的原则，就是要维护本国的独立、领土与主权完整，反对任何形式的外来侵略和干涉。中国奉行独立自主的原则，强调自力更生，并不意味着我国不需要国际力量的支持，拒绝同国际力量的合作，或者回到闭关锁国的状态。中国革命的成功和"两个一百年"宏伟目标的实现，中华民族伟大复兴中国梦的实现，离不开世界各国和国际社会的支持和帮助，中国需要也愿意学习和汲取世界各国对中国发展有益的经验。中国奉行独立自主的原则，并不意味着中国只顾自己的利益，而不愿承担中国应尽的国际义务。在维护中

---

① 邓小平：《邓小平文选（第三卷）》，人民出版社，1993，第 3 页。

② 江泽民：《江泽民文选（第二卷）》，人民出版社，2006，第 40 页。

③ 胡锦涛：《胡锦涛文选（第三卷）》，人民出版社，2016，第 542 页。

④ 中共中央党史和文献研究院编《习近平关于中国特色大国外交论述摘编》，中央文献出版社，2020，第 19 页。

国国家利益的同时，中国积极承担应尽的国际义务。反对民族利己主义与大国沙文主义，为人类进步事业做出积极贡献。中国珍视独立自主，也充分尊重别国的独立自主。中国反对任何国家把其意志强加于中国，也绝不会把自己的意志强加给别国，中国反对强权政策，强调国家无论大小、强弱、贫富，都有自己的主权，都应受到尊重，都应受到平等对待。

总之，中国奉行独立自主的外交政策，它既完全不同于狭隘的民族主义，也根本不同于大国沙文主义，是完全符合中国人民和世界人民利益的。

三、加强同广大发展中国家的团结与合作是中国外交政策的立足点

中国，作为世界上最大的发展中国家，其历史轨迹与其他发展中国家相似，都曾长期饱受帝国主义与殖民主义的剥削、掠夺及压迫。战后数十年间，广大发展中国家群策群力，不断深化彼此间的团结与合作，已经在国际舞台上占据举足轻重的地位。时至今日，中国肩负着发展经济的重任，为此急需一个长期稳定的国际和平环境，共同反对霸权主义与强权政治，携手努力构建国际政治经济新秩序。因此，中国的命运与广大发展中国家的命运紧密相连、息息相关。对于正处于发展阶段的国家而言，真正的优势在于团结，振兴的希望亦寄托于团结。团结是发展中国家力量的不竭源泉，而合作则是推动发展中国家发展的必由之路。中国唯有不断加强与其他发展中国家的团结与合作，方能符合中国人民与其他发展中国家人民的共同利益，更能顺应全世界人民的共同愿望。

新中国自成立之日起就坚信，支持应当是相互的，而非单方面的恩赐，并始终致力于加强与发展中国家的紧密团结与深度合作。首先，中国坚定不移地支持发展中国家为争取和维护独立与主权而进行的正义斗争。其次，中国坚决站在发展中国家一边，支持其反对国际经济旧秩序、振兴民族经济的努力。在国际舞台上，包括联合国等国际机构和组织中，中国积极发声，提出了众多旨在捍卫发展中国家利益的重要原则与建议，并努力维护这些国家的正当权益。同时，中国还注重在平等互利的基础上，深化与这些国家的经济合作关系，并提供必要的经济援助。最后，中国始终尊重发展中国家的独立与主权，致力于

支持和促进这些国家内部的团结与合作。在与这些国家的交往中，中国从不以大国自居，严格遵循不干涉内政的原则，充分尊重其独立自主地制定国家政策的权利。对于发展中国家间存在的争端与分歧，中国主张以大局为重，以团结为重，以共同利益为重，采取克制态度，并秉持互谅互让、求同存异的精神，通过友好协商来妥善解决彼此间的分歧与冲突。

当前，中国与其他发展中国家共同面临着发展经济、巩固政治独立的重大任务，这构成了互相紧密联系的重要基础。为强化与其他发展中国家的友好关系，中国持续增强双方的团结与合作，致力于增进相互间的理解与信任，并加强彼此间的帮助与支持。中国秉持平等互利、讲求实效、形式多样、共同发展的原则，积极推动南南合作，不断拓展合作领域，以提升合作成效。广大发展中国家是中国在维护政治自主、抵御外部强权压力方面的真诚朋友，这些国家对一个中国原则的坚定支持，为中国和平统一大业奠定了坚实的国际社会政治、道义与舆论基础。没有广大发展中国家的支持，中国在致力于世界和平与建立国际政治经济新秩序的努力中将难以独力前行。

第二节　新时代中国对外关系的历史逻辑与实践基础

　　中华人民共和国的成立结束了旧中国遭受外来侵略和压迫的历史，开创了中国外交的新纪元。70 多年来，中国的综合国力由弱小走向强大，中国的对外关系经历了曲折发展的过程。在这一过程中，中国一直奉行独立自主的外交政策，高举"和平、发展、合作"的旗帜，坚定不移地走和平发展道路，不但维护了国家的独立、主权和尊严，而且为推动构建人类命运共同体做出了自己的贡献。

一、毛泽东时代的中国对外关系

　　在两极格局初现之际，恰逢中华人民共和国成立之初。新中国成立后，鉴于国际局势的动荡与各种力量的复杂分化组合，毛泽东以无产阶级革命家和战略家的深远眼光，秉持无产阶级国际主义与爱国主义精神，将维护中国人民的根本利益作为出发点，积极团结第三世界广大人民，坚定实施了反帝反霸的外交政策，显著增强并巩固了中国的国际地位，为维护世界和平与稳定做出了卓越的历史贡献。毛泽东的外交战略发展历程可划分为三个重要阶段。

（一）"一边倒"时期（新中国成立至 20 世纪 50 年代中期）

新中国成立前后，毛泽东、周恩来等根据当时的国际形势以及中国的状况，提出了一系列外交政策、方针，为新中国的外交奠定了基础。1949 年 6 月，毛泽东在《论人民民主专政》中明确提出："一边倒，是孙中山的四十年经验和共产党的二十八年经验教给我们的，深知欲达到胜利和巩固胜利，必须一边倒。积四十年和二十八年的经验，中国人不是倒向帝国主义一边，就是倒向社会主义一边，绝无例外。骑墙是不行的，第三条道路是没有的。我们反对倒向帝国主义一边的蒋介石反动派，我们也反对第三条道路的幻想。"[①] "一边倒""另起炉灶""打扫干净屋子再请客"构成了新中国外交政策的指导方针。1949 年 9 月，这些原则在中国人民政治协商会议第一届全体会议上得到了法律上的正式认可，当时通过了《中国人民政治协商会议共同纲领》，该纲领以法律形式确认了毛泽东等领导人提出的外交政策，奠定了新中国外交政策的基石。遵循此方针，新中国成立后，中央人民政府坚决废除了所有不平等条约，全面取消了帝国主义在华享有的各项特权。同时，政府有计划、有步骤地处理了外国人在华设立的各类企业、文化教育、医疗卫生及救济机构，从而彻底清除了帝国主义在中国长达百余年的特权与势力范围。此举不仅巩固了新中国的独立与自主地位，更为新中国在平等互利的基础上与世界各国建立外交关系奠定了坚实基础。

在此期间，中国不仅赢得了抗美援朝战争的伟大胜利，有效遏制了美国在中国台湾问题上的倒行逆施，还积极支持越南人民的抗法斗争，同时，中国提出并倡导了和平共处五项原则，成功参与并推动了亚非会议的顺利进行。这些外交实践不仅显著巩固了新生的政权，更为新中国在国际舞台上赢得了初步的地位与尊重。自新中国成立至 20 世纪 50 年代中期，中国外交取得了显著进展，先后与 20 多个国家建立了正式的外交关系，成功获得了国际社会的广泛认可，并在国际事务中积极发声、贡献力量，取得了一系列重大的外交成就，从而在国际舞台上站稳了脚跟。

---

① 中共中央文献研究室编《毛泽东著作专题摘编（上）》，中央文献出版社，2003，第 1164 页。

（二）"两条线"的对外战略（20 世纪 50 年代后期至 60 年代中期）

自 20 世纪 50 年代后期至 60 年代中期，中国的外交策略经历了显著的调整，由原先的"一边倒"政策转变为"两条线"战略。具体而言，这一时期的中国既反对美国亦反对苏联，采取"两个拳头打人"的策略。此战略调整既是对当时国际局势的深刻回应，也是美苏两国对华政策影响的必然结果。与此同时，中国还致力于加强与亚非拉国家之间的团结与合作。在这一时期，美国继续推行敌视中国的政策，不仅其军队驻扎在中国台湾，大搞"两个中国"的阴谋，而且发动了对越南的侵略战争，从南面威胁中国。这一时期中苏两党在意识形态方面出现了越来越大的分歧，并引起国际共产主义运动大论战，使社会主义阵营解体，导致中苏关系恶化。

在坚决抵御美苏两国压力的同时，中国积极强化与亚非拉国家的团结与合作，坚定支持被压迫民族和国家争取及维护民族独立的斗争，并秉持睦邻友好政策，致力于与不同社会制度的国家建立和发展友好关系。周恩来总理对亚非国家进行了三次具有重大意义的友好访问，有效推动了中国与亚非国家友好合作关系的深化。此外，中国还加强了与西欧及日本的外交关系。1964 年 1 月 27 日，中国与法国正式建立外交关系，此举标志着美国孤立中国的政策宣告失败。中日两国则通过民间外交渠道，持续保持并增进了两国人民之间的交往与友谊，为日后中日关系的正常化奠定了坚实基础。在 20 世纪 60 年代，中国在面对美苏两国的强大压力下，依然坚定立场，联合广大亚非拉国家，在维护自身主权与利益以及促进世界和平方面做出了卓越贡献。

（三）"一条线、一大片"的对外战略（20 世纪 70 年代）

在 1970 年至 1980 年的 10 年间，同中国建交的国家有 70 多个。中国同这些国家在经济、贸易、科技、文化、民航等方面签订了许多合作协定，双边经济文化合作关系得到发展。从此中国开始全面参与国际事务，在国际舞台上发挥着日益重要的作用。这一时期我国外交特点被概括为"一条线、一大片"。"一条线"即从中国经过日本到澳大利亚、新西兰，再经过中东到欧洲、美国，这条纬度线的周围国家是"一大片"。

　　应对新形势，1974年2月毛泽东在会见赞比亚总统卡翁达时，明确阐述了"三个世界"划分的战略构想。具体而言，第一世界涵盖了美国和苏联这两个在全球范围内占据军事与经济优势并推行霸权主义的超级大国。第二世界则指的是位于第一与第三世界之间的资本主义发达国家群体，这些国家既保留有殖民主义的某些特征，又在不同程度上受到美苏两国的控制与潜在威胁。至于第三世界，则广泛包括亚洲（日本除外）、非洲、拉丁美洲以及其他地区的发展中国家。依据"三个世界"理论，中国外交策略着重于依托革命力量的第三世界，联合具有双重性质的第二世界，同时坚决反对美苏两个超级大国的霸权主义。在美苏之间，中国巧妙利用两者之间的矛盾，孤立并打击主要敌人——苏联的霸权主义。为实现这一目标，中国必须与西方国家建立统一战线，采取既团结又斗争的策略，逐步推动中美关系正常化。这便是"一条线"外交战略的核心内容。毛泽东提出的"三个世界"划分战略思想，为我国对外关系开辟了全新的道路。20世纪70年代，中国对外关系实现了显著的发展。毛泽东的这一战略思想，为国际无产阶级、社会主义国家以及被压迫民族提供了强大的思想武器，促进了他们团结一致，建立起最广泛的统一战线，共同反对美苏两国的霸权主义及其战争政策。"三个世界"理论，在当时是我国制定对外政策的重要理论依据。

二、改革开放时期的中国对外关系

（一）邓小平时期的中国外交

　　在这一时期，以邓小平同志为核心的党的第二代中央领导集体，以超凡的洞察力和远见卓识，对纷繁复杂的国际形势进行了深入的分析和判断，为中国的外交事业开辟了新篇章。在邓小平同志的领导下，中国外交的理念、战略和政策经历了一场深刻的变革。他认为当今时代的主题是"和平与发展"，这一论断不仅深刻揭示了国际社会的本质特征，也为新时期中国外交的转型提供了坚实的理论支撑。和平，是各国人民共同的心愿，也是世界发展的前提条件；发展，则是解决一切问题的关键所在。邓小平同志的这一论断，无疑为中国的外交实践指明了方向。在这一时期，中国外交的最主要考量因素和基本出发点，就是维护国家利益、维护中国人民的根本利益。这一原则贯穿于中国外交的始终，成为中国外交的基石。中国不以社会制度和意识形态的异同来划定国家关系的亲疏远近，而是从国家利益和人民利益出发，来构建和发展同各国的友好合作关系。这不仅体现了中国外交的务实精神，也为中国赢得了更多的国际支持和尊重。"和平共处五项原则"作为中国外交的基本准则，在这一时期也被赋予了新的思想内涵和时代特征。这五项原则，即互相尊重主权和领土完整、互不侵犯、互不干涉内政、平等互利、和平共处，不仅是中国外交的基石，也是国际社会普遍认可的行为准则。在邓小平同志的倡导下，和平共处五项原则得到了进一步的弘扬和发展，成为指导中国外交实践的重要原则。邓小平同志明确指出："我们都是以自己的国家利益为最高准则来谈问题和处理问题的。"[1]这一论断深刻揭示了国家利益在外交工作中的核心地位。在处理国际事务时，中国始终坚持以国家利益为重，坚持原则性与灵活性相结合，既维护了国家的主权和尊严，又促进了国际关系的和谐与发展。

在这段时间里，邓小平前瞻性地提出了"真正的不结盟"策略。这一政策使中国逐渐摆脱了过去"联苏反美"或"联美反苏"的"单一战略"限制，明确表示中国既不与其他大国结盟，也不支持任何大国之间的对抗和冲突。在处理国际事务的过程中，中国始终坚持独立自主的原则，根据事情的正误，以及中国人民和世界人民的根本利益，根据是否有利于维护世界和平、促进各国友好关系、推动共同发展的标准，做出自己的决定。在这个过程中，"真正的不结盟"不只是一种外交思想，它还被整合进了外交策略和政策的实际操作中。

在新理念、新思路和新战略的引领下，中国的外交政策在这一时期取得了显著进展，开创了新的发展局面。面对中美和中日关系中的挑战和困难，中国表现出坚定的立场，成功应对了各种考验，总体上保持了稳定的发展态势。与此同时，中苏两国关系已基本恢复，这标志着两国关系发展迈出了具有里程碑意义的一步。在与邻国的外交关系中，中印、中越等长期僵持的局面逐渐得到缓解，逐步走向正常化，为地区和平与稳定注入了新的动力。此外，中国与发展中国家的友好交流日益频繁。中国提出的"平等互利、讲求实效、形式多样、共同发展"的四大经济合作原则，不仅为中国与众多发展中国家的经济合作指

---

[1] 邓小平：《邓小平文选（第三卷）》，人民出版社，1993，第330页。

明了方向，也为双方深化全面友好合作关系奠定了坚实的经济基础。在这一时期，中国在外交领域取得了显著成就。

（二）江泽民时期的中国外交

以江泽民同志为核心的党的第三代中央领导集体，从容应对一系列关系中国主权和安全的国际突发事件，紧紧抓住和平与发展的时代主题，坚持以经济建设为中心，坚定不移地贯彻、执行独立自主外交政策，坚持全方位外交战略，进一步加强同发展中国家的团结与合作，努力发展大国间长期稳定的友好合作关系，为中国的改革开放和经济建设创造有利的和平国际环境，开创了中国外交的新局面。

在这一时期，时任国家主席江泽民积极推动中国与世界主要国家构建面向21世纪的新型合作关系，力求建立稳定、积极的大国关系新格局。1996年，中国与俄罗斯确立了战略协作伙伴关系。2001年，双方签署《中俄睦邻友好合作条约》，将"世代友好"的理念正式写入法律文本，为两国长期和平共处奠定了法律基础。1997年，中美双方达成共识，决定共同努力推进建设性战略伙伴关系，体现出双方致力于发展一种稳定、长期、合作而非对抗的双边关系的意愿。1998年，中国相继与欧盟确立建设性伙伴关系，并与日本建立起友好合作伙伴关系。上述伙伴关系的确立，标志着中国在大国关系中推进一种合作共赢、和平共处的新型国家关系模式，这种模式区别于以往基于地缘竞争和权力博弈的传统大国关系。这一外交转向充分体现了中国在冷战后外交理念的创新，即坚持平等互利、互相尊重，反对对抗、排斥军事结盟和针对第三方势力的做法。这种新型大国外交思路，对中国争取一个有利于自身发展和现代化进程的国际环境具有重要战略意义。与此同时，中国也高度重视周边外交，积极推进睦邻友好政策，营造良好的地缘政治氛围。在恢复与印度尼西亚外交关系、与新加坡和文莱正式建交，以及与越南、老挝实现关系正常化之后，1997年，中国与东盟建立了睦邻互信伙伴关系。中国不仅继续与朝鲜保持传统友好关系，还与韩国实现关系正常化，从而扩大了在东北亚的外交空间。在中亚地区，中国在与中亚五国建交基础上，与俄罗斯合作推动成立了上海合作组织，进一步深化了区域合作。此外，中国成功解决了与大多数陆地邻国的边界争议，为周边地区的稳定奠定了基础。在发展中国家外交方面，中国持续推进"南南合作"，积极加强与非洲国家和其他发展中国家的交流与合作。2000年，中国联合非洲国家共同发起成立"中非合作论坛"，并与不结盟运动、七十七国集团等多边机制保持紧密联系与协调，增强了中国在全球南方国家中的影响力与合作深度。

总之，冷战后，中国经受住了西方国家制裁、遏制政策的考验，顶住了压力，适时调整了外交政策，及时与剧变后的苏东等国恢复和建立了外交关系，逐渐改变了与西方关系中的被动局面，并与之建立起广泛的战略伙伴关系，开创了冷战后中国外交的新局面，有效地维护了国家的主权和安全。

（三）胡锦涛时期的中国外交

在这一时期，以胡锦涛同志为总书记的党中央，以深邃的战略眼光和非凡的勇气，直面国内外环境的错综复杂，准确判断"机遇前所未有，挑战也前所未有，机遇大于挑战"①的新局势，不仅继承了中国外交的优良传统，更在此基础上全面、系统、创新性地提出了中国外交在新世纪新阶段的新理念、新思想、新战略，其核心便是"坚持和平发展的道路"与"建设和谐世界"。

为了更具体地阐述这一思想，中国印发了两份重要的白皮书：《中国的和平发展道路》（2005年）与《中国的和平发展》（2011年）。这两份白皮书，以翔实的数据和生动的案例，向世界展示了中国走和平发展之路的必然性和坚定决心。它们不仅阐述了和平发展的理论基础和实践路径，还通过一系列具体举措，如加强国际合作、推动经济全球化朝着更加开放、包容、普惠、平衡、共赢的方向发展等，展示了中国在和平发展道路上的实际行动和成效。而"建设和谐世界"的提出，则是对"坚持和平发展的道路"思想的进一步升华和拓展。胡锦涛在中共十八大报告中明确指出："推动建设持久和平、共同繁荣的和谐世界。"②这一论断，不仅体现了中国对世界和平与发展的高度责任感，也展示了中国在国际事务中的积极作用和影响力。

在上述新理念、新思想、新战略的指引下，中国独立自主的和平外交政策取得了显著成就，具体表现如下：一、中国积极与西方发达资本主义国家加强

---

① 胡锦涛：《胡锦涛文选（第二卷）》，人民出版社，2016，第613页。
② 中共中央文献研究室编《十八大以来重要文献选编（上）》，中央文献出版社，2014，第12页。

战略对话，增进战略互信，深化战略合作，并妥善处理分歧，致力于探索建立和发展新型大国关系。二、在"与邻为善、以邻为伴"以及"睦邻、安邻、富邻"的睦邻友好方针政策的指导下，中国积极发展与周边国家的友好合作关系，积极开展双边合作和区域合作，携手营造和平稳定、平等互信、合作共赢的地区环境。三、作为世界最大的发展中国家，中国全面加强与广大发展中国家的团结与合作，深化传统友谊，并通过援助和投资等多种方式，积极扩大互利往来，坚决维护发展中国家的正当权益和共同利益。四、中国高度重视联合国作为国际多边机制核心在国际事务中的重要作用。

第三节　新时代的中国外交

2010 年，中国国内生产总值超过日本，成为世界第二大经济体。作为联合国安理会常任理事国、世界最大的发展中国家、最大的社会主义国家，再加上世界第二大经济体的身份，中国的国际地位发生了翻天覆地的变化。中国从国际舞台相对边缘的位置，越来越接近世界舞台的中央。国际社会对中国在国际上发挥更为积极的作用充满期待。与此同时，中国特色社会主义建设进入新时代，中国的社会主义现代化建设也正向第二个百年奋斗目标迈进，中国正迈向实现中华民族伟大复兴的新征程。在这一背景下，如何处理中国与世界的关系，需要有大国的思维。以习近平同志为核心的党中央，把握新时代外交工作大局，紧扣服务民族振兴、促进人类进步这条主线，高举和平、发展、合作、共赢的旗帜，统筹安全、发展两件大事，加强外交工作顶层设计，对中国特色大国外交做出战略谋划，为维护国家主权、安全与发展利益和世界和平创新性地提出一系列外交理念，形成了习近平外交思想。

一、新时代中国外交理论产生的背景

2012 年以来，国际局势发生了深刻而复杂的变化。但和平与发展仍是时代主题。中国社会主义现代化建设在取得举世瞩目成就的同时，还面临不少困难和问题。这些困难和问题是发展中的困难和问题，只能通过发展来解决。以习近平同志为核心的党中央准确把握国际国内大局，对处理新时代中国与世界关系的变化提出了一系列的战略应对。

（一）面临世界百年未有之大变局

习近平总书记对新时代中国所面临的国际局势做出了"世界正处于百年未有之大变局"的判断。2018 年 6 月，习近平总书记在中央外事工作会议上指出："当前我国处于近代以来最好的发展时期，世界处于百年未有之大变局，两者同步交织、相互激荡。做好当前和今后一个时期对外工作具备很多国际有利条件。"①

和平与发展仍为时代主题。进入 21 世纪第二个十年，新兴市场和发展中国家快速发展，人口现代化加速，发展中心逐渐形成，国际力量对比朝着有利于和平方向发展。全球治理、地缘战略及经济、科技、军事竞争格局发生历史性变化。维护和平的力量上升，和平、合作、共赢成为时代潮流。同时，科技革命和产业变革蓄势待发，能源格局调整，全球治理体系变革，发展中国家治理能力上升，国际投资贸易规则体系重构，为世界经济提供新动能。国际力量对比深刻变化，新兴大国崛起，美国优势缩小，中国实力增强，与其他强国差距缩小。

随着全球化进程的深入发展，新兴经济体正以前所未有的速度重塑着国际格局的权力结构。自改革开放以来，中国以惊人的发展速度和巨大的经济潜力，成为推动经济全球化进程的重要力量。特别是加入世界贸易组织后的 20 余年里，中国经济实现了跨越式发展，不仅极大地提升了自身的综合国力，也为全球经济增长注入了强劲的动力。如今，中国已成为世界第二大经济体，其庞大的市

---

① 中共中央党史和文献研究院编《习近平关于中国特色大国外交论述摘编》，中央文献出版社，2020，第 75 页。

场规模、丰富的劳动力资源以及不断增强的创新能力，使其在全球经济体系中的地位日益凸显。中国的崛起，不仅仅是经济实力的提升，更是国际地位和影响力的显著增强。在国际事务中，中国积极参与全球治理，倡导多边主义和合作共赢的理念，为推动构建人类命运共同体贡献了中国智慧和力量。同时，中国还致力于加强与周边国家的经贸合作和人文交流，推动形成更加公正合理的国际秩序。

除了中国之外，其他新兴经济体也在快速发展中展现出强大的生命力。俄罗斯作为传统大国，在能源、科技等领域具有独特的优势；巴西、印度等国家则在资源、市场等方面展现出巨大的潜力。这些国家的崛起，不仅丰富了国际格局的多样性，也为全球经济的增长提供了新的动力源泉。值得注意的是，尽管美欧等传统大国在全球事务中仍占据着重要地位，但它们的影响力已经相对减弱。随着新兴经济体的崛起和全球力量的重新洗牌，国际格局正朝着更加均衡、多极化的方向发展。这种趋势不仅有利于推动全球治理体系的改革和完善，也为各国提供了更多的发展机遇和合作空间。

当前，国际安全形势呈现出错综复杂且多变的特点。尽管和平、发展、合作与共赢的理念已深入人心，成为当今时代的核心主题与发展趋势，且国际力量对比逐渐倾向于维护世界和平的积极方向，然而，世界依然未能完全摆脱动荡与不安的阴影。霸权主义、强权政治以及新干涉主义的抬头，不断冲击着国际秩序的稳固。战火与战争的阴霾依旧笼罩，局部冲突频发，地区热点问题更是持续升温，这些现象无一不深刻威胁并冲击着人们赖以生存的和平与安定环境。

（二）现在化建设，挑战与成就并存

中共十八大以来，中国特色社会主义进入了新时代。中国对世界的影响力，达到了前所未有的全面、深刻和长远；而世界对中国的关注，也愈发广泛、深切和聚焦。

中国在社会主义现代化建设的征程中取得了举世瞩目的辉煌成就，经济实力显著增强，展现出蓬勃的发展势头。从 1952 年至 2018 年，中国的工业增加值实现了惊人的飞跃，从 120 亿元猛增至 305160 亿元，按不变价格计算，增长了970多倍，年均增长率高达11%；国内生产总值也实现了质的飞跃，从679.1亿元增长到90.03万亿元，按不变价格计算，增长了174倍，年均增长率保持在8.1%的高位；人均国内生产总值更是大幅提升，从119元增加到64644元，按不变价格计算，增长了70倍。中国作为世界上唯一拥有联合国产业分类目录中所有工业门类的国家，其工业实力不容小觑。多项工业品产量稳居世界第一，彰显了中国制造的强大实力。同时，中国在科技领域也取得了显著成就，为经济社会发展提供了强有力的支撑。在对外贸易方面，中国持续展现出强大的竞争力。2009年，中国成为全球最大的货物出口国和第二大货物进口国；2013年，中国更是跃居全球货物贸易第一大国。这些成就不仅展示了中国经济的活力，也体现了中国在全球贸易体系中的重要地位。改革开放以来，中国积极引进外资，吸引了全球投资者的目光。如今，中国已经成为吸引全球投资的热土，外资流入量稳居世界前列。同时，中国也已经成为世界第二大经济体、制造业第一大国、货物贸易第一大国、商品消费第二大国和外汇储备第一大国。这些成就不仅是中国经济发展的见证，也是中国对世界经济发展的重要贡献。

然而，中国的发展道路上依然面临着诸多挑战与困难。具体而言，发展中的不平衡、不协调、不可持续性问题依然显著，科技创新能力亟待提升，产业结构尚需优化，发展方式仍需由粗放型向集约型转变。此外，城乡区域间的发展差距以及居民收入分配差距依然较大，社会矛盾日益凸显。教育、就业、社会保障、医疗、住房、生态环境、食品药品安全、安全生产、社会治安、执法司法等领域的问题直接关系到人民群众的切身利益，亟须得到妥善解决。同时，部分群众生活仍面临困难，形式主义、官僚主义、享乐主义和奢靡之风问题依然突出，一些领域消极腐败现象频发，反腐败斗争形势依然严峻。这些都需要我们保持清醒头脑，采取有效措施，不断推动经济社会持续健康发展。

国际国内环境的深刻变迁不仅催生了一系列发展契机，同时也伴随着一系列严峻挑战。国际局势日益错综复杂，不稳定性和不确定性显著加剧。为了在新时代背景下为中国的发展铺设更加顺畅的国际道路，以习近平同志为核心的党中央，高瞻远瞩，精准把握国内外两个大局，对新时代中国的外交策略进行了全面而深远的规划与布局。

二、新时代中国外交理论的主要内容

习近平外交思想有着丰富的内涵，其中，构建人类命运共同体是习近平外交思想的核心理念；构建新型国际关系和共建"一带一路"倡议是习近平外交思想的重要内容；推动构建人类命运共同体是新时代中国外交工作的总目标。而构建新型国际关系是构建人类命运共同体的前提和路径，共建"一带一路"是构建人类命运共同体的重要实践平台。

（一）推动构建人类命运共同体理念

人类命运共同体理念是习近平外交思想的核心理念，是为应对世界百年未有之大变局和全球性治理问题而提出的智慧、审慎的重大倡议，具有时代性、全局性和系统性，是新时代中国外交工作的目标与方向。

政治上，坚持对话协商，构建和平世界。和平是发展的前提，各国应维护和平。中国主张互相尊重、平等协商，摒弃冷战思维和强权政治，走对话不对抗、结伴不结盟的新路；坚持和平共处五项原则，遵循联合国宪章；遵循国家平等，尊重各国自主选择，维护国际公平正义，反对干涉内政、以强凌弱；不同国家和民族有其特殊价值，也有人类共同价值。构建人类命运共同体，就是希望各国都要建立平等相待、互商互谅的伙伴关系，能够基于自愿自觉形成一种自然聚合，反对建立针对第三方的联盟，主张建立互相包容的伙伴关系。

经济上，坚持合作共赢，建设共同繁荣的世界。中国倡导同舟共济，推动贸易投资自由化、便利化，促进经济全球化朝着开放、包容、普惠、平衡、共赢发展；将本国发展与世界发展紧密联系，维护多边贸易体系；扩大对外开放，加强经贸技术合作，强化国际交流；主张国家平等相待，共同发展；通过"一带一路"等机制分享发展经验，带动世界发展；实现互利互惠、公平开放的新型发展之路，共谋发展。

文化上，坚持交流互鉴，建设开放包容世界。人类文化与文明多样，构成了人类社会的有机整体。不同文化交流，不同文明融合互鉴，促进共同进步。文明繁荣需要求同存异、开放包容，需要文明交流互鉴。人类命运共同体理念尊重多样性和差异性，各美其美，美人之美，美美与共，互相借鉴，学习交流，取长补短，求同存异，共推文明发展繁荣。

生态上，坚持绿色低碳，建设清洁世界。人与自然紧密相连，人类源于自然，所创财富皆源于自然之恩。工业社会后，科技增强了人类利用自然的能力，创造了巨大财富，但人类社会也面临资源匮乏、环境污染等问题，效益失衡。要牢固树立尊重自然、顺应自然、保护自然的意识。倡导绿色、低碳、循环、可持续的生产生活方式，合理利用自然，构建绿色生态体系，促进人与自然和谐共生。

安全上，中国主张共建共享，建设普遍安全世界。当前，世界面临强权政治、公共卫生、恐怖主义、气候变化等威胁。中国坚持对话解决争端，统筹应对传统和非传统安全威胁，反对恐怖主义；国家不论大小，都应维护和平；国际社会应倡导共同、综合、合作、可持续的新安全观，避免争斗，共谋发展。历史教训表明，弱肉强食、穷兵黩武非和平之道，和平、合作、共赢才是人类社会永恒主题；应尊重主权、互不干涉内政，统筹维护安全；各国平等参与地区安全事务，通过对话协商、互利合作解决安全问题；坚持新安全观，营造共建共享的安全格局，共同保障各国安全，反对牺牲他国安全；综合应对传统与非传统安全威胁；通过合作促进安全，反对武力威胁，坚持和平解决争端；发展与安全并重，实现持久安全，发展是安全的基础，安全是发展的条件，发展是解决安全问题的关键。

构建人类命运共同体理念，弘扬了和平、发展、公平、正义、民主、自由的全人类共同价值，既反映了当代国际关系现实，又将人类共同价值和中华优秀文化在新高度上弘扬光大，反映了全人类的普遍意愿和共同心声，是中国引领人类进步潮流的鲜明旗帜。

（二）构建新型国际关系

面对国际局势的深刻调整和变革，构建一个什么样的国际体系来维持世界的和平与发展，一直是世界各国致力解决的重要议题。以习近平同志为核心的党中央，深刻把握世界格局变化，高瞻远瞩地提出了建立相互尊重、公平正义、合作共赢的新型国际关系理念，为构建新型国际关系给出了中国的解决方案。

1. 构建新型国际关系理念的提出

进入 21 世纪以来，针对现行国际秩序和体系面临的新挑战，中国提出了构建人类命运共同体的理念，并把推动建设以合作共赢为核心的新型国际关系作为构建人类命运共同体的前提和路径。中国构建新型国际关系理念起初是着眼于探索新型大国相处之道，此后逐步发展为习近平外交思想的重要内容。

2012 年 2 月，时任国家副主席的习近平访美，在同美国总统奥巴马的会见中，习近平首次提到中美"新型大国关系"。同年 11 月，中共十八大报告指出，中国将"改善和发展同发达国家关系，拓宽合作领域，妥善处理分歧，推动建立长期稳定健康发展的新型大国关系"[①]，意味着构建中美新型大国关系已上升为中国外交工作的一项重大战略。2013 年 6 月，习近平在当选国家主席后首次访美，在同奥巴马进行的安纳伯格庄园会谈中，阐明了"中美新型大国关系"的核心内涵，即"不冲突不对抗、相互尊重、合作共赢"[②]。这一理念成为中国在奥巴马执政时期对美外交政策的主导思想。与此同时，中国领导人积极推动构建新型国际关系理念向纵深发展。2013 年 3 月 23 日，国家主席习近平访俄期间，在莫斯科国际关系学院发表演讲时指出，面对国际形势的深刻变化和世界各国同舟共济的客观要求，要跟上时代前进步伐，就不能身体已进入 21 世纪，而脑袋还停留在过去，停留在殖民扩张的旧时代里，停留在冷战思维、零和博弈的老框框内。各国应该共同推动建立以合作共赢为核心的新型国际关系，各国人民应该一起来维护世界和平、促进共同发展。这是习近平第一次明确提出建立新型国际关系的构想。

中国领导人在外交活动中不断推进构建新型国际关系，丰富其内涵。2014 年，习近平在和平共处五项原则发表 60 周年纪念大会上阐述了新型国际关系理念的基本内涵，包括六点意见。第一，坚持主权平等；第二，坚持共同安全；第三，坚持共同发展；第四，坚持合作共赢；第五，坚持包容互鉴；第六，坚持公平正义。此外，中国领导人在各种重大国际场合，无论是接待外国来宾会谈中，还是在重要国际会议中，始终强调建设以合作共赢为核心的新型国际关

---

① 《中国共产党第十八次全国代表大会文件汇编》，人民出版社，2012，第 44 页。
② 中共中央党史和文献研究院编《习近平关于中国特色大国外交论述摘编》，中央文献出版社，2020，第 193 页。

系，把构建新型国际关系作为中国外交的重要目标和任务。2017 年 10 月，新
型国际关系理念写入中共十九大报告。报告明确指出："中国将高举和平、发展、
合作、共赢的旗帜，恪守维护世界和平、促进共同发展的外交政策宗旨，坚定
不移在和平共处五项原则基础上发展同各国的友好合作，推动建设相互尊重、
公平正义、合作共赢的新型国际关系。"[①] 新型国际关系理念成为习近平外交
思想的重要内容。

2. 推动构建新型国际关系理念的内涵

构建新型国际关系理念体现了新时代中国主张以合作取代对抗、以共赢
取代独占的新思路来处理国家之间错综复杂的关系。它有着丰富的内涵，中共
十九大报告将其高度概括为：相互尊重、公平正义、合作共赢。

相互尊重是构建新型国际关系的前提。构建新型国际关系，就要平等与相
互尊重，互不干涉内政，同时积极寻求共同的政治经济利益，以维持并推动双
边关系的持续健康发展。中国始终秉持尊重各国人民自主选择发展道路的原则，
坚决反对任何形式的外部干涉。在此框架下，无论国家大小、强弱、贫富，均
享有平等的参与权，共同商定规则，确保相互尊重领土主权完整和政治制度，
同时深切关注彼此的核心利益和战略关切。显然，中国所倡导的新型国际关系
理念，将国家间的相互尊重置于前所未有的高度。唯有当各国间摒弃敌对情绪，
坚持平等与相互尊重，互不干涉内政，并致力于寻求共同的政治经济利益，方
能维系并推动国际关系向着更加和谐与繁荣的方向发展。

公平正义是建立新型国际关系的基础。在国际体系的复杂互动中，权力的
分配固然重要，但价值构建的过程同样不可或缺。世界各国在相互交往中应摒
弃以国家强弱为行为指南的偏见，转而遵循公平与正义这一崇高的价值标准。
回顾历史，早期资本主义世界体系曾深受社会达尔文主义"弱肉强食"观念的
影响，强国为了一己私利不惜发动战争，导致了第一次世界大战和第二次世界
大战的浩劫，给全球人民带来了深重灾难。冷战虽已终结，但霸权主义和强权
政治仍如幽灵般徘徊，其根源在于部分西方国家固守西方优越论和西方中心论
的狭隘立场，无视国际公平与正义。公平正义的核心理念在于，无论国家大小

---

① 中共中央党史和文献研究院编《十九大以来重要文献选编（上）》，中央文献出版社，2019，第 41 页。

强弱，都应受到平等对待，秉持公道，恪守国际法原则和国际关系准则，坚决抵制将自己的意志强加于人、干涉他国内政以及一切形式的以大欺小、以强凌弱和霸权行径。新型国际关系的构建并不回避大国之间的竞争，因为这是国际政治生态中的常态。但是，新型国际关系倡导的是多元化的竞争形态，与过去那种动辄结盟对抗、最终陷入战争泥潭的旧模式不同。在和平与发展成为时代主流的今天，国家间的竞争更多地转向了综合国力的提升，特别是经济、科技和人才领域的竞争。这种竞争应当是合作性的，是在国际和地区制度框架内有序展开的。新型国际关系还要推动国际体制机制的改革与完善，以维护国际公平正义为目标。这不仅是对历史教训的深刻反思，更是对未来和平与发展的美好憧憬。

合作共赢是构建新型国际关系的核心。在过去，处理国际关系问题时，现实主义原则常被奉为圭臬，导致国家间往往深陷零和博弈的泥潭，其结果是非此即彼、胜负分明。在零和博弈的框架下，双方绝无可能共享胜利果实，更无法实现双赢。这种博弈模式在近代以来的国际关系史上占据了主导地位。而合作共赢的理念则倡导正和博弈，它强调在合作中，国际关系各方均能收获益处，涵盖安全、经济以及国家利益的多个维度。合作不仅是构建新型国际关系的必由之路，也是推动全球和平与发展的关键力量。当今世界，各国之间的依存关系日益紧密，休戚相关，人类共同生活在一个"地球村"里，共享着历史与现实的交织时空。这种紧密相连的状态使得各国之间形成了你中有我、我中有你的命运共同体，人类命运共同体的连带效应愈发显著。面对这样的现实，我国深刻认识到，唯有通过合作，才能有效维护世界和平；唯有通过合作，才能有力促进共同发展。中国与世界的互动日益频繁，利益交融不断加深。中国对世界的依赖加深，对国际事务的参与也在不断扩大；同时，世界对中国的依赖也在增加，中国对世界的影响力也日益提升。回顾中国改革开放40多年的历程，中国始终坚持以合作而非对抗的方式与世界打交道，走的就是一条合作共赢的道路。这条道路不仅为中国的繁荣发展注入了强大动力，也为世界的和平与发展做出了重要贡献。

构建新型国际关系理念，是对西方主导的国际关系理论和思维模式的超越。自近代以来，国际关系理论与思维模式主要由西方国家塑造，它们深刻反映了西方国家的利益追求，并折射出其狭隘的价值观及国际行为范式。在这一框架下，"丛林法则""弱肉强食""强者为王""赢家通吃"等理念盛行，导致实力、结盟、战争成为国家政策的核心手段。这一模式催生了侵略扩张、殖民掠夺、大国欺凌小国、强国欺压弱国等一系列不公平、不公正的现象，构成了近代以来国际关系的基本面貌。这种国际关系模式不可避免地引发了国际矛盾与冲突的持续升级，甚至引发了大规模的国际战争。两次世界大战及冷战等历史事件，无不深刻体现了这种国际关系模式的弊端与危害。因此，构建新型国际关系理念，旨在打破西方主导的旧有框架，推动国际关系向更加公正、合理、和平的方向发展。

（三）与国际社会共建"一带一路"

"一带一路"倡议是习近平总书记深刻思考人类命运以及中国和世界发展大势，推动中国和国际社会合作共赢、共同发展的创新理念，是对中国今后相当长时期对外开放和对外合作的战略谋划，是构建人类命运共同体的重要实践平台。

1."一带一路"倡议的提出

2013年9—10月，习近平主席在出访中亚和东南亚国家期间，先后提出共建"丝绸之路经济带"和"21世纪海上丝绸之路"的重大倡议，简称"一带一路"倡议。为弘扬丝路精神，国家主席习近平2013年出访中亚及东南亚相关国家时，相继提出共建"一带一路"倡议。2013年9月7日，习近平主席在哈萨克斯坦纳扎尔巴耶夫大学发表题为《弘扬人民友谊 共创美好未来》的重要演讲，提出："为了使我们欧亚各国经济联系更加紧密、相互合作更加深入、发展空间更加广阔，我们可以用创新的合作模式，共同建设'丝绸之路经济带'。"[1]他倡议，通过加强政策沟通、道路联通、贸易畅通、货币流通、民心相通，以点带面，从线到片，逐步形成区域大合作。2013年10月3日，习近平主席在印度尼西亚国会发表题为《携手建设中国—东盟命运共同体》的重要演讲，指出："中国和印度尼西亚隔海相望，两国友好关系的历史源远流长，在长期交往的过程

---

[1] 中共中央党史和文献研究院编《习近平关于中国特色大国外交论述摘编》，中央文献出版社，2020，第81页。

中，两国人民共同谱写了一曲曲交流交融的华彩乐章……东南亚地区自古以来就是海上丝绸之路的重要枢纽，中国愿同东盟国家加强海上合作，使用好中国政府设立的中国—东盟海上合作基金，发展好海洋合作伙伴关系，共同建设21世纪海上丝绸之路。"①同年10月，习近平总书记在周边外交工作座谈会上发表重要讲话强调，要同有关国家共同努力，加快基础设施互联互通，建设好丝绸之路经济带、21世纪海上丝绸之路。同年11月，中共十八届三中全会通过的《中共中央关于全面深化改革若干重大问题的决定》中，明确提出共建"一带一路"构想，并指出："加快同周边国家和区域基础设施互联互通建设，推进丝绸之路经济带、海上丝绸之路建设，形成全方位开放新格局。"②

2015年，国家发展改革委、外交部、商务部联合发布《推动共建丝绸之路经济带和21世纪海上丝绸之路的愿景与行动》，从时代背景、共建原则、框架思路、合作重点、合作机制、中国各地方开放态势、中国积极行动、共创美好未来八个方面阐述了中国与丝路沿线国家共建丝绸之路经济带和21世纪海上丝绸之路的愿景和行动，系统勾勒出"一带一路"路线图，标志着"一带一路"建设进入全面推进阶段，是中国与沿线国家共建的纲领性文件，为共建丝绸之路经济带和21世纪海上丝绸之路指明了方向。

2. "一带一路"倡议的基本内涵

"一带一路"倡议是中国主动应对全球形势深刻变化和国内现实发展需求，统筹国内国际两个大局，立足当下、着眼长远提出的构想，是新一轮对外开放战略的顶层设计，是促进中国区域均衡协调发展的战略路径，是推动国际发展合作的中国方案。随着"一带一路"倡议的深入推进，"一带一路"将成为构建人类命运共同体的最佳实践。

（1）"一带一路"倡议是新一轮对外开放战略的顶层设计

自改革开放以来，中国根据国情和资源条件，逐步实施了包括进口替代、出口导向、利用外资、企业"走出去"以及自由贸易区策略等对外开放政策。这些政策不仅指导了国家对外开放的方向，成为长期国策，还促进了国内改革

---

① 中共中央党史和文献研究院编《习近平关于中国特色大国外交论述摘编》，中央文献出版社，2020，第82页。

② 中共中央文献研究室编《十八大以来重要文献选编（上）》，中央文献出版社，2014，第526页。

和经济全球化中的成功，特别是在国际金融危机后，通过坚持多边贸易体系和自由贸易区策略，有效应对了危机影响，提升了对外开放水平。自 2008 年国际金融危机爆发以来，我国对外开放的环境经历了显著改变。观察外部环境，金融危机导致发达经济体复苏缓慢，保护主义兴起，它们不再能大量进口新兴经济体的商品，也不愿意继续承担巨额的贸易赤字。此外，这些经济体正试图建立排他性、更高标准的全球贸易与投资规则，这使得自由开放的全球多边贸易体系面临解体风险，新兴经济体和发展中国家的比较优势可能遭受重创，发达经济体的全球市场份额和投资渠道可能大幅减少。在国内环境方面，中国也需采用新的开放策略以促进经济的新一轮增长。过去 40 多年，中国的开放策略主要侧重于"引进来"，但随着劳动力和土地成本的上升，劳动密集型产业开始向成本较低的邻国转移，传统的开放策略亟须更新换代。另一方面，作为世界第二大经济体，中国的经济实力和影响力日益增强，国内市场庞大，资金充裕，在新一轮对外开放中，中国不仅能够吸收新兴经济体和发展中国家的商品，还能为它们提供关键的资金支持，逐步满足它们的外部市场和资金需求。

"一带一路"倡议代表了我国对外开放战略的转型与提升，它与我国经济增长的自然规律相契合。以往的开放战略着重于打开国内市场，吸引国外的先进技术和大量资金以促进国内市场的发展，并满足发达国家的市场需求。相比之下，"一带一路"倡议不仅注重国内市场对外开放、引进资金与技术，还着重于积极拓展和培育发展中经济体的市场，将中国的资本和技术投资到这些国家，进行国际产能合作，促进国内产业结构的优化和升级，为中国经济发展提供新的增长点。传统开放战略往往只关注涉外经济的特定领域或方面，开放的深度和广度不足，开放路径和重点也不够明确具体，有些领域甚至缺乏规划和可行的执行方案。"一带一路"倡议打破了传统战略的局限性，整合了不同战略的共通点和交叉点，成为在新时代背景下统筹我国出口与进口、引进与走出去、全球与区域经济合作的最全面的对外开放战略。"一带一路"倡议作为新一轮对外开放战略的总体设计，对于推动构建全方位对外开放的新格局具有关键的支撑和指导作用。

（2）"一带一路"倡议是推动国际发展合作的中国方案

"一带一路"代表着共同进步的路径，沿线国家的共同繁荣是实现这一愿景的关键。在"一带一路"所覆盖的沿线国家中，大部分是发展中国家。这些国家虽然占全球人口的大多数，但其经济总量只占全球的 29%，与人口比例不相称。"一带一路"沿线发展中国家的人均 GDP 远低于全球平均水平，其中25 个国家属于中低或低收入水平，面临脱贫任务。这些国家的发展处于初级阶段，基础设施建设不足，资金短缺，多边和双边援助减少且附带政治条件。改善经济合作条件、增强基础设施建设将为这些国家带来广阔的发展前景。

作为崛起的新兴大国，中国始终将发展问题置于重要位置，坚信发展中国家的落后是世界经济诸多深层问题的主要根源。在新时代背景下，中国主动推进的国际合作框架——"一带一路"倡议，以发展为核心，将中国进步与周边国家的发展相融合。通过中国的初期投资和引领，激发各方参与热情，开辟新的增长领域，构建新的发展动力。"一带一路"倡议基于长期的发展实践，旨在促进亚洲、欧洲、非洲大陆及其周边海域的连通性，建立并巩固沿线国家间的互联互通伙伴关系，形成一个全面、多层、复合型的连通网络，促进沿线国家多元、自主、均衡、可持续的发展。通过强化沿线国家的互联互通，"一带一路"倡议旨在挖掘这些国家的资源、劳动力成本和市场潜力，将其转变为推动发展的强劲动力，助力它们更好地融入全球市场，促进区域乃至全球范围内的资源优化配置和经济一体化，从而根本上优化沿线国家的产业结构和发展成效。同时，中国的劳动密集型产业技术和国际产能合作能力，与沿线发展中国家形成互补，助力它们实现工业化和现代化的梦想。

"一带一路"倡议是中国这样的发展中国家首次提出的国际合作方案，与二战后由发达国家主导的国际合作模式存在明显不同。其特点包括：一是坚持平等的共同体意识；二是推崇开放合作的模式；三是倡导和谐包容的理念；四是实行灵活多样的合作方式；五是追求互利共赢的目标。

（3）"一带一路"是构建人类命运共同体的实践平台

在2012年中共十八大的报告中，"人类命运共同体意识"的概念首次被提出，这一理念逐渐受到广泛关注。习近平主席在多个国际和国内场合深入阐述了"人类命运共同体"的概念，并向全球传达了中国对于人类文明未来趋势的看法。2015 年 9 月，习近平主席在联合国成立 70 周年的系列峰会上，详细阐述了构建人类命运共同体的核心内容：建立平等相待、互商互谅的伙伴关系格局，建立公道正义、共建共享的安全格局，建立开放创新、包容互惠的发展格局，建立和而不同、兼收并蓄的文明交流格局，以及建立尊崇自然、绿色发展的生态格局。这一"五位一体"的战略框架，确立了构建人类命运共同体的总体布局和路径，勾勒出国际关系发展的宏伟蓝图，标志着中国特色大国外交理论创新的重要成就。2017年1月18日，习近平主席在联合国日内瓦总部发表了名为《共同构建人类命运共同体》的主旨演讲，进一步详细阐释了人类命运共同体的理念，提出共同推进构建人类命运共同体，强调对话协商、共建共享、合作共赢、交流互鉴、绿色低碳，致力于建设一个持久和平、普遍安全、共同繁荣、开放包容、清洁美丽的世界。这实际上明确指出了全球治理的中国方案即构建人类命运共同体，并提出了构建人类命运共同体的具体目标和原则。

现今，经济全球化正经历深度变革，世界经济增长缓慢，金融危机的阴影挥之不去，发展差距愈发明显，保护主义逐渐抬头，冲突频发，冷战思维和强权政治依旧存在，恐怖主义、难民问题、传染病、气候变化等非传统安全问题不断扩散。中国在这样的背景下提出了构建人类命运共同体的全球治理方案，从伙伴关系、安全布局、经济增长、文化交流、生态保护等方面勾勒出人类命运共同体的宏伟蓝图和实现路径。构建人类命运共同体并非空洞的外交术语，而是深入中国对外政策和国际战略的各个层面，特别是在"一带一路"倡议的构思与实施中得到体现。"一带一路"倡议高举和平发展的旗帜，秉承"和平合作、开放包容、互学互鉴、互利共赢"的丝路精神，以政策沟通、道路联通、贸易畅通、货币流通、民心相通为核心内容，全面推动务实合作，构建政治互信、经济融合、文化包容的利益共同体、命运共同体和责任共同体。因此，"一带一路"倡议与人类命运共同体理念在思想核心、实践途径、目标方向上具有高度的一致性，"一带一路"建设正是构建人类命运共同体的实践之一。

"一带一路"倡议是基于自身发展经验与现实需求的新兴发展中大国提出的区域经济合作战略，它不是中国的独奏，而是共建国家的合唱。"一带一路"倡议以发展为核心，坚持共商、共建、共享的原则，抓住互联互通的关键，关注基础设施建设、国际产能合作以及能源资源的开发与利用，将中国的发展与相关国家的发展紧密结合，将各自的发展战略和合作规划有效对接，扩大地区投资和内需，增加就业，减少贫困，从而提升地区整体发展水平，改善地区安全状况。"一带一路"倡议的国际影响力和吸引力持续增强，已成为国际社会高度关注并积极参与的重要国际议题。"一带一路"倡议的深入实施，有助于促进沿线国家的经济繁荣和区域经济合作，加强不同文明之间的交流与借鉴，推动世界和平与发展。历史将证明，"一带一路"是构建人类命运共同体的最佳实践平台。

3. "一带一路"倡议的战略意义

首先，它体现了中国坚持和平发展道路的坚定意志。"一带一路"倡议起源于中国，连接中亚、东亚、南亚、西亚直至欧洲经济圈，影响的经济规模超过全球一半，涉及人口40多亿，占全球人口的六成多。此外，涉及的国家和地区数量还在不断增加。六大经济走廊贯穿的国家众多，民族多样，语言丰富，风俗不同，经济和政治体制各异。建设"一带一路"并非为了建立或扩张势力范围，而是为了寻求共同繁荣，包容并超越各种差异，推动农业、化工、能源、交通、通信、金融、科技等多个领域的合作，挖掘处于不同发展阶段、拥有不同资源的国家的经济潜力，促进各方共同发展和整体繁荣。

中国倡导"一带一路"，真心实意与亚太和欧洲国家实现共同发展，分享中国发展的红利。习近平主席说过："我们要共同建设互信、包容、合作、共赢的亚太伙伴关系。志同道合，是伙伴。求同存异，也是伙伴，朋友多了，路才好走。"共建"一带一路"倡议秉持着合作共赢的核心理念，它倡导的是一个无论国家大小、贫富、强弱，都能平等参与的国际合作平台。所有参与国共同寻找利益的契合点，并基于此开展合作，这体现的是共赢而非零和博弈的思维模式。"一带一路"建设绝非中国版的"马歇尔计划"，而是一个建立在平等、合作、共赢基础之上的国际倡议，它不具有任何强制性。此倡议不涉及任何意识形态问题，中国期待在互利共赢的基础上，与沿线的各类国家开展合作，共同倡导"和平合作、开放包容、互学互鉴、互利共赢"的丝路精神。同时，中国倡导在"共商、共建、共享"的原则下，与丝绸之路沿线国家分享中国的优势产业、技术和资金。

其次，"一带一路"倡议以"和平合作、开放包容、互学互鉴、互利共赢"的丝路精神和新型国际关系思想为引领，与美国实施"亚太再平衡"，强化军事同盟体系，以"美国第一"为由攫取自身最大利益和不愿继续提供"公共产品"

的思路截然不同。"一带一路"倡议是中国提出的，但它不是中国围绕自己的倡议，而是对所有国家开放、合作的大思路。以巴基斯坦和老挝为例：作为中国从内陆连接印度洋、阿拉伯海和波斯湾的通道，中巴经济走廊是"一带一路"建设的重要一环。老挝总理表示，老挝与中国接壤，老中铁路建设具有历史意义，老挝与中国签署政府间铁路协议，将促进区域互联互通和共同发展。

最后，实施"一带一路"有助于淡化和消除区域内传统与非传统安全问题，创造保障顺利合作的安全环境。中国周边存在一些悬而未决的历史和现实问题。这些争端短期内难以彻底解决，而"一带一路"倡议包含的政治沟通和经济合作可以为各方搁置争议、共同开发创造条件。积极实施"一带一路"有助于缩小区域间经济发展不平衡，改善投资环境，形成良好的经济合作氛围。"一带一路"沿线既有欧洲国家和新加坡等发达国家，也有老挝、柬埔寨、缅甸等工业化初期国家，更有泰国、马来西亚、哈萨克斯坦等新兴发展中国家，经济制度不同，发展差距较大。"一带一路"建设通过促进各国基础设施互联互通，有利于拉平各国经济发展水平。周边发展中国家希望从中国发展中获益，希望中国承担更多有利于地区发展的责任，中国提出"一带一路"倡议恰恰体现了中国希望自身发展成果惠及他国的区域合作新模式。

总的来说，"一带一路"建设并非"另起炉灶"，而是基于中国与世界各国多边合作机制的基石之上，它不仅利用了以往区域合作的既有平台，还巧妙地融入了古代丝绸之路这一历史符号，积极发展与周边国家的友好关系，共同构建一个和平共处、和谐共荣的经济共同体。"一带一路"的建设不仅是来自中国的提议，也是中国与周边国家共同的愿望和期待。在新的历史阶段，中国愿意与邻国并肩作战，以"一带一路"的共建为契机，通过平等的对话，全面考虑并平衡各方的利益和需求，共同促进更广泛、更高层次、更深入的开放、交流和融合。

三、新时代中国的外交实践

中共十九届六中全会通过的《中共中央关于党的百年奋斗重大成就和历史经验的决议》指出："我国外交在世界大变局中开创新局、在世界乱局中化危为机，我国国际影响力、感召力、塑造力显著提升。"近年来，中国外交政策最显著的特征之一是以积极主动的态度参与国际事务，并提出了一系列旨在维护世界和平与促进共同发展的中国方案，并在实践中取得了显著成效。

（一）以合作共赢原则推进中国特色大国外交

大国是影响世界和平稳定的关键力量，构建健康稳定的大国关系框架，能够为国内改革发展创造稳定的外部环境，推动国际体系的发展与完善。

在中美关系方面，随着美国对华全面遏制战略逐步成型，中美关系的发展也进入了一个挑战加剧、局势愈加复杂的新阶段。新时代以来，由于美国综合国力相对下滑的趋势日益凸显，为了维持其全球主导地位，美国政府开始重新审视对华政策，并着手调整其全球战略部署。2012 年，美国正式提出"亚太再平衡"战略，旨在削弱中国在亚太地区日益上升的影响力。尽管中美在经贸往来、气候合作以及人文交流等方面依旧保持一定程度的互动与协作，但在战略维度上，美国对中国的遏制与防范明显增强。2012 年 2 月，中国国家副主席习近平访美时，提出努力把两国合作伙伴关系塑造成 21 世纪的新型大国关系。2013 年 6 月，习近平以国家主席身份首次访问美国，与时任美国总统奥巴马就"新型大国关系"的建设达成共识。2015 年 9 月，习近平主席再次赴美访问，进一步提出通过加强对话、深化互信、拓展合作、妥善管控分歧，持续推进新型大国关系的发展，从而丰富了该理念的内容。"新型大国关系"的核心原则可以概括为"不冲突不对抗、相互尊重、合作共赢"，这一战略构想为稳定和推动中美关系注入了新的活力。

2017 年，特朗普政府首次将中国正式列为"战略竞争对手"，美国的对外战略也随之由"反恐主导"转向以"大国竞争"为核心的新方针。此后，美方不仅发起了对华贸易战，还在科技、外交、教育及文化等多个层面对中国加大了施压力度，致使两国关系迅速下滑，从原先的局部矛盾逐步演变为更广泛的紧张局面，甚至在若干领域呈现对抗态势。

面对变化的外部环境，中国始终保持战略定力，坚持"不冲突不对抗、相互尊重、合作共赢"的核心原则，并积极向美方提出体现中国立场的"思路"与"倡议"。与此同时，中国坚决应对美方的挑衅行为和高压政策，展开有力反制。

在新的国际格局下，中国逐步将对美政策纳入整体外交战略框架之中，强调推动大国协调合作，致力于构建稳定、平衡、合作共进的大国关系体系，以缓解中美关系恶化带来的负面冲击。

值得强调的是，中美关系是当今世界最具战略意义的双边关系，两国能否妥善共处，将深刻影响全球和平与发展的前景。近年来，美国方面也逐渐意识到防止中美关系失控、避免陷入冲突的重要性。因此，尽管两国在诸多关键议题上分歧严重，但高层之间仍保持了沟通机制。2021 年 11 月，习近平主席与美国总统拜登举行视频会晤；2022 年 11 月，两国元首在印尼巴厘岛会晤；2023 年 11 月，双方在美国旧金山再次举行峰会，并共同确立了"旧金山愿景"，为推动中美关系实现长期健康、稳定与可持续发展指明了方向。总之，新时代以来，中国倾向于采取"以良性互动促稳定"与"以斗争求合作"并举的总体对美政策方针。①

在中俄关系方面，近年来两国持续深化高层交往，特别是元首之间的频繁互动，为双边关系实现跨越式发展奠定了坚实基础。中俄在多个领域加强合作，双边贸易持续增长，能源项目稳步推进，科技交流日益活跃，合作已呈现出全方位、全领域、多层次拓展的良好态势。在这一过程中，元首外交始终发挥着关键引领作用，成为推动中俄关系提质升级的重要力量。

2019 年 6 月，习近平主席访问俄罗斯期间，两国元首共同签署了《中华人民共和国和俄罗斯联邦关于发展新时代全面战略协作伙伴关系的联合声明》，将中俄关系正式提升为"新时代全面战略协作伙伴关系"，标志着两国关系进入全新发展阶段。2023 年 3 月，习近平主席再次访问俄罗斯，双方签署了《中华人民共和国和俄罗斯联邦关于深化新时代全面战略协作伙伴关系的联合声明》，明确指出中俄关系已达到历史新高，并将持续拓展深化。2023 年 10 月，在第三届"一带一路"国际合作高峰论坛期间，习近平主席与来访的俄罗斯总统普京举行会谈，强调中俄发展"永久睦邻友好、全面战略协作、互利合作共赢"的关系，并非权宜之计，而是着眼长远的战略安排。2024 年 5 月，普京总统回访中国，双方领导人围绕中俄新时代全面战略协作伙伴关系的重大议题进行了深入讨论，明确未来务实合作的重点方向，并就当前国际和地区热点问题交换

---

① 王帆：《新时代中国对美政策：回顾、评估与建议》，《和平与发展》2024 年第 4 期。

意见。在两国元首的战略引领下，中俄已互认彼此为优先合作对象，双边关系不断迈向更高水平。

在中欧关系方面，当前发生了结构性变化，力量平衡加速变化，政策取向变化更大，受国际环境影响更大。这极大地影响了双方的政策目标和实践，并深刻塑造了中欧关系的结构。中国积极推动中欧关系全面发展，致力于构建和平、发展、改革、文明的中欧伙伴关系，推动中欧关系全方位、多层次、宽领域发展。

与此同时，中国与欧洲主要国家的关系也取得了新的发展。2015 年，中国与英国确立了"面向 21 世纪全球全面战略伙伴关系"。英国成为第一个申请加入亚洲基础设施投资银行的西方大国，也是第一个发行人民币主权债券的发达国家，并建立了中国在亚洲以外的第一个人民币清算中心。中德关系于 2010 年升级为战略伙伴关系，2014 年进一步提升为全方位战略伙伴关系，中德在欧盟合作道路上处于领先地位。2019 年，意大利成为第一个与中国签署"一带一路"建设谅解备忘录的西方大国，对欧洲乃至全球产生了积极影响。

中欧密切的高层政治沟通和高效务实的经贸合作为双方建立新型大国关系打下了基础。2022 年底以来，中欧领导人频繁会晤，在增进共识、推进合作方面取得一系列重要成果。2023 年 4 月，法国总统马克龙和欧盟委员会主席冯德莱恩同期访华；同年 12 月，第二十四次中国—欧盟领导人会晤在北京成功举行。2024 年 4 月，德国总理朔尔茨访华，中德双方达成多项合作共识。同年 5 月，习近平主席成功访问法国、塞尔维亚和匈牙利，为进一步稳定和发展中欧关系注入强劲动力。此外，西班牙、意大利、波兰等欧洲多国领导人也纷纷到访中国，展现出强烈的对华合作意愿。元首外交的高频度展开，为中欧关系持续稳定发展指明方向。

中欧在人文交流方面频繁互动，奠定了中欧友好的民意基础。民心相通是中欧关系的"压舱石"，是中欧关系持久向好的根本动力。中国高度重视加快恢复中欧人文往来。2023 年 11 月，中国宣布单方面对法国、德国、意大利、荷兰、西班牙、马来西亚 6 国公民实施 15 天免签入境政策。此后，中国多次升级免签政策，惠及欧洲多国。截至 2024 年底，中国已对几乎所有欧盟成员国以及瑞士、挪威、黑山等欧洲国家免签，并将免签入境时间延长至 30 天。2024 年 5 月，习近平主席在访问法国期间提出，推动未来 3 年法国来华留学生突破 1 万人、欧洲青少年来华交流规模翻一番的重要倡议，体现了中国对促进中欧人文交流特别是青少年交流的真诚意愿。

（二）秉持"亲诚惠容"理念，构建周边外交新格局

中共十八大以来，中国在周边外交领域不断加强统筹谋划，积极推进理念创新和实践探索，取得了一系列具有历史意义的成果。这不仅为中国式现代化进程营造了良好的外部环境，也为周边国家带来了共同发展的机遇。2013 年 10 月，中国召开周边外交工作座谈会，首次系统提出"亲、诚、惠、容"的周边外交理念，标志着新时代周边外交战略的正式确立。此后，习近平总书记明确强调，要更加积极主动开展周边外交工作，以进一步巩固和拓展有利的地缘政治环境。作为推动区域合作的重要平台，"一带一路"倡议自提出以来，已成为中国深化周边合作的关键抓手。中国尤其重视东南亚及中国—东盟关系在区域一体化进程中的引领作用。习近平主席多次出访东盟成员国，通过高层会晤、机制建设以及多边论坛等多种外交形式，推动中国与东盟关系不断迈向更深层次与更广领域。在此基础上，双方逐步构建起全面、多维、覆盖广泛的战略伙伴关系框架，为东亚地区的稳定与繁荣注入了新动力。

1. 中国的发展与周边国家的发展呈现出相辅相成、互促共进的态势。在适应全球化趋势的过程中，中国创新性地提出"一带一路"倡议，为区域合作注入新动力。习近平总书记多次指出，周边国家既是"一带一路"最优先的合作伙伴，也是最直接的受益对象，诚挚欢迎周边国家积极参与，共同推动该倡议的深入实施。在共建"一带一路"过程中，中国始终秉持共商、共建、共享的合作理念，积极与周边国家加强发展战略的对接。截至目前，中国已与大多数周边国家签署了共建"一带一路"谅解备忘录，在区域合作机制框架内不断推进各项务实合作。中国与上合组织成员国、东盟国家等共同将"一带一路"倡议嵌入地区互联互通规划及区域经济一体化布局，并制定具体合作蓝图与关键举措。"一带一路"建设以周边为起点，重点打造六条跨境经济走廊，这些走廊不仅成为区域合作的重要纽带，也推动共建国家形成紧密的利益共同体。众多项目在周边国家陆续落地，形成实质性成果。其中，基础设施互联互通始终

是合作的优先方向。中老铁路、雅万高铁等标志性项目不仅标志着东南亚迈入高铁时代，也极大便利了当地交通出行，进一步带动了中泰、中马、中越等国铁路项目的建设或筹备。此外，截至 2025 年 6 月，中欧班列已累计开行超过 11 万列，通达 26 个欧洲国家的 229 个城市以及 11 个亚洲国家的百余座城市，铁路运输网络持续扩展。中国与周边国家还协同推进"陆上丝绸之路"、"海上丝绸之路"、"空中丝绸之路"与"数字丝绸之路"建设，涵盖口岸升级、通关便利化、多式联运等多个关键环节，大幅提升了区域基础设施的互联互通水平。共建"一带一路"不仅引导大量资金与先进技术流向周边国家，也有效促进了交通、能源、数字基础设施等关键领域的发展，拓宽了中国与周边国家之间的合作空间。合作过程形成了覆盖基础设施、贸易投资、产业协同、金融合作、人文交流等多元化机制网络，为区域一体化注入了持续动能。当前，"一带一路"合作框架呈现出全方位、多层次、开放性强的特点，吸引了越来越多国家加入功能性合作机制中。中国通过推进与周边国家的互联互通和经贸往来，进一步夯实了合作基础。"一带一路"所倡导的和平合作、开放包容、互学互鉴、互利共赢的丝路精神，连同"共商、共建、共享"的核心原则，逐步转化为区域国家之间的广泛共识，成为促进共同发展的重要力量。

2.中国积极构建周边区域合作新格局。2013 年，习近平总书记在周边外交工作座谈会上强调，"统筹经济、贸易、科技、金融等方面资源，利用好比较优势，找准深化同周边国家互利合作的战略契合点，积极参与区域经济合作"；"要以周边为基础加快实施自由贸易区战略，扩大贸易、投资合作空间，构建区域经济一体化新格局"。

中共十八大以来，中国积极探索区域合作新路径，持续推动区域一体化向更深层次迈进，与周边国家的利益联结日益紧密，逐步形成你中有我、我中有你的共赢合作格局。通过推动构建开放、包容、互利的贸易体系，中国为地区的可持续发展提供了有力支撑。进入新时代，中国更加积极履行负责任大国义务，大力推动亚太自由贸易区建设，展现出坚定的区域合作意志。习近平主席多次出席并主持亚太经合组织领导人非正式会议，围绕共同应对挑战、深化亚太合作等议题，系统阐述中国立场，提出"开放包容、创新增长、互联互通、合作共赢"的发展理念，倡导构建基于互信、互利、协作与共赢的新型亚太伙伴关系，赢得区域内国家的广泛认同。中国积极参与并推动《区域全面经济伙伴关系协定》正式签署，成功整合了区域内成员国之间已有的 27 项贸易安排和 44 项投资协定，显著增强了区域内经贸规则的一体化程度，为推动多边贸易体系、保障产业链供应链安全稳定发挥了重要作用。同时，中国还主动寻求与《全面与进步跨太平洋伙伴关系协定》等高标准国际经贸规则的对接，在更高水平上提升对外开放质量。此外，中国持续拓展数字经济、绿色发展与蓝色经济等新兴领域合作，打造区域合作的新增长引擎，进一步加快经济一体化与贸易便利化进程，推动区域经济迈向更高层次的互联互通。

在区域多边合作机制方面，2016 年 3 月，中国与湄公河流域国家共同发起并成立了澜沧江—湄公河合作机制，这是由六个流域国家共同创立的首个新型区域合作平台。自启动以来，六国在互联互通、贸易投资、农业减贫、可持续发展以及人文交流等方面取得了显著进展，形成了独具特色的"澜湄合作模式"。这一合作机制现已成为该区域最具活力、发展潜力最大的合作平台之一，为区域内的互利共赢合作树立了典范。2020 年 7 月，中国与中亚五国共同成立了中国—中亚机制。2023 年 5 月，该机制通过外长会升级为领导人峰会，标志着中国—中亚机制进入新阶段。2024 年 3 月，中国—中亚机制秘书处正式启动，进一步推动了中国与中亚五国在贸易、产业投资和互联互通等领域的深入合作，成果丰硕，合作关系不断深化。

中国与东盟的关系生动诠释了中国一贯坚持的亲诚惠容周边外交理念和睦邻友好政策。双方连续 5 年互为第一大贸易伙伴，2024 年中国与东盟贸易额达 6.99 万亿元人民币，2024 年 10 月 10 日，中国—东盟自由贸易区 3.0 版升级谈判实质性结束。3.0 版升级议定书将在现有中国—东盟自贸协定和《区域全面经济伙伴关系协定》基础上，全面拓展新兴领域互利合作，加强标准和规制领域互融互通，促进区域贸易便利化及包容发展。

上海合作组织自成立以来，中国始终本着"上海精神"与成员国密切协作，积极巩固彼此的睦邻友好和政治互信，持续推进各领域合作深入发展。2017 年，印度与巴基斯坦加入后，组织首次实现扩员；2023 年与 2024 年，伊朗和白俄罗斯相继成为正式成员。至此，上合组织已由最初的 6 国扩展至涵盖 10 个成员国、2 个观察员国和 14 个对话伙伴的"上合大家庭"，总计 26 个国家，成为当今全球覆盖地域最广、人口最多的区域性合作组织之一，日益展现出其在地区与全球事务中的重要影响力。

（三）深化与发展中国家的合作，建立新的合作机制

中国秉持真实亲诚理念和正确义利观，加强同发展中国家团结合作，维护发展中国家共同利益。机制化合作已成为中国深化同发展中国家关系的重要方向。

金砖国家合作机制和中非合作论坛是南南制度化合作的典范。金砖国家合作机制是主要发展中国家之间相互合作的机制。大国之间制度化合作的新平台反映了新的跨洲特征。2006 年，金砖国家外长举行首次会晤，开启金砖国家合作序幕；2009 年 6 月，金砖国家领导人举行首次会晤。2011 年，南非正式加入金砖国家组织。金砖国家合作机制成立以来，合作基础日益夯实，合作领域逐渐拓展，已形成以领导人会晤为引领，以安全事务高级代表会议、外长会晤等部长级会议为支撑，在经贸、教育、文化、卫生等数十个领域开展务实合作的多层次架构。2023 年 8 月，金砖国家领导人第十五次会晤在南非约翰内斯堡举行，做出金砖扩员的决定。2024 年 1 月 1 日，沙特阿拉伯、埃及、阿拉伯联合酋长国、伊朗、埃塞俄比亚正式加入金砖国家合作机制，"金砖五国"扩员为"金砖十国"，开启了"大金砖合作"元年。同年 10 月，首届"大金砖"峰会在俄罗斯喀山举行。截至 2024 年 11 月，"大金砖"十国总人口已占全球人口的 45%，十国 GDP 总量约占全球的 30%，十国对全球经济增长贡献率已超过 50%，对外贸易占全球贸易份额超过 20%，已成为国际舞台上不容忽视的新力量，金砖国家成为促进世界经济增长、完善全球治理、推动国际关系民主化的建设性力量。

为进一步加强中国与非洲国家在新形势下的友好合作，共同应对经济全球化挑战，谋求共同发展，在中非双方共同倡议下，中非合作论坛——北京 2000 年部长级会议于 2000 年 10 月 10 日至 12 日在北京召开，中非合作论坛正式成立。中非合作论坛第一届部长级会议通过了《中非合作论坛北京宣言》和《中非经济和社会发展合作纲领》两个历史性文件。中非双方决定在 21 世纪建立和发展长期稳定、平等互利的新型伙伴关系，建立中非合作论坛机制。2024 年，

习近平主席指出，中非关系处于历史最好时期。中非合作论坛作为中非集体对话的重要平台，已成为传承中非友好关系的强劲动力源泉，更是推动中非务实合作的高效有力机制。中非合作论坛成立 20 多年来，中非关系迅速发展。从 2000 年中非合作论坛首届部长级会议建立新型伙伴关系，到 2006 年中非合作论坛北京峰会将双方提升为新型战略伙伴关系，再到 2015 年中非合作论坛约翰内斯堡峰会将双方关系进一步提升为全面战略合作伙伴关系，中非关系定位实现了"三级跳"。2024 年中非合作论坛北京峰会期间，中国又同 30 个非洲国家建立或提升了战略伙伴关系，完成中国与非洲所有 53 个建交国战略伙伴关系"全覆盖"，实现了双方关系又一次整体跃升。从"十大合作计划""八大行动"到"九项工程"再到"十大伙伴行动"，据不完全统计，迄今中方为非洲 53 个国家和非洲联盟援助实施了 2000 多个项目，培训了超过 1.2 万名高端人才，优先推进实施近 200 个"小而美"民生项目。中非在迈向经济发展与民族振兴的征程中彼此扶持，持续开拓合作新领域。

总之，新时代以来，中国特色大国外交深入推进，中国日益走进世界舞台中央。中国外交坚持维护本国利益和各国人民共同利益，坚持维护国际公平正义，为我国经济社会发展提供了重要保障，为维护世界和平稳定和促进各国共同发展做出了重要贡献。

思考题

1. 中国在不同时期外交政策调整的原因是什么？

2. 中国对外政策的基本原则是什么？

3. 为什么说中国是维护地区和世界和平的重要力量？

4. 怎样看待中国在当今世界的地位和作用？

参考文献

[1] 中共中央马克思恩格斯列宁斯大林著作编译局.马克思恩格斯选集 [M].北京：人民出版社，1995.

[2] 中共中央马克思恩格斯列宁斯大林著作编译局.列宁全集 [M].北京：人民出版社，1988.

[3] 毛泽东.毛泽东选集 [M].北京：人民出版社，1991.

[4] 中华人民共和国外交部，中共中央文献研究室.毛泽东外交文选 [M].北京：中央文献出版社，1994.

[5] 中华人民共和国外交部，中共中央文献研究室.周恩来外交文选 [M].北京：中央文献出版社，1990.

[6] 邓小平.邓小平文选 [M].北京：人民出版社，1993.

[7] 江泽民.江泽民文选 [M].北京：人民出版社，2006.

[8] 习近平.习近平谈治国理政 [M].北京：外文出版社，2014.

[9] 习近平.习近平谈治国理政：第二卷 [M].北京：外文出版社，2017.

[10] 中共中央党史和文献研究院.习近平关于中国特色大国外交论述摘编 [M].北京：中央文献出版社，2020.

[11] 王绳祖.国际关系史 [M].北京：世界知识出版社，1995.

[12] 吕青.当代世界经济与政治 [M].西安：西北工业大学出版社，2012.

[13] 申晓若，白云真.当代世界经济与政治导论 [M].北京：中国经济出版社，2012.

[14] 秦建中，贺可栋.当代世界经济与政治 [M].郑州：郑州大学出版社，2011.

[15] 卫灵.当代世界经济与政治 [M].北京：中国人民大学出版社，2008.

[16] 李景治，林甦.当代世界经济与政治（第3版）[M].北京：中国人民大学出版社，2007年.

[17] 俞国斌.当代世界经济与政治 [M].成都：西南财经大学出版社，2007.

[18] 冯特君.当代世界政治经济与国际关系 [M].北京：中国人民大学出版

社，2012.

[19] 李淑珍，陈德民，王成英 . 当代世界经济与政治（第二版）[M]. 北京：北京大学出版社，1999.

[20] 秦亚青 . 世界政治与全球治理：国际关系研究文集 [M]. 北京：世界知识出版社，2014.

[21] 靳诺 . 全球治理的中国担当 [M]. 北京：中国人民大学出版社，2017.

[22] 李东燕 . 全球治理：行为体、机制与议题 [M]. 北京：当代中国出版社，2015.

[23] 巫宁耕 . 世界经济格局变动中的发展中国家经济 [M]. 北京：北京大学出版社，2005.

[24] 方连庆，刘金质，王炳元 . 国际关系史（战后卷）[M]. 北京：北京大学出版社，2006.

[25] 南南合作金融中心 . 迈向 2030：南南合作在全球发展体系中的角色变化 [M]. 北京：社会科学文献出版社，2018.

[26] 杨冬雪，王皓 . 全球治理 [M]. 北京：中央编译出版社，2015.

[27] 金彪 . 全球治理中的联合国 [M]. 北京：时事出版社，2016.

[28] 张影强 . 全球网络空间治理体系与中国方案 [M]. 北京：中国经济出版社，2017.

[29] 刘鸣 .21 世纪的全球治理：制度变迁和战略选择 [M]. 北京：社会科学文献出版社，2016.

[30] 王艳 . 互联网全球治理 [M]. 北京：中央编译出版社，2017.

[31] 陈伟光，王燕，等 . 全球经济治理与制度性话语权 [M]. 北京：人民出版社，2017.

[32] 庄起善 . 世界经济新论（第二版）[M]. 上海：复旦大学出版社，2008.

[33] 池元吉 . 世界经济概论 [M]. 北京：高等教育出版社，2003.

[34][英]A.P. 瑟尔沃 . 增长与发展（第六版）[M]. 郭熙保，译 . 北京：中国财政经济出版社，2001.

[35][英] 安东尼·吉登斯 . 失控的世界 [M]. 周红云，译 . 南昌：江西人民出版社，2001.

[36] 白树强.全球竞争论——经济全球化下国际竞争理论与政策研究 [M].北京:中国社会科学出版社,2000.

[37] 倪世雄.当代西方国际关系理论(第二版)[M].上海:复旦大学出版社,2018.

[38] 曹沛霖,陈明明,唐亚林.比较政治制度 [M].北京:高等教育出版社,2018.

[39][美]罗伯特·基欧汉,约瑟夫·奈.权力与相互依赖 [M].门洪华,译.北京:北京大学出版社,2002.

[40] 秦亚青.权力·制度·文化:国际关系理论与方法研究文集 [M].北京:北京大学出版社,2005.

[41] 宋新宁,陈岳.国际政治学概论 [M].北京:中国人民大学出版社,2000.

[42] 顾关福.战后国际关系 [M].北京:时事出版社,1998.

[43] 刘廷忠.当代世界经济政治与国际关系 [M].北京:高等教育出版社,2003.

[44] 刘丽云,张惟英,李庆四.美国政治经济与外交概论 [M].北京:中国人民大学出版社,2004.

[45] 邓宗豪.欧洲一体化进程:历史、现状与启示 [M].成都:四川大学出版社,2011.

[46][比利时]尤利·德沃伊斯特,门镜.欧洲一体化进程——欧盟的决策与对外关系 [M].门镜,译.北京:中国人民大学出版社,2007.

[47][美]伊曼纽尔·沃勒斯坦.现代世界体系 [M].郭方,刘新成,张文刚,译.北京:社会科学文献出版社,2013.

[48][美]小约瑟夫·奈.理解国际冲突:理论与历史 [M].张小明,译.上海:上海人民出版社,2009.

[49] 白英瑞,康增奎,等.欧盟:经济一体化理论与实践 [M].北京:经济管理出版社,2002.

[50] 宋成有,李寒梅,等.战后日本外交史(1945-1994)[M].北京:世界知识出版社,1995.

[51] 畅征，刘青建.发展中国家政治经济概论 [M].北京：中国人民大学出版社，2001.

[52] 黄宗良，孔寒冰.世界社会主义史论 [M].北京：北京大学出版社，2004.

[53] 吴恩远.俄罗斯东欧中亚国家发展报告（2011）[M].北京：社会科学文献出版社，2011.

[54][俄] 尼·别尔嘉耶夫.俄罗斯思想 [M].雷永生，邱守娟，译.上海：生活·读书·新知三联书店，1995.

[55] 饶银华.世纪之交中国外交思想与实践研究 [M].北京：中央文献出版社，2007.

[56] 楚树龙，金威.中国外交战略和政策 [M].北京：时事出版社，2008.

[57]Stanley Hoffmann.An American Social Science: International Relations[J].Daedalus, 1977, 106（3）.

[58]Gerald chan,Pak K.Lee, Lai-Ha chan.China Engages Global Governance[M].London: Routledge, 2012.

[59]G.John Ikenberry.Liberal Leviathan: The Origins, Crisis, and Transformation of the American World Order[M].Princeton: Princeton University Press, 2011.

后　记

　　本书系 2018 年湖南省级教学教改课题"《新时代的世界政治经济与国际关系》教材建设及课程体系改革研究"的结题成果，由湖南师范大学政治学"十四五"省级重点学科、湖南师范大学政治学与行政学国家一流本科建设点资助出版。

　　本教材根据国际形势的变化和中国新时代的背景，大幅提高了中国对国际形势的整体论述以及积极参与全球治理、构建人类命运共同体等内容，在章节安排上体现中国话语与新时代的特点。如：把新时代的国际角色作为逻辑起点；将国际制度形成和演变的逻辑过程以及中国对重构国际制度的贡献作为重要内容之一；大幅缩小主要发达国家在教材内容中的比重；增加"新兴国家与地区的经济与政治"的章节以及突出中国的对外关系与新时代的外交等。由于作者水平所限，未能完全体现编写的初衷，书中疏漏，概由主编负责。

　　陈石明、张立辉、吕鸿彬、王金子、赵文杰参与了部分初稿的编写，姚晓亮、孙彦晗编辑为本书的出版付出了辛勤的劳动，在此向他们一并表示衷心的感谢。